高大接続改革に
どう向き合うか

東北大学高度教養教育・学生支援機構 編

東北大学出版会

Facing Changes in the Articulation
between High schools and Universities
Institute for Excellence in Higher Education, Tohoku University
Tohoku University Press, Sendai
ISBN978-4-86163-269-3

はじめに

花輪　公雄（東北大学）

　「高等教育ライブラリ」は、東北大学高度教養教育・学生支援機構の前身となる組織の一つである高等教育開発推進センターが、文部科学省より教育関係共同利用拠点として「国際連携を活用した大学教育力開発の支援拠点」の認定を受けたことを機に、研究活動の成果を広く社会で共有していただくために創刊した叢書です。2011（平成 23）年に第 1 巻が刊行され、本書で第 10 巻を数えることとなりました。

　本書は、2015（平成 27）年 5 月 15 日（金）に実施された「第 22 回東北大学高等教育フォーラム（新時代の大学教育を考える［12］）「大学入試改革にどう向き合うか――中教審高大接続答申を受けて――」で行われた基調講演、現状報告、討議の内容を中心として書き下ろされた原稿に、いくつかの関連する論考を加えた構成となっています。

　いくつかの章で触れられていますが、東北大学高等教育フォーラムは、2004（平成 16）年 10 月の高等教育開発推進センター発足以来、毎年 2 回、春と秋に開催し、多くのシンポジウム企画を重ねてきました。2004（平成 16）年 12 月に開催された第 1 回と毎年春に行われてきた偶数番のフォーラムは、高等教育開発部入試開発室が中心となって企画し、高校と大学との関係を巡るテーマで実施されてきました。当初は特定の教科科目に焦点が絞られたテーマ設定が中心でしたが、回を重ねるごとに高大接続に関わるより一般的で包括的な方向にテーマが変更されました。AO 入試（第 8 回）、高大連携活動（第 10 回）、入試問題（第 12 回）、大学入試と学習指導要領（第 14 回）、進学指導（第 16 回）、作文力（第 18回）、グローバル人材育成（第 20 回）といった話題で議論を展開してきました。第 8 回から第 12 回の概要は「高等教育ライブラリ 2　高大接

続関係のパラダイム転換と再構築」、第 14 回は「高等教育ライブラリ 4 高等学校学習指導要領 VS 大学入試」、第 16 回は「高等教育ライブラリ 6 大学入試と高校現場——進学指導の教育的意義——」、第 18 回は「高等教育ライブラリ 8 『書く力』を伸ばす——高大接続における取組みと課題——」にまとめられております。

昨年のフォーラムは一昨年末に出された中教審答申「新しい時代にふさわしい高大接続の実現に向けた高等学校教育、大学教育、大学入学者選抜の一体的改革について——すべての若者が夢や目標を芽吹かせ、未来に花開かせるために——（答申）」をめぐって、活発な議論が展開されました。私は「閉会の辞」の中で、率直な感想として中教審の座長を務められた安西祐一郎先生の思いが強くこめられた答申であったのだな、ということを申し上げました。また、今回の改革は 2020（平成 32）年度に行われる 2021（平成 33）年度入試からの開始を目指したものであり、現時点で対象となる子どもたちはすでに中学生になっています。大学は、その時受験生となる彼らに向かって、現状の説明とその時点での入試の設計について丁寧に説明しなければならない、ということも付言しました。本書がそれに応えるものとなっていることを期待しています。

最後に、本書の出版に当たっては、企画・編集作業を入試開発室の石井光夫教授，倉元直樹教授にお願いしました。ここに記して謝意を表したいと思います。

平成 28 年 2 月

［目　次］

はじめに　　　　　　　　　　　　　　　　花輪　公雄　　i

序　章　本書の構成　　　　　　　　　石井　光夫・倉元　直樹　　1

第Ⅰ部　中教審答申の読み方

第1章　中教審高大接続答申から考える
　　　　──大学入学者選抜制度の改革を着実に実現するために
　　　　　　　　　　　　　　　　　　　　　土井　真一　　7

第2章　国立大学の入試改革の過去・現在・未来？　川嶋太津夫　　33

第3章　公平から公正へ
　　　　──新テストの目指すものとその問題点　　垂水　共之　　47

第Ⅱ部　高大接続改革は何をもたらすか

第1章　高校現場から見た大学入試改革　　　　浜田　伸一　　57

第2章　大学入試改革モデルとしての「東北大学型AO入試」の誕生
　　　　──「昭和62年度改革」の教訓から　　倉元　直樹　　85

第Ⅲ部　高大接続改革の行方

第1章　討議　　　　　　　　　　　　　　　　　　　　117

第2章　高校生の学習行動の実際　　　　　　　小坂　和海　　141

第3章　三位一体改革について
　　　　──高校現場における一教員の目から見て　守本　哲也　　159

第4章　大学入学者選抜改革をめぐる課題と展望　本郷　真紹　　189

第5章　人口減少と高大接続改革の行方　　　　木南　敦　　207

第6章　国立大学入試における個別選抜のゆくえ　石井　光夫　　221

iii

おわりに　総括と展望
　　　——「高大接続改革」というメッセージ　倉元　直樹・石井　光夫　243

執筆者一覧　　　　　　　　　　　　　　　　　　　　　　　　249

序章　本書の構成

石井　光夫・倉元　直樹（東北大学）

　本書は「高等教育ライブラリ 2　高大接続関係のパラダイム転換と再構築」（東北大学高等教育開発推進センター編、2011）、「高等教育ライブラリ 4　高等学校学習指導要領 VS 大学入試」（東北大学高等教育開発推進センター編、2012）、「高等教育ライブラリ 6　大学入試と高校現場——進学指導の教育的意義——」（東北大学高等教育開発推進センター編、2013）、「高等教育ライブラリ 8　『書く力』を伸ばす——高大接続における取組みと課題——」（東北大学高等教育開発推進センター編、2014）に続く大学と高校との教育接続の関係をめぐる企画の第 5 弾である。

　既刊の 4 巻は全て「東北大学高等教育フォーラム」として実施されたシンポジウムをまとめたものである。最初に刊行された「高大接続関係のパラダイム転換と再構築」では、3 回分のフォーラムがまとめられているので、基本的には「AO 入試」「高大連携活動」「大学入試問題」という独立した三つのテーマが 1 冊にまとめ上げられている。2 冊目の「高等学校学習指導要領 VS 大学入試」では、高校教育に対する学習指導要領と大学入試の影響力に関する論考が集められた。3 冊目となる「大学入試と高校現場——進学指導の教育的意義——」は、大学入試改革に関する論議をこれまでの高校教育や大学入試の仕組みの否定から始めるのではなく、形を変えながら現在まで受け継がれてきている高校教育の本質と大学入試の役割は何だろうか、という視点から組み立て直す試みであった。4 冊目の「『書く力』を伸ばす——高大接続における取組みと課題——」は大学入試を活用した書く力の育成について幅広く取り上げた。

　本書はこれまでの 4 冊と同様に 2015（平成 27）年 5 月 15 日に実施さ

れた第22回東北大学高等教育フォーラム（新時代の大学教育を考える
[12]）「大学入試改革にどう向き合うか——中教審高大接続答申を受け
て——」で行われた基調講演、現状報告、討議の内容を中心に書き下ろ
しの原稿を加えて構成したものである。現在進行中の高大接続改革に即
応する形で議論の展開を試みたという意味で、これまでの4冊とは違っ
た性格を持つ。本書に収められた論考が出版時点の状況を予測しながら
の執筆であったという点で特有の難しさがあったことを読者にはご理解
いただきたい。

　第Ⅰ部は高大接続改革を動かしてきた中枢で何が起こってきたのかを
間近で見てきた執筆者の貴重な証言を集めた。第1章は中央教育審議会
高大接続特別部会の臨時委員として答申の策定に関わった立場である土
井真一氏から、答申の理念や提案された方法に関する議論の経緯につい
て概略の紹介とともに、今後、解決されるべき問題点の指摘がなされ
ている。第2章では国立大学協会入試委員会専門委員という立場で高大
接続改革に関する議論に参画してきた川嶋太津夫氏が、国立大学のこれ
までの入試改革について簡潔にまとめ、今後の行方を展望した論考であ
る。第1章と第2章の論考は、フォーラムの基調講演に基づく。第3章
の執筆者の垂水共之氏は、現在は私立大学の所属であるが、2013（平成
25）年に定年退職を迎えるまで岡山大学で入試に携わるとととともに中央
教育審議会高大接続特別部会で答申の策定に関わり、国立大学協会入試
委員会専門委員として国立大学の入試改革にも尽力してきた立場である。
フォーラムでの議論を受け、そこでほとんど話題として取り上げられな
かった共通試験の複数回実施、英語4技能の測定という問題を中心に議
論の経緯を紹介し、問題点の指摘を行った論考である。

　第Ⅱ部はフォーラムの2件の現状報告に基づいたものである。第1章
の執筆者の浜田伸一氏は、東日本大震災で被災して校舎に大きなダメー
ジを受けた福島県立福島高等学校で進路指導主事を務めている。現在の
地方の公立高校の実情として、震災下の過酷な状況の中での高校教育
の苦闘とともに、現在進められている改革の影響に対する懸念が述べら

れている。第2章は編者のひとりである倉元直樹の論考である。過去の経験との類比から現在の状況を理解して問題点を浮き彫りにするために、過去の入試改革によってダメージを受けた東北大学の事例について紹介したものである。

第Ⅲ部は冒頭に第1章として先述のフォーラムにおける討論の要約を紹介し、第2章から第6章までが高校、大学、それぞれの立場からの書き下ろしの論考となっている。第2章では、長年、熊本県の公立高校の進学校で数学を担当してきた小坂和海氏が、その立場から現在の大学入試問題に従属した教科指導の問題点を指摘している。第3章は公立高校の進学校と進路多様校の双方の経験豊富な守本哲也氏から見たフォーラムと高校教員に様々なルートで流れてくる高大接続改革の情報に対する評論である。第4章は立命館大学という私立大学の立場で入試改革を長年手掛けてきた本郷真紹氏が見た高大接続改革の問題点と、一般入試の重視に舵を切った立命館大学の入試戦略について紹介した論考である。第5章は京都大学で入学者選抜研究にたずさわってきた木南敦氏が人口減少という視点から入試改革について論じた論考である。第6章は編者のひとりである石井光夫の論考である。諸外国の制度との比較から、わが国の国立大学の個別試験の特徴と実行可能な制度の条件について論じた論考である。

最後に編者の石井光夫と倉元直樹が本書全体の総括を試みている。

本書の論考は必ずしも方向性を一つに揃えたものではない。政策策定の場と入試の実施の現場の双方から発せられた多様な見解を通して、今後の高大接続改革のあり方に関してそれぞれの読者が考える手がかりを提示できれば幸いである。

【文献】

東北大学高等教育開発推進センター編（2011）．『高大接続関係のパラダイム転換と再構築』東北大学高等教育開発推進センター叢書高等教育ライブラリ2，東北大学出版会．

東北大学高等教育開発推進センター編（2012）．『高等学校学習指導要領 VS

大学入試』東北大学高等教育開発推進センター叢書高等教育ライブラ
リ 4，東北大学出版会．

東北大学高等教育開発推進センター編（2013）．『大学入試と高校現場――
進学指導の教育的意義――』東北大学高等教育開発推進センター叢書
高等教育ライブラリ 6，東北大学出版会．

東北大学高等教育開発推進センター編（2014）．『「書く力」を伸ばす――
高大接続における取組みと課題――』東北大学高等教育開発推進セン
ター叢書高等教育ライブラリ 8，東北大学出版会．

第Ⅰ部

中教審答申の読み方

第1章　中教審高大接続答申から考える
──大学入学者選抜制度の改革を着実に実現するために

土井　真一（京都大学）

1.　はじめに

　本稿のテーマは、「中教審高大接続答申から考える」である。

　中央教育審議会に設置された高大接続特別部会は、2012（平成24）年9月28日に第1回会議が開催され、安西祐一郎部会長の下、2014（平成26）年10月24日まで約2年間にわたって21回の会議を重ねた。途中、2014（平成26）年6月には一旦答申案の検討を行ったが、諸般の事情で期間を延長し、安西部会長の強い意向を受けて取りまとめられたのが、中央教育審議会答申「新しい時代にふさわしい高大接続の実現に向けた高等学校教育、大学教育、大学入学者選抜の一体的改革について〜すべての若者が夢や目標を芽吹かせ、未来に花開かせるために」（2014［平成26］年12月22日）（以下「高大接続答申」という）である。

　筆者は、この高大接続特別部会に参画する機会を得たこともあり、本稿では、この高大接続答申から大学入学者選抜制度の改革の在り方について若干の考察を行うこととしたい。

2.　高大接続改革の背景　──高大接続の現状と課題

　なぜ高大接続特別部会が設置され、高等学校教育、大学教育、及び大学入学者選抜制度の3つの改革を、一貫した理念の下で、一体的に行う必要があると考えられるに至ったのか。はじめに、高大接続の現状と課題について検討することにしよう。

2.1　少子化がわが国の経済に及ぼす影響

　近年、初等中等教育及び高等教育の改善に向けた取組みが強く求めら

第 I 部　中教審答申の読み方

れてきている [1]。その背景には、1990 年代初頭のバブル崩壊以降、「失われた 20 年」と呼ばれる経済の低成長期を経験し、わが国の将来に対する強い危機感が存在している。

　とりわけ、わが国においては急激な少子化が進み、生産年齢人口の減少が顕著である。2010（平成 22）年の生産年齢人口は約 8,170 万人であったが、2050（平成 62）年には約 5,000 万人になると予想される。18 歳人口も、1992（平成 4）年の約 205 万人を頂点に減少し、現在は約 120 万人前後で推移しているが、2020（平成 32）年頃からさらなる減少局面に入り、2030（平成 42）年頃には 100 万人を割り込む状況にある [2]。

　GDP（国内総生産）は、ごく単純化すれば、一人当たりの平均的な生産力と就労人口の積で示されるから、生産年齢人口が減少すれば、それに比例して GDP も減少することになる。もしそれに抗しようとすれば、第 1 に生産年齢人口を増加させるか、第 2 に一人当たりの生産性を高めるかしかない。

　第 1 の選択肢である生産年齢人口の回復のために、少子化対策が講じられているが、現在のところ顕著な効果が出ているわけではない。また、たとえある年から出生率が劇的に改善したとしても、それが就労人口の増加をもたらすまでには、およそ 20 年の歳月を必要とし、その間は、減少し続ける生産労働人口で高齢者と若年層を扶養しなければならないこととなる。そこで、短期間で生産人口の増加を図るための措置として、外国人労働力の受入れがあり得るが、諸外国の例が示すように、急激な外国人労働力の流入は、言語や宗教・文化の摩擦あるいは貧富の格差など、多くの困難な課題を生み出すおそれがある。

　そこで、強く期待されているのが、第 2 の選択肢である労働人口一人当たりの生産性の向上である。この点、比較的単純な労働の場合、生産性の向上は、OJT や機械化等による作業効率の改善、あるいは人員削減や賃金の切下げなどの合理化によって実現される。しかし、こうした合理化は既に相当程度試みられてきており、さらにグローバル化の進展とアジア諸国の成長に伴って、わが国は厳しい国際競争に晒されている

ことから、製造業を中心に生産拠点の海外移転が進んでいる。その結果、わが国は、より付加価値の高い知識集約型産業へと産業構造を転換させざるを得ない状況に直面していると考えられ、このような転換に対応するために、学校教育を通じて、高い創造性を発揮し産業にイノベーション（innovation）をもたらす人材を育成すべきであるという要求が経済界を中心に嵩じてきているのである。

2.2　高等学校教育及び大学教育の課題

2002（平成 14）年から、初等中等教育において完全週休 5 日制が実施され、授業時間と学習内容が大幅に削減された。それに合わせて、学びの在り方が抜本的に見直され、生きる力の育成が目指されることとなったのである。

しかし、時を置かずして、「ゆとり教育」による学力低下との厳しい批判が起こり、また OECD が実施した学力調査 PISA（Programme for International Student Assessment）の結果も芳しくなかった。そこで、中央教育審議会は、「知識基盤型社会における生きる力」の育成を掲げ、2007（平成 19）年の学校教育法の改正（学校教育法第 30 条第 2 項など）により、①基礎的な知識・技能、②これらを活用する思考力・判断力・表現力、及び③主体的な学習態度を 3 要素とする新たな学力観が打ち出された。そして、2008（平成 20）年から新たな学習指導要領の下、言語活動や総合的学習などの充実が求められ、全国学力・学習状況調査を用いて、知識の活用力や探究学習を重視する方向性が推し進められてきている[3]。

他方、大学教育については、2008（平成 20）年に、汎用的技能（competency）に着目して「学士力」という表現が用いられ、学士課程教育の構築が目指されることとなり[4]、2012（平成 24）年の中教審答申において、単位制度の実質化、アクティブ・ラーニング（active learning）、GPA（Grade Point Average）の導入をはじめとする厳格な成績評価など、現在、各大学が取り組む教育課題が示された[5]。

しかし、このような提言が打ち出されているにもかかわらず、実際の取組みが必ずしも順調に進んでいないとの批判が存在している。例えば、確かに小・中学校においては知識の活用力や探究力を重視する教育改善が進んできており、その成果は PISA や全国学力・学習調査の結果にも反映してきている。しかし、「高等学校においては、小・中学校に比べ知識伝達型の授業に留まる傾向があり、学力の三要素を踏まえた指導が浸透していない」ことから、思考力・判断力・表現力や主体性を持って他者と協働する態度の育成に問題があるとの指摘がある [6]。

また、大学教育についても、GPA の導入など制度の外観は整いつつあるものの、学生の学修時間が一向に増加していないなど内実が伴っていない、あるいは、自ら目標を持って主体的に他者と協働する姿勢など、社会が期待する能力を養成できていないといった批判がなされている [7]。

2.3 大学入学者選抜制度の課題

では、なぜ高校教育や大学教育の改善が思うように進まないのか。その元凶とされたのが、大学入学者選抜制度である。

第1に、選抜性の高い大学の入学者選抜が学力試験のみに基づいており、しかも知識偏重の出題が行われているから、高等学校の教育の在り方を変えることができないと指摘される。従来からわが国の大学入学者選抜制度に対してなされてきた典型的な批判である。

例えば、英語については、大学入学者選抜において、読む・書く・聞く・話すという4技能を総合的に評価し得ていないから [8]、高校の英語教育が旧態依然としたものに留まるのではないか。海外留学経験や地域への貢献などの経験を大学入学者選抜で高く評価しないから、努力している高校生たちが報われないし、そもそも高校生がそのような活動に積極的に参画しないのではないか。このように、大学入学者選抜に問題があるから、高等学校において、思考力、判断力、表現力などを重視した教育が行いにくく、また高校生が挑戦的で多様な活動に参加することを阻んでいるとされる。

第 1 章　中教審高大接続答申から考える

　さらに、知識詰め込み型の受験勉強を通じて受動的な学習態度が固着するために、大学入学後も、未知の課題に取り組むなど、主体的で能動的な学修を行おうとしないのではないか。また、入学者選抜の段階で学ぶ意欲や目的意識を適切に評価しないから、入学するや否や、課外活動などに走ってしまい、十分な学修を行わなくなるのではないか、といった大学教育に対する弊害も指摘されているところである。

　ただ、これらの批判にはステレオタイプの嫌いもある。国立大学でも、既に AO 入試などが取り入れられており、また、高等学校で基礎的教科・科目を広く履修することを重視し、入学者選抜試験において 5 教科 7 科目の学力を確認することとしているため、個別学力試験の問題も、瑣末な知識を問うものではなく、思考力や表現力を試すものに改善されてきている。こうした点については、正確な現状認識に基づいて検討を行う必要がある[9]。

　他方、第 2 に、18 歳人口の減少によって、大学入学者選抜における選抜性の低下という、比較的新たな問題が惹き起こされている。2014（平成 26）年段階で、4 年制大学への進学率は 51.5%、短大と合わせると 56.7% に達している。そのうち、現役志願率は 60.4% であるから、志願率と進学率は近接しており、大学の収容力も 93.0% に達している。つまり、学校を選ばなければ、志願者のほぼ全員が大学・短大に進学できる状態であるといってよい。

　このような状況の中で、各大学は学生の獲得競争を迫られることになる。つまり、大学が学生を選抜するのではなく、志願者が大学を選抜するのである。そうなると、外的な規律が働かない限り、志願者はコストパフォーマンスの良さを追求し、同じ知名度の大学であれば、入学者選抜の負担がより軽い大学を選択することになる。その結果、学力試験の試験科目数は減り、さらには学力試験を実施しない入学者選抜が導入されることになる。また、学生の確保には囲い込み・青田買いが有効な戦術だと考えられ、附属高校、中学校、さらには小学校から幼稚園まで系列化が進み、推薦入試の枠の拡大と早期実施が生じる。

第 I 部　中教審答申の読み方

　2014（平成 26）年度入学者選抜において、国立大学では入学者の
84.5％が学力試験を中心とする一般入試を受けているが、私立大学では
一般入試は 49.6％、推薦入試が 39.7％、AO 入試が 10.3％を占めている
[10]。もちろん、推薦入試や AO 入試自体が問題なのではない。推薦入試
や AO 入試という形態を隠れ蓑にして、志願者の学力を十分に測らない
ままに入学者選抜を行う大学が相当数あるのではないかという点が問題
視されるのである [11]。

　このような状況になると、大学入学者選抜による学習の動機づけが低
下し、高校生は教科の学習を十分に行わなくなる可能性が高い。実際、
近年の調査では、高校生の学校外での学習時間の減少が明らかになって
きている [12]。高校 2 年生を対象に、平日の学校外での平均学習時間（学
習塾や予備校等での学習時間を含む）は、1990（平成 2）年の調査にお
いて 1 日 93.7 分であったものが、2006（平成 18）年には 1 日 70.5 分と
なっている。

　また、この時間の減少の仕方に特徴があり、偏差値 55 以上の層にお
いては、114.9 分から 105.1 分と減少の幅が比較的小さいのに対して、偏
差値 50-55 の層で、112.1 分から 60.3 分と半減近くになっているほか、偏
差値 50-45 の層でも、89.2 分から 62.0 分と大幅に減少している。このよ
うな特徴的な学習時間の減少から、偏差値 45-55 の層の高校生たちが志
願する大学の入学者選抜が十分な学力保証機能を果たしていないことに
よるのではないかと、推測されるのである。

　もちろん、高校における学習の動機づけが、大学入学者選抜にのみ依
存する在り方は教育制度として適切でない。しかし、従来そのような依
存関係によって学習の動機づけが維持されていたにもかかわらず、代替
手段が講じられないままに、大学者選抜における選抜性が急速に低下す
ることにより、このような事態が生じてしまっていると考えられるので
ある。

　こうなると、社会からは、より高度な能力・資質の育成が強く求めら
れているにもかかわらず、現実には大学生も高校生も学習しなくなって

おり、かえってその能力の低下を招いているのではないかという懸念が生じることになる。「いったい教育関係者は何を考えているのか。この国の将来をどうするつもりなのか」といった可燃性の高い不満が広がる中で、これに着火したのが、2012（平成 24）年に生じた大学入試センター試験の混乱である。試験当日における「地理・歴史」と「公民」の問題冊子の配布の誤りにより 3,452 人が再試験を余儀なくされたことは、6 教科 29 科目を 2 日間で実施するという、大学入試センター試験の多様化・実施体制が限界に達していることを明らかにした。そこで、これを契機として、高校教育と大学教育の円滑な接続を図り、大学入学者選抜の在り方を抜本的に見直すために、高大接続特別部会が設置されることになったわけである。

　このような背景から設置された高大接続特別部会の審議の対象は広範に及ぶが、高校教育や大学教育の在り方自体については、基本的に、従来の中教審答申を踏襲していることから、大学入学者選抜制度と高校における基礎学力の評価の在り方に絞ると、その主たる検討課題は、次の 4 点に集約される。すなわち、第 1 に、選抜性の高い大学における知識偏重の学力試験をどのようにして改善するか。また、合わせて国立大学で取り組みが始まっている入学者選抜の多様化をどのようにして充実させるか。第 2 に、選抜性の低い大学の入学者選抜において、いかにして入学者の学力を担保するか。第 3 に、高校進学率が 97% を超える現状において、大学進学を希望しない生徒の学習意欲をいかにして維持するか。そして、第 4 に、こうした課題に対応するために、大学入試センター試験をどのように改革するかである。いずれも時間をかけて真摯に取り組む必要のある重要な課題であると思われる。

3. 高大接続改革の理念と基本的枠組み

3.1　高大接続改革の理念

高大接続改革の基本理念として、高大接続答申が、志願者の能力・資

第Ⅰ部 中教審答申の読み方

質の評価を多面的・多元的に行うことを掲げる点については、評価すべきであると思われる。多面的・総合的な評価の必要性は、1970年代から主張されてきているところであり、学力も、知識の正確な習得だけでなく、思考力や判断力等を含めて評価されるべきであり、また学力以外の能力・資質についても考慮して入学者選抜を行うことが合理的であろう。

　ただ、高大接続答申において、次のように述べられている点については、慎重な対応が必要である。

　「18歳頃における一度限りの一斉受験という特殊な行事が、長い人生航路における最大の分岐点であり目標であるとする、我が国の社会全体に深く根を張った従来型の『大学入試』や、その背景にある、画一的な一斉試験で正答に関する知識の再生を一点刻みに問い、その結果の点数のみに依拠した選抜を行うことが公平であるとする、『公平性』の観念という桎梏は断ち切らねばならない」13)。

　「既存の『大学入試』と『公平性』に関する意識を改革し、年齢、性別、国籍、文化、障害の有無、地域の違い、家庭環境等の多様な背景を持つ一人ひとりが、高等学校までに積み上げてきた多様な力を、多様な方法で『公正』に評価して選抜するという意識に立たなければならない」14)。

　確かに、大学者入学選抜において、ごくわずかの点数の差で合否が決まることがある点は事実である。京都大学の入学者選抜においても、大学入試センター試験と個別学力試験との間で傾斜配点を行っていることもあり、合格者最低点と不合格者最高点の差が1点に満たないことがある。この僅少な点数差に人生を左右するほどの大きな意義があるのかと問われれば、誰しも疑問を感じるであろう。また、学力試験において同じ成績を修めたとしても、受験勉強ばかりをしていた者と部活動やボランティア活動などにも熱心に取り組んだ者とでは、その意味が違うのではないかという指摘も理解できるところである。その意味で、答申の指摘には心情として共感するところが多い。

　しかし、各大学の入学者選抜の基準が明確で、それに基づいて各受験生が自らの能力を事前にある程度判定した上で出願を行うとすれば、入

学定員が適正である限り、どのような選抜方法を採ろうとも、各大学・学部の合否ライン前後の志願者の能力・資質にそれほど大きな差は生じないであろう。面接や集団討論の評価あるいは調査書に基づく評価などを導入しても、それを点数化して学力検査の結果と合算し総合判定を行えば、結局、微妙な点数差で合否が決まることに変わりないかもしれない。

議論を混乱させないためには、能力・資質の評価を多面的に行うこと及び評価の手法を多元化させることと、合否がどの程度の点数差により決まるかは別問題であることを明確にしておく必要がある。後者は、大学入学者選抜において入学定員管理が行われる以上、いかんともし難い問題であり[15]、むしろ、合否を画する能力・資質の差がそれほど大きいわけではないという事実を踏まえて、大学の偏差値序列を相対化して捉えるなど、社会の側の認識を改めることで解決すべき面が大きいように思われる。

また、確かに、各大学・学部が受験機会を複数化することには、評価の多面性・多元性を確保する上で、一定の意義があると思われる。しかし、時として誤解されやすいが、受験機会の複数化によって、志願する大学・学部に合格する可能性が当然に高まるわけではない。もちろん、受験時に体調不良等に陥った者については、受験機会が複数化すれば、体調を回復させて受験することにより、合格する可能性は高まるであろう。しかし、一般的には、受験機会を複数化しても、入学定員と実志願者数が変わらないかぎり、入学定員を細かく割り振るだけであるから、受験機会は1回の場合と比較して、不合格者の実数に変わりはなく、ただその延べ数が増加することになる。結局、狭き門が広がるわけではなく、より狭い門が複数できて、それを何度か叩く必要が増えるだけである。1度の受験機会がもたらす心理的負担と、何度も受験を繰り返す心理的負担のいずれが重いかは一義的に決まるものではないし、受験機会の複数化により、高等学校教育に及ぼす影響も看過してはならない[16]。

他方、受験機会が複数化すれば、他大学との併願が広く認められる可能性が高まる。しかし、志願者がいくつもの大学を受験し合格し、少し

第Ⅰ部　中教審答申の読み方

でも偏差値が上位の大学に進学することを求めるとするならば、各大学の序列は今後より一層顕著に進む可能性がある。制度が置かれる環境要因を十分に考慮しないと、制度改革は思わぬ弊害をもたらす点に留意しなければならない。

　したがって、心情はわかるとしても、大学入学者選抜が抱える問題の所在をより明確にし、現実に用いることができる公正な評価方法を実証的に検討する必要がある。高大接続答申においては、「『公平性』の観念という桎梏は断ち切らなければならない」[17]と強い調子で述べられているが、社会が試験制度に対して抱く公平性の観念が、一朝一夕で大きく変わるわけではない。例えば、新たな法曹養成制度として導入された法科大学院と司法試験及び司法試験予備試験との関係についても、制度導入から既に10年以上が経過した現時点においてなお、様々な問題を抱え続けている。もし、社会の「公平性」の観念が変わらなければ、新たな大学入学者選抜制度が不公平であると厳しい批判を受け、わが国の高等教育に対する信頼を揺るがすおそれがある以上、今回の高大接続改革は、社会的コンセンサスを形成しつつ、着実に進めることが肝要である。

3.2　高大接続改革の基本的枠組み

　高大接続答申が示す高大接続改革は、「高等学校基礎学力テスト（仮称）」（以下「基礎学力テスト」という）と「大学入学希望者学力評価テスト（仮称）」（以下「学力評価テスト」という）の二つの新しいテストの導入と、各大学の個別入学者選抜改革という三つの柱から成っている。そこで、以下、順にそれぞれ検討を行うことにする。

(1)　「基礎学力テスト」の導入
ⅰ）基礎学力テストの目的と方向性

　基礎学力テストは、すべての高校生について、学習意欲を高め、高校教育を通じて身に付けるべき基礎的学力の習得を証明する目的で導入されるものである。したがって、本テストは、大学進学のための学

力評価を本来の目的とするものではないが、高大接続答申においては、選抜性の低い大学の入学者選抜や就職において、調査書等と共に、高等学校での学習成果を確認する方法として用いられることが想定されていた[18]。

しかし、この点に対しては、一つのテストに相異なる複数の目的を設定することにより、試験の内容や水準、試験時期の設定、受検料徴収の可否及び作題・実施体制の在り方等に混乱が生じるのではないかとの指摘があった。これを受けて、高大接続システム会議の「中間まとめ」（以下「中間まとめ」という）においては、2019（平成 31）年度から 2022（平成 34）年度を試行実施期間と位置付け、この期間は原則、基礎学力テストの結果を大学入学者選抜や就職には用いないとしている。また、2023（平成 35）年度以降についても、本テストの定着状況を見つつ、高校生の学習意欲や進路実現への影響等に関するメリット及びデメリットを十分に吟味しながら、高等学校や大学、企業などの関係者の意見も踏まえて、更に検討を行うこととされており、より本来の目的に力点を置くかたちになっている[19]。

基礎学力テストを、高校教育において基礎学力を確実に習得させるために、生徒の学習の動機づけと教員による教育方法の改善に役立てるのであれば、たとえ強制ではなくとも、対象となる学力水準の高校あるいは生徒ができる限り多く参加できるものにすることが、なによりも重要である。活用方法を拡げることによって、生徒による受験を積極的に促進する効果も期待できないわけではないが、制度の円滑な導入と安定化のためには、各学校及び教育委員会が、このテストの意義を評価し、積極的に参加し得るものにすることに注力すべきであろう。また、出題、採点等の負担を考えると、試験の実施も大学関係者ではなく、高等学校関係者を中心に行うことができるようにすべきであり、「中間まとめ」が示す方向性は、基本的に妥当ではないかと思われる。

ⅱ）基礎学力テストの受検者

また、このような観点に立って、「中間まとめ」においては、学校

第Ⅰ部　中教審答申の読み方

単位の参加を基本としつつ、生徒個人の希望に応じた受検も可能とするとされている[20]。受検はあくまで学校又は生徒個人単位の希望によるもので、このテストを受検し一定の成績を収めることが高校卒業の要件になるわけではない。

ⅲ）基礎学力テストの対象教科・科目

テストの対象教科・科目は、「国語総合」「数学Ⅰ」などの高等学校の必履修科目とすることが想定されている。「中間まとめ」では、2019（平成31）年度の導入当初は、国語、数学、英語の3教科で実施することとし、地歴・公民科や理科等については、次期学習指導要領の改訂を踏まえて、追加導入することが示されている。地歴・公民科等の学習指導要領の改訂に際して必履修科目の見直しが検討されていること、及び着実に制度の導入を図るべきことに鑑みれば、合理的な選択であると思われる。

ⅳ）基礎学力テストの出題内容

出題内容については、「高大接続答申」の段階では、知識・技能の確実な習得を重視しつつ、高難度の問題から低難度の問題まで広範囲の難易度の出題を行うこととされていた[21]。しかし、「中間まとめ」においては、高校生全体のうち、平均的な学力層や、学力面で課題のある層を主な対象として出題することとし、問題の作成等に当たっては、学力面で課題のある層の学習意欲を高めることを念頭に置きながら、難易度や出題範囲の在り方について特段の配慮を行うことが必要であるとされている[22]。この点は、「学力評価テスト」の在り方にも影響を及ぼすものであるが、基礎学力テストの主たる目的に照らせば、適切な方向性であると考えられる。

ⅴ）基礎学力テストの解答方式

解答方式については、知識・技能の確実な習得の確認を中心とするテストであるので、正誤式や多肢選択式を原則とし、記述式の導入を目指すとされている。思考力・判断力・表現力等を判定するためには、記述式の導入が適切であるが、採点者の確保や、採点の公平性・信頼

性の確保などの問題も指摘されている。ただ、大学入学者選抜における利用を想定せず、テストの趣旨がⅰ）で示したように明確になれば、本テストにおける記述式の導入は、「学力評価テスト」よりも比較的円滑に進められるかもしれない。

ⅵ）年複数回実施の技術的基盤

　さらに、本テストは年複数回実施が目指されており、項目応答理論（Item Response Theory）に基づくCBT（Computer based Test）の導入が計画されている。項目応答理論による試験の特徴は、第1に、各項目つまり各設問が相互に独立していること、第2に、試行テスト等により、各設問について正答確率と項目弁別力が事前に明らかになっていること、及び、第3に、そうした設問を大量に蓄積して、そこから問題を抽出して出題し、それに対する解答を統計的手法により解析し、正答率等を評価することにある。問題を大量に蓄積し設問の組合せを多様にすることでテストの複数回実施が可能になり、また項目対応理論により、複数回実施されるテスト間での難易度の格差に関する問題を解消しようとするものである。また、これによって、作題に高校の教員の協力を得ることが可能になるというメリットもある。

　このIRT及びCBTをめぐる最大の問題は、その導入時期にある。この点については、「中間まとめ」においても明確な見通しが示されていない。CBTの導入は、それ自体に技術的・財政的問題があると同時に、日々の学校教育におけるICTの導入・活用の問題とも関係することから、広く一般の理解を得つつ、導入に向けて着実に検討を進めることが重要である。

(2)　「学力評価テスト」の導入

ⅰ）学力評価テストの目的と方向性

　次に、学力評価テストは、大学入学希望者が大学教育を受けるために必要な能力を有するか否かを評価することを目的とするものである。

　試験の内容は、「知識・技能を活用して、自ら課題を発見し、その

解決に向けて探究し、成果等を表現するために必要な思考力・判断力・表現力等の能力」[23] を中心に評価するものとされ、「大学入学に向けた学びを、知識や解法パターンの単なる暗記・適用などの受動的なものから、学んだ知識や技能を統合しながら問題の発見・解決に取り組む、より能動的なものへと改革する」[24] ことが目指されている。

このような方針は基本的に適切であり、一問一答方式による知識の確認のための出題は、一定の比率に抑えるべきであろう。もちろん、知識を整理して記憶し、必要に応じて適切に引き出せることは、学びの基本を構成する非常に重要な能力であり、これを決して軽視してはならない。先人たちが見出し、積み重ねてきた叡智を引き継ぎ、それを活かしていくことは、依然として学びの重要な部分を占めている。また、知識を整理して確実に記憶することができるようになるためには、一定の知的訓練が必要であり、またそのような訓練を通じて、真面目さや正確さなど学びに必要な姿勢・態度も形成されるのである。そうした知的訓練の基礎の上にはじめて、創造性が発展し得ることを忘れてはならない。

しかし、一定の記憶力の水準を超える志願者を対象として、その知識の記憶量だけを基準に選抜を行おうとすると、瑣末な知識の記憶を強いることになり、効率的ではない。このような場合には、さらなる知識の習得を求めるよりも、他の能力の獲得を求める方が、学習の効用は大きくなる。とりわけ、近時は ICT が目覚ましく進歩し、情報の蓄積・検索が容易になってきていることに鑑みれば、記憶力が学習に占めるウエイトは相対的に低くなる傾向にあるといってよいであろう。

その意味で、思考力・判断力・表現力などを重視することには十分な合理的理由がある。既にこれらの能力を試すための出題として、いくつかの案が公表されており[25]、注目すべき内容となっている。今後、さらなる検討が進むことになろうが、その際には、思考力や判断力は、実質的内容から切り離されれば離されるほど、形式化し空虚なものになりかねない点に留意が必要である。形式論理を適切に適用で

きることは学習の基本であるが、それ自体が学習の目的ではない。人はただ考えるのではなく、何かについて考えるのであり、そして、その多くは先験的な論理操作ではなく、経験を基礎として行われるのである。多くの学問分野は、中核となる概念・価値及び思考の方法を基礎として、当該学問分野に特有の見方・考え方を構築しており、個々の知識はこの基本構造の上に意義を有している。

　したがって、こうした基本構造から切り離した形で瑣末な知識の習得を求めることは適切ではないが、他方、これらの構造と独立に思考力、判断力を問うことにも限界がある。この点を看過して、思考力や判断力を抽象的に評価しようとし過ぎると、いわゆるIQ検査に近づくことになり、高等学校における学習の達成度を基礎として学力を評価しようとしているのか、学習の適性あるいは潜在的能力を評価しようとしているのか、不明確になるおそれがある。昭和20年代に用いられていた進学適性検査の経験も踏まえて、学力評価テストの位置づけを明確にする必要がある。

　なお、試験の在り方を絶えず検証し、必要な改善を加えることは重要であるが、しかし、試験に対する過度の期待は厳に慎むべきである。繰り返し述べているように、試験において過度の知識を要求することで他の必要な学びを妨げる事態を改善することが、今般の高大接続改革の眼目の一つであり、また一定の学習を誘導するような出題を試みることが高等学校や大学の教育改善に役立つことも確かである。

　しかし、1時間あるいは2時間を単位として実施される試験で、学んだ知識や技能を統合しながら問題の発見・解決に取り組むことができるかどうかを的確に判断することは、困難であると言わざるを得ない。情報処理が的確でその速度が速いということが創造性ではないし、機転が利くことが独創性を意味するわけではない。人を育て評価することには、物を製造し検査することとは異なる難しさがある。そうした認識の上に、試験制度だけでなく、プロセスとしての教育課程を改善し、それに対する信頼を高めることが、教育の本道であることを、社

第Ⅰ部　中教審答申の読み方

会において広く共有するようにしていく必要があろう。

ⅱ）学力評価テストの出題分野

　試験科目について、高大接続答申は、高等学校における教科・科目に対応する「教科型」に加えて、「合教科・科目型」「総合型」の問題を組み合せて出題し、将来は「合教科・科目型」「総合型」のみの出題とするとしている。また、思考力や判断力等の能力を評価する試験であるから、多肢選択方式だけでなく、記述式を導入するとされている。

　高大接続答申が抱える最も大きな問題点は、基礎学力テストと学力評価テストの二つのテストの相互関係と大学選抜での利用方法について、細部を十分に整理しきれなかった点にある。

　例えば、基礎学力テストを各教科の知識・技能の習得を確認するテストとし、学力評価テストを思考力・判断力・表現力などのコンピテンシー（competency）や教科横断的な総合力を確認するテストとして区別するとしよう。確かに、前者の知識・技能が後者の思考力や総合力等の基礎であるということはできるかもしれない。しかし、そのことは、前者で確認する知識・技能が初歩的な内容でよいということにはならない。選抜性の高い研究大学、とりわけ高等学校での学習に教育内容を積み上げる必要が高い理系学部では、高度な水準の知識・技能が要求されることになる。あるいは逆に、将来企業等で働く者にとっては、それほど高度な専門的知識・技能が要求されるわけではなく、むしろ思考力・判断力・表現力などが大切になるかもしれない。そうなると、各教科の知識・技能の習得を確認するテストも、また思考力や総合力等を試すテストも、共に難易度に幅のある出題をすることが求められることにならざるを得ない。

　この点、高大接続答申は、第一義的には、二つのテストを、高校における基礎学力を確認するものと大学教育を受ける能力を確認するものに区別している。にもかかわらず、このテストの利用目的に関する区別と、上記の評価の対象となる能力・資質に関する区別を直結させようとしている点に、整理を難しくしている要因がある。

22

第1章　中教審高大接続答申から考える

　例えば、基礎学力テストを、大学に進学しない者を含めて、すべて
の高校生が習得すべき基礎学力を担保する試験にしようとすれば、現
在の高校の実情を踏まえる限り、出題範囲を必履修科目に限定すべき
との意見は合理的である。しかし、基礎学力テストをそのように位置
付ける一方で、学力評価テストを思考力・判断力等を試す「合教科・
科目型」「総合型」のテストにすることになれば、必履修科目以外の
科目の知識・技能の確認はどうするのかという問題が生じる。

　加えて、高大接続特別部会での審議を難しくした要因は、センター
試験で多様化しすぎた科目の整理が必要である上に、二つの共通テス
トについて複数回受験を認めるためには、試験業務を合理化し、受験
生の負担を緩和することが必要となり、各テストの試験期日を短くし
なければならなくなる点にある。「合教科・科目型」等の出題が目指
された背景には、このような要因もあったのである。

　この点について、高大接続システム会議の「中間まとめ」は、先に
も触れたように、各テストの利用目的による区別をより一層明確にし、
それに沿った制度設計を目指しているように思われる。対象教科・科
目等については、思考力・判断力・表現力等の判定を重視する出題と
し、試験科目数もできる限り簡素化することが述べられているが、基
本は、高等学校における教科・科目を基礎として試験科目が設定され
るものと理解できる 26)。このこと自体は、「学力評価テスト」の円滑
な導入と安定的な運用の観点から、合理的な選択として高く評価され
よう。

　ただ、従来、高校の教育課程において、科目が細分化され、選択科
目が増えることにより、大学入試センター試験の出題がタコツボ化す
るという弊害が指摘されてきたところである。したがって、「中間ま
とめ」にも記されているように、必履修科目で取扱う内容を中心に
合教科・科目的な出題が行われる可能性を認める方向で検討されるべ
きであろうし、次期学習指導要領において、「数理探究（仮称）」や地
歴・公民科の新たな必履修科目の設定が行われれば、合教科・科目的

第Ⅰ部　中教審答申の読み方

な出題を行う余地は従来よりも広まると考えられる。「中間まとめ」
は、2020（平成32）〜 2023（平成35）年度と2024（平成36）年度以
降の二つに期間を区分して段階的実施の案を示しているが、このよう
な着実かつ実証的な手法で、新たな試みに積極的に取り組むことが求
められているといえよう。

ⅲ）学力評価テストの出題形式、成績表示

　出題形式として記述式問題やCBTの導入については、基礎学力テ
ストの場合と同様の問題がある。また、IRTに基づくテストの成績は、
正答した各設問の配点を積み上げる素点方式で算出するわけではない
ので、一定のランク・段階で表示することになるが、大学入学者選抜
において実効的に利用できるものにする必要がある。

　いずれにしても、学力評価テストは大学入学者選抜に直接用いられ
ることから、選抜資料としての有効性及び試験実施の公正・公平性の確
保についてより一層配慮しつつ、取組みを進めることが必要となろう。

(3)　各大学における個別選抜の改革

ⅰ）アドミッション・ポリシーとその具体化

　各大学における個別選抜の改善として、アドミッション・ポリシー
を、ディプロマ・ポリシーやカリキュラム・ポリシーと有機的に連携
させて、より具体化・明確化することが求められている。これまでの
各種ポリシーがかなり抽象度の高いもので、実用性に乏しかった点は
率直に反省する必要があり、各大学・学部においてこのような検討を
進めることは適当である。

　しかし、重要なのは、教育活動において、志願者、在学生そして卒
業生の実態を把握し、教育目的に照らして教育課程を的確に編成し、
そのために入学までにどのような能力・技能の習得を求め、教育課程
における達成目標をどのように設定するかを不断に検証する思考で
あって、文書それ自体を整えることではない。この点を誤ると、各種
ポリシーは理想を美しく語るイメージ戦略の競い合いか、ガイドライ

24

ンに示された事項について最低限のことを形式的に記載することになりかねない。

　また、求められる能力・資質やその水準を抽象的に表現することはとても難しい作業である上に、一律に多様な人材の確保を求めることになると、各大学のアドミッション・ポリシーにおいて記載される能力・資質等は網羅的になってしまい、各大学の個性が表現されないというディレンマもある。

　さらに、根本を問うならば、各大学が、その個性に合わせて、アドミッション・ポリシーをより具体的で明確なものにしたとして、各高等学校において、各大学の志願者ごとにそれに合った教育を行うことが果たしてできるのだろうか。本当の意味で高大接続改革を行うのであれば、各大学の個性は尊重しつつも、ミッションが近い大学あるいは学問分野ごとに、ある程度連携をして、学習指導要領の検討に積極的に提言を行ったり、高等学校や教育委員会等と意見交換の場を持ったりするなど、協働して仕組みを動かす場を作っていくことが重要ではないかと思われる。

ⅱ）個別試験における学力試験の位置づけ

　高大接続特別部会における個別選抜に関する審議において重要な争点となったのは、第1に、学力評価テストとは別に、各大学が個別選抜において独自の学力試験を行うことを認めるか否か、そして、第2に、多元的な選抜は、当該大学・学部において複数の入学者選抜の方法を組み合わせて（例えば、学力試験を重視する選抜枠と、評価書や面接等を重視する選抜枠を組み合わせて）、全体として実現すればよいのか、すべての志願者を対象として、一律に小論文、面接、調査書等を活用した多元的評価が求められるのか、であった。

　特別部会において有力な意見は、教科・科目の学力試験はすべて新テストに一元化し、個別選抜では学力試験を実施しない方向で検討すべきであり、また、その結果として、すべての志願者に対して多元的評価を行うのが適当であるとするものであった。

第Ⅰ部　中教審答申の読み方

　第一に、なぜ個別選抜で学力試験を課すことが適切でないかであるが、現在、わが国には約780校の大学が存在し、さらに、学部ごとに学力試験を実施している大学が相当な割合を占め、また各年度に複数回学力試験を実施している大学が一般的である。したがって、毎年度、膨大な数の学力試験問題が作られ、そのために大学教員が膨大な労力を費やしている。しかし、果たしてここまでの労力を費やす必要があるのかどうか。教養部の解体や教員定員の削減なども相まって、実際に、問題の質の維持が困難になったり、作題の負担に耐えられなくなったりしている大学も相当数に上ることに鑑みれば、大学が互いに協力して、学力試験を効率的に実施するのが合理的選択であろう。長期的には、このような方向性を追求することが、大学教員をできる限り教育研究に専念させるために必要な環境整備を行うことになる。

　ただ、すべての大学が直ちに学力試験を共通化するのが適当かどうかは議論の余地がある。研究を中心とする大学においては、教育において高度な学問的水準を維持することが求められ、それに堪え得る学力を独自に測りたいという要望がある。難易度の設定にもよるが、思考力・判断力・表現力などを試すためには、本格的な記述式・論述式試験の方がより適切であろう。

　もちろん、今後、学力評価テストが実績を重ね、個別の学力試験を課さなくとも各大学が必要とする学力を十分に測れることが実証されれば、屋上屋を架す必要はない。しかし、学力評価テストについては未だ具体像が明確になっておらず、またそれが実施に移されたとしても、当面は実証的に検討し改善すべき点が生じるであろうことが予想される段階で、個別選抜における学力試験の廃止を決めることには無理がある。

　そもそも、今回の高大接続改革は、一方で、大学進学を希望せず、従来大学入試センター試験を受験していない者を含めて高校教育の質保証を行うことを意図し、他方で、上位層の学力をより高めることを目的にしているのであるから、全体として測定する学力の幅が広がる

方向に向かっている。したがって、本来であれば、学力試験はより多元化する方向に動くはずなのであって、にわかに入学者選抜における学力試験を全大学で一元化することは困難である。長期的に学力試験の共通化を図っていくとしても、テストの水準を複数段階化するなどの方策を検討する必要があろう。

　この点、高大接続答申では、個別選抜において「新テストに加え、思考力・判断力・表現力を評価するため、自分の考えに基づき論を立てて記述する形式の学力評価を個別に課すこともあってよい」[27]とされていたが、「中間まとめ」においては、各大学のアドミッション・ポリシーに基づいて適切に学力評価を行うために、個別の入学者選抜において、「特定の教科・科目の「知識・技能」「思考力・判断力・表現力」について評価する方法も活用することはあってもよい」[28]とされている。ただ、今後、個別選抜において学力試験を維持する場合には、少なくとも、学力評価テストとの役割分担を明確にし、より知識と思考力・判断力・表現力等を総合的に評価する試験として工夫する必要があるのではないかと思われる。

　次に、多元的評価、丁寧な選抜については、理念として基本的に理解できるものである。しかし、2015（平成27）年度入試において大規模私学の志願者数は10万人を超えており、京都大学でも8000人を超える志願者がいる以上、現状で、これらすべてに対して多元的評価を丁寧に実施することは、人的あるいは時間的制約等から困難である。それを敢えて求めるのであれば、入学者選抜の専門スタッフの大幅な増員、大規模私学における入学定員の抜本的見直し、あるいは秋入学の検討など、かなり大きな問題が生じる可能性がある。もし十分な実施態勢が整わないままに見切り発車するのであれば、結局、学力評価テストの結果により第1次段階選抜を大規模に実施せざるを得なくなるであろう。

　また、丁寧な選抜ということで、よく企業の採用試験が引き合いに出されるが、学生たちが多大な時間を使って就職活動に奔走している

第Ⅰ部　中教審答申の読み方

現実を目の当たりにするかぎり、これと同じことを高校生に求めることが適切なのだろうかと訝しくなる。

そもそも、多元的評価を効果的に実施するためには、大学と高校が十分な連携を構築してく必要があるのであるから、国が一定の選抜方法を一律に要求するのではなく、各大学のこれまでの努力や今後の創意工夫を尊重して、多様な多元的評価方法を認めていくことが適切である[29]。

4. むすびにかえて

高大接続はわが国の高校・大学教育に重大な影響を及ぼす課題である。それだけに、最終的にどのような方向を目指すのかという理念・目標を明確にするとともに、入学者選抜の実務に混乱を生じさせないように、着実な実施と実証的な検討を積み重ねて、その目標を実現していくことが求められる。

今回の高大接続答申は、この二つのことが渾然一体となって記されていることから、高大接続システム会議において、それをさらに読み解いて、現実の制度設計を明確にする作業が進められている。今後、各大学が高等学校や教育委員会等と十分に連携を図りつつ、目標に向かって着実に創意工夫を重ねていくことが必要である。

そして、その際には、3世紀のローマの歴史から紡ぎ出された次の警句を心しておくべきであろう。

「それ以前の数々の危機と三世紀の危機は、『危機』（crisis）という言葉では同じでも、性質ならばまったくちがってくるからである。…自分たち本来の考えなりやり方で苦労しながらも危機を克服できた時代のローマ人と、目前の危機に対応することに精いっぱいで、そのためには自分たちの本質まで変えた結果、危機はますます深刻化するしかなかった時代のローマ人、のちがいである」[30]

思考力・判断力・表現力を伸ばし、創造性を高めていくことは、わが国の教育にとって重要な課題である。しかし、それを実現していくこと

は、決して容易なことではない。そのための教育方法が既に明らかになっており、それを導入すれば容易に実現することができるのであれば、例えば、企業における研修等で実施さえすれば、創造性豊かな社員が社会に満ち溢れることになるだろう。が、それができないから、これほど大掛かりな教育改革が望まれることになるのである。ということは、これほどまで熱心に改革が求められているにもかかわらず、しかしそれを実現するための確たる方法を誰も知らないことを意味するのである。

　確かに、新しいものを手にするためには、古いものを手放さなければならない。しかし、新しいものが価値あるものかは、手にしてみなければわからないし、それが成果を生むにはさらなる時間がかかるかもしれない。そうなれば、古いものを手放したが、新しいものも十分に成果を生まないという、いまよりも厳しい時期がしばらく続くことになるだろう。果たして、日本社会はそれに堪えるだけの覚悟があるのかどうか。

　「危機の打開に妙薬はない。…やらねばならないことはわかっているのだから、当事者が誰になろうと、それをやりつづけるしかないのだ。『やる』ことよりも、『やりつづける』ことのほうが重要である。なぜなら、政策は継続して行われないと、それは他の面での力の無駄使いにつながり、おかげで危機はなお一層深刻化する」[31]

　結局は、お互いに協力して、真摯に忍耐強く努力を重ねること、つまりは自分たち本来のやり方で苦労しながらも危機を克服するしかないのであろう。そのような厳しい道こそが、「すべての若者が夢や目標を芽吹かせ、未来に花開かせるために」、我々が歩むべき道なのではないだろうか。

　本稿の校正の段階で、高大接続システム改革会議の「最終報告」に接した。「最終報告」において検討が深められている点が多々あるが、本稿に反映させることができなかった。

第 I 部　中教審答申の読み方

【注】

1)　「高大接続答申」2-9 頁を参照。

2)　「高大接続答申」参考資料 50-52 頁を参照。

3)　中央教育審議会答申「幼稚園、小学校、高等学校及び特別支援学校の学習指導要領等の改善について」(2008［平成 20］年 1 月 17 日) を参照。

4)　中央教育審議会大学分科会制度・教育部会「学士課程教育の構築に向けて（審議のまとめ)」(2008［平成 20］年 3 月 25 日) を参照。

5)　中央教育審議会答申「新たな未来を築くための大学教育の質的転換に向けて～生涯学び続け、主体的に考える力を育成する大学へ～」(2012［平成 24］年 8 月 28 日) を参照。

6)　「高大接続答申」4-5 頁を参照。

7)　「高大接続答申」5 頁を参照。

8)　「高大接続答申」12 頁参照。

9)　里見進ほか新年座談会「2020 年への展望」IDE 現代の高等教育 2016 年 1 月号（2016［平成 28］年) 7-8 頁（里見進発言) を参照。

10)　「高大接続答申」参考資料 85 頁を参照。

11)　こうした状況については、佐々木隆生『大学入試の終焉』(北海道出版会，2012 年) 4-24 頁を参照。

12)　Benesse 教育総合研究所「第 1 ～ 4 回学習基本調査　国内調査〔高校生版〕」。

13)　「高大接続答申」7-8 頁。

14)　「高大接続答申」8 頁。

15)　倉元直樹「達成度テストと大学入試センター試験」東北大学高等教育開発推進センター編『「書く力」を伸ばす―高大接続における取組みと課題』(東北大学出版会，2014 年) 196 頁を参照。

16)　倉元・前掲注 15・192-195 頁を参照。

17)　「高大接続答申」8 頁を参照。

18)　「高大接続答申」18 頁を参照。

19)　「中間まとめ」24 頁を参照。

20)　「中間まとめ」15-16 頁を参照。

21)　「高大接続答申」18 頁を参照。

22)　「中間まとめ」17 頁を参照。

23)　「高大接続答申」15 頁。

第 1 章　中教審高大接続答申から考える

24）「中間まとめ」40 頁。

25）高大接続システム会議（第 9 回）配布資料、（http://www.mext.go.jp/b_menu/shingi/chousa/shougai/033/shiryo/1365554.htm，最終閲覧日 2016 年 1 月 5 日）。

26）「中間まとめ」41-42 頁を参照。

27）「高大接続答申」13 頁。

28）「中間まとめ」36 頁。

29）里見進ほか・前掲注 9・8 頁参照 。

30）塩野七生『ローマ人の物語XII　迷走する帝国』（新潮社，2003 年）8 頁。

31）塩野七生『日本人へ　リーダー篇』（文藝春秋，2010 年）37 頁。

第2章　国立大学の入試改革の過去・現在・未来？

川嶋太津夫（大阪大学）

1.　はじめに

　明治以来、日本社会が「学歴主義」「学歴社会」と呼ばれてきたように、教育が社会移動の重要な役割を果たしてきたことから、大学入学者選抜、いわゆる大学入試は、社会全体の大きな関心事であった。それは、大学志願者が入学定員を大幅に上回り「受験地獄」と呼ばれた時代のみならず、志願者数と入学定員がほぼ拮抗し、事実上の「全入時代」と呼ばれる今日でも同様である。2014（平成26）年12月に中央教育審議会が2年余りの年月をかけて審議し、公表した「新しい時代にふさわしい高大接続の実現に向けた高等学校教育、大学教育、大学入学者選抜の一体的改革について～すべての若者が夢や目標を芽吹かせ、未来に花開かせるために～（答申）」（中央教育審議会，2014，以降、高大接続答申）では、表題どおり高等学校教育と大学教育の改善のための梃子として入学者選抜を、初等中等教育で育成する「学力の3要素」を中心として、多面的・総合的評価に基づく個別選抜へと転換することを求めた。また、現行の大学入試センター試験に代わる共通テストとして、学力の3要素のうち主として「思考力・判断力・表現力」を評価する「大学入学希望者学力評価テスト（仮称）」の導入を提案した[1]。

　この「高大接続答申」での提案を具体的に実行に移すための方策を審議する組織として2015（平成27）年3月に文部科学省に設置された高大接続システム改革会議は、ほぼ半年の審議を経て、2015（平成27）年9月に「中間まとめ」を公表した[2]。この中間まとめには、さらに検討を要する課題が多く含まれ、関係者の耳目を集めている「大学入学希望者学力評価テスト（仮称）」の内容にも未だ不確定の要素が多い。しか

第Ⅰ部　中教審答申の読み方

し、個々の大学にとって、とりわけ国立大学の入試への影響が大きいと思われる「高大接続答申」で提言されていた一般入試、推薦入試、AO入試の区分を廃止し、大学入試に関する新たなルールの構築については、具体的な提言もなく、関係者間で今後さらに検討することとされている。国立大学は、新制大学以降、大学入試をより適切で、社会からの信頼を得られるよう様々な改善、改革に取り組んできた。その結果、複数の受験機会を提供し、かつ、多面的・多元的評価を可能にするために1997（平成9）年度以降、現行の「分離分割方式」を導入した。各国立大学は、原則として入学試験を前期日程と後期日程に「分離」し、募集単位の定員をそれぞれの日程に「分割」して、日程ごとに合格者を確定している。さらに2004（平成16）年からの法人化以降は、各大学の自主性を重んじて弾力化し、分割比率の低い日程の募集人員を推薦入試とAO入試に振り返ることも可能とした。そのため、私立大学同様、8月以降に出願を受け付けるAO入試、11月以降に実施する推薦入試、そして2月1日以降に実施する前期日程、後期日程を通じて、順次定員を確保することが可能となった。しかし、提言にあるように、入試区分を廃止した場合、現行の複数受験機会を確保しつつ、どのようにして国立大学として秩序ある入学試験を実施していくかが大きな課題となる。

　国立大学の新たな入試ルールを策定するには、これまでの「歴史」に学ぶことが重要だと思われる。そこで、小論では、これまで8年間ほど国大協入試委員会の専門委員を務めてきた筆者自身の私的メモとして、新制大学以降の国立大学の入試改革の経緯をまとめることとしたい。したがって、以下の記述は筆者個人の見解にすぎないことに留意願いたい。

2.　新制大学発足時（1949［昭和24］年）

　1949（昭和24）年、連合軍の占領下で、新制大学が誕生した。新制大学発足後初めての入試に際して、当時の文部省は「昭和24年度新制大学入学者選抜方法の解説」を公表した[3]。その要点は以下の3点にまとめられる。

第 2 章　国立大学の入試改革の過去・現在・未来？

(1)高等教育を受けるに最も適応した能力を備えたものを選抜すること

(2)下級学校の教育を理解し、その円満な発展を助長するような選抜方法をとること

(3)入学者選抜自体が教育であるから、教育目的に沿うように選抜方針を立てること

（下線は筆者による）

　すでに、新制大学発足時から、高等学校教育の教育内容に準拠すること、また、入学者選抜は、教育接続であることが認識されている。

　学校設置法の成立が遅れたため、新制大学最初の入試は 6 月に実施された。第 2 次世界大戦後の日本の教育制度は米国の影響を強く受けたことはよく知られているが、大学入学者選抜も同様で、1947（昭和 22）年から 1954（昭和 29）年まで、共通試験として米国の SAT に範をとった「進学適性検査」が実施されていた。そのため、各大学の個別入試では、第一次試験として書類審査（進学適性検査の成績及び調査書）が行われ、第二次試験として 5 教科の学力試験と身体検査が実施された。身体検査が第二次試験に含まれていたのは、当時、結核罹患者が多かったためである。なお、翌 1950（昭和 25）年に国立大学協会が設置された。

　さらに重要な制度は、全国の国立大学を I 期校と II 期校の二つの群に分け、国立大学志願者に対して 2 回の受験機会を与えたことである。I 期校と II 期校の区分は、終戦時の社会事情や交通事情を考慮し、受験生ができるだけ地元で国立大学を 2 回受験できるように、同地域内で二つの群に分けたものである [4]。

　なお、共通テストである進学適性検査は、1954（昭和 29）年をもって廃止され、その後継として 1963（昭和 38）年から「能研テスト」が導入された（1968〔昭和 43〕年で廃止）。

3. I 期校・II 期校制度（1949［昭和 24］年〜1978［昭和 53］年）から共通第 1 次学力試験（1979［昭和 54］年〜1989［平成元］年）への移行

　終戦後の交通事情等を考慮して始まった国立大学の I 期校・II 期校制

第 I 部　中教審答申の読み方

度は 1978（昭和 53）年度まで続いたが、その間に多くの問題が指摘されるようになった。その一つは、I 期校・II 期校間での「格差」感覚である。I 期校には、全ての旧帝国大学をはじめ、旧官立大学を基盤とする大規模総合大学がほぼ属するのに対して、II 期校の多くは、旧高等専門学校、師範学校を前身としていること。また I 期校に合格できなかった受験者が II 期校を受験したり、I 期、II 期という「順位」を想起させる表現などが相まったりして、とりわけ II 期校に属する国立大学からの不満が強かった。二つ目に、二つのグループの属する大学の特性に関連して、医学部や法学部を有する大学が I 期校に偏在していることも、受験生からは不評であった。そこで、国大協は 1968（昭和 43）年に入試期特別委員会を設置して検討を始めた。

　加えて、戦後の復興期から高度成長期へと日本社会が変容するにつれて大学進学熱も高まり、1960 年代に入ると「受験戦争」と呼ばれるほど進学熱が過熱し、大学が選抜性を高めるために、高等学校学習指導要領の範囲外からの出題、いわゆる「難問・奇問」が続出したことにより社会問題化し、当時の中央教育審議会でも入試改革が取り上げられた。その結果、1971（昭和 46）年 6 月に中央教育審議会が出した「今後における学校教育の総合的な拡充整備のための基本的施策について（答申）」、いわゆる「四六答申」では、入学者選抜は個別大学の営為ではなく、学齢段階の青少年が高校という教育段階から大学という教育段階への適切な移行を可能とする「広義の教育制度」であって、公共的な性格を有することを明確にした上で、調査書の活用とそれを可能とする高校における一般的・基礎的な学習達成度を共通尺度で測定する共通テストの開発を提言した [5]。さらに国立大学については、I 期校・II 期校制度を廃止し、入試期日を一元化すること。また、新たに開発される客観式の共通テスト（第 1 次試験）と個別試験で出題する記述式試験（第 2 次試験）とによる「総合評価」で選抜を行うように提言した。この「四六答申」で提言された共通テストを開発、実施する新たな組織として、1977（昭和 52）年 5 月に国立大学共同利用機関という性格を持つ大学入試センターが設

36

第 2 章　国立大学の入試改革の過去・現在・未来?

置された。

　そして、設置 2 年後の 1979（昭和 54）年 1 月 13、14 日の両日、第 1
回の共通第 1 次学力試験が実施された。

　ただ、入試期日の一元化と共通 1 次試験導入も直ちに幾つかの課題を
投げかけた。一つは、同一の試験を受験することにより 1 点刻みの「輪
切り選抜」や大学間の「序列化」が顕在した。二つ目に、さらに、国立
大学の受験機会が 1 回に限定されたことから、「入りたい大学よりも入
れる大学」を選択する傾向が強くなった。最後に、国立大学志願者に
とって「5 教科 7 科目」の試験を 2 度（共通第 1 次試験と 2 次試験）受
験することは負担が大きく、私立大学の 3 科目受験に比べて負担感が大
きい。そこで、これらの新たに生じた問題に対して国大協は、1982（昭
和 57）年 1 月に第 2 常置委員会で検討することとした。さらに、1983 年
5 月に「入試改善委員会」を設置して検討を重ね、負担感を軽減するた
めに、1987（昭和 62）年度入試から「5 教科 5 科目」を課すこととした。

　他方、当時の中曽根首相のもとに 1984（昭和 59）年に設置された臨
時教育審議会では、我が国の教育制度を根本的に見直すべく、様々な検
討を開始したが、大学入試については、上記の課題を解決するために、
1985（昭和 60）年 6 月に出た「第 1 次答申」において、国立大学の受験
機会の複数化と共通一次試験に代わる「新テスト」の実施を提言した [6]。

　このような、国大協内外の動きを受け、1986（昭和 61）年 3 月に開催
された国大協臨時総会において、受験教科・科目の軽減化に加えて、受
験日程については、各国立大学を二つのグループに分け、それぞれのグ
ループ（A 日程・B 日程）ごとに試験を実施し、2 回受験できる「連続方
式」とし、入学大学は両日程終了後に決定するという「事後選択」制度
を導入することによって、受験機会の複数化の要請に応えることとした。

4.「連続方式」から「分離分割方式」へ

　A 日程・B 日程としたことは、受験生には複数の受験機会を与えたも
のの、進学先の決定は両日程終了後としたために、大学側は入学者を確

37

第 I 部　中教審答申の読み方

定することが難しくなり、受験生にとっても、大学にとっても、次のような様々な問題が生じた。

(1)志願者が急増し、一次選抜で大量の不合格者が生じた
(2)特定の志願者が複数の大学に合格
(3)第2志望の合格者は、第1希望であった大学の追加合格の資格がない
(4)いずれの大学でも不合格になった者が、第1志望大学の追加合格者になる
(5)大学は辞退者を見込んで合格者を割り増ししたり、追加合格者を出さざるをえなかった

　このように、「連続方式」は受験生にも大学側にも大きな混乱をもたらしたため、国大協の入試改善委員会は 1987（昭和62）年10月に「昭和64年度以降の国立大学の入学者選抜について」を公表し、「分離方式」「定員分割」について提言した[7]。これが現在も行われている「分離分割方式」の始まりである。つまり、試験日程を前期日程試験と後期日程試験に（連続ではなく）「分離」し、さらに、同一募集単位の入学定員を前期と後期に「分割」することにより、上記の「連続方式」がもたらした問題を解決することが可能となった。
　ただし、急激な入試改革の混乱を回避するために、1989（平成元）年から「連続方式」と「分離分割方式」を併存させ、A日程・前期日程を統一し、B日程と後期日程は別日程としたが、B日程と後期日程では併願を不可とし、受験生はそれぞれ各1大学・学部に出願することとした。

5.　大学入試センター試験実施と「分離分割方式」への統一
　臨時教育審議会の「第一次答申」で示されたもう一つの改革案である「新テスト」については、1990（平成2）年1月に大学入試センター試験が実施された。共通1次試験とは異なり、受験教科・科目を選択できる「ア・ラ・カルト方式」を導入したため、私立大学も参加可能となり、

現在、全国公立大学に加えて私立の 4 年制大学 523 大学、短期大学 144 大学が参加するまでになっている。

なお、国大協は、1993（平成 5）年 11 月に「国立大学の入学者選抜における現行の『連続方式』と『分離分割方式』の統合について」を公表し、1997（平成 9）年度入試から「分離分割方式」に統一することを決めた。さらに、全大学・学部が「分離分割方式」を採用することを基本とするが、教員養成学部等の一部の専攻区分で、募集人員が 10 名以下であって、当該募集単位の特性から他の募集単位とまとめることができない場合や、実技試験を必須とする芸術系大学は例外とすること。また、当時の前期・後期日程の定員比率が 7：3 であることから、後期定員は 30％以上とすることを申し合わせた[8]。

6. 国立大学入試改革への取り組み

新たに「分離分割方式」が導入された後も、国大協はより良い入試の在り方を求めて、幾つかの検討や提言を行ってきた。

まず、第 2 常置委員会の入試将来ビジョン検討小委員会は、1998（平成 10）年 3 月に「大学入学者選抜の改善に向けて」を公表した[9]。その主な論点は以下のようであった。

⑴大学教育が量的に拡大した結果、大学入試も「選抜」から「教育」へとパラダイム・シフトが起きており、高校教育と大学教育との接続の観点から入試の在り方を見直すべき時期に来ている。

⑵国立大学では大学入試センター試験で測定される学力水準を基盤に、さらに個別試験で論述式問題を課すという「車の両輪性」が機能しており、今後も引き続いてその実施に協力するとともに、さらに高校関係者との緊密な関係強化、年複数回実施の検討、教育上の位置付けを明確化するための名称変更（例として「高等学校学習達成度判定試験」）などが将来の課題である。

⑶他方、個別試験については、大学入試センター試験における多肢選

第Ⅰ部　中教審答申の読み方

択式出題では測れない思考過程をも含めた論述等の形式であるべき
で、名称も小論文から論述試験とすること。

(4)高校から提出される調査書は、学校差があるために活用しにくいの
で、活動記録等も含めて、一般入試でも活用できるよう、一層の工
夫が必要である。

(5)大学入試に合格することは、かつては大学教育への準備が整ってい
ることを意味したが、大学進学率の上昇に伴い、大学入試の多様化、
軽量化も進み、大学生の多様化も顕著となってきた。そこで、入学
後に高校科目の補習を含めたリメディアル（補正）教育が必要に
なってきた。この問題の解決には、大学教育に必要な能力、高校段
階で養成しておくべき能力を見極めなければならない。

(6)オーストラリアや米国の入試制度を調査し、我が国におけるアド
ミッション・オフィスの在り方について検討した。

このような検討課題は、現在の高大接続システム改革会議で検討され
ている課題と重なるものが多くあり、国大協の入試改革に対する先見性
を示すとともに、入試改革の困難さ、問題の根深さをも示している。

さらに、2年後の2000（平成12）年11月には、第2常置委員会のもと
に設置した入試改革に関する検討小委員会から、「国立大学の入試改革
——大学入試の大衆化を超えて——」を公表した[10]。これは、同年4月に
当時の大学審議会が公表した「大学入試の改善について（中間まとめ）」
の提言と問題意識は共有するものの、行政の目指すものと国立大学の選
択すべき方向性との間に微妙なズレが生じてきたとの認識に基づき、大
学入試における「国立大学の指針」を検討しようとしたものである[11]。

第1の問題認識は、進学率の上昇と高校教育の多様化による学生の学
力低下である。そのためには、大学入試センター試験のア・ラ・カルト
方式は弊害が多く、国立大学としては受験教科科目数の共通化を図る（5
教科7科目）。さらに、国立大学としては、大学入試センター試験を第1
段階の、個別試験を第2段階の試験と位置づけ、両者を総合して合否判

第 2 章　国立大学の入試改革の過去・現在・未来？

定を行う。その際、個別試験は学科試験のみならず多元的評価を行う。

　第 2 に、大学審議会が提言している大学入試センター試験の複数回実施については、資格試験的な扱いが前提でなければ、単に競争が 2 回となるだけであり、また、問題の難易度調整等、現実的ではない。

　第 3 に、個別試験については、リスニングテスト、総合試験など、新しい評価方法の開発、導入に取り組むこと。募集単位を大くくり化して、大学進学時の進路未決定者への対応を図ること。推薦入試、AO 入試においては基礎学力の評価に努め、大学入試センター試験の利用等も考慮すること。

　最後に、個別試験の改善を図るために、複数の大学による問題作成、試験準備、実施の協力体制について検討すること。

　この時も、国大協として、我が国の大学入試の問題とあるべき方向性を正確に把握していたことが分かる。

7.　国立大学の法人化前後

　2004（平成 16）年 4 月、国立大学は発足以来最大の転機を迎えた。国立大学の法人化である。各国立大学は、独立した法人格を与えられ、国立大学法人として自主的・自律的に大学を運営することとなった[12]。この一大転機を控え、国大協は 2002（平成 14）年 11 月 13 日、「平成 16 年度国立大学の入学者選抜についての基本方針」を公表し、法人化後も従来通り「分離分割方式」で実施し、前期日程は 2 月 25 日に、後期日程は、3 月 12 日以降に実施することとした[13]。

　しかし、法人化の趣旨が、各国立大学の自主性を重視し、新たな競争的環境の中で各国立大学が互いに教育研究の向上を図ることであることから、2006（平成 18）年度以降は、「分離分割方式」を以下のように「弾力化」することとした。

　⑴入学定員の分割の単位は、募集単位にかかわりなく原則「学部」とする

41

第 I 部　中教審答申の読み方

(2)募集人員の分割は、現行比率を基準に個別大学の裁量とする

(3)分離分割方式の理念の範囲内で（1 回限りの選抜機会の解消＋前期
　　日程とは異なる百度での選抜）分割比率の少ない日程の募集人員に
　　推薦入試、AO 入試などを含めることは、これを妨げない（その後、
　　その比率は定員の 50％までとした）

　つまり、後期日程を停止しても良いが、その場合は、必ず代わりに推
薦入試か AO 入試を実施することが条件であった。そのため、後期日程
を停止し、推薦入試や AO 入試を導入する大学が徐々に増えてきた。そ
の比率は、現在、国立大学全体で約 15％に達している。しかし、京都
大学は、2007（平成 19）年度入試から医学部保健学科を除く全学部で後
期日程を停止したものの、それに代わる推薦入試や AO 入試を導入しな
かったため、毎年、国大協入試委員会から京都大学総長宛に、改善の申
し入れがされることとなった [14]。

　さらに、国大協入試委員会は、2010（平成 22）年度から第 2 期中期目
標・中期計画期間が始まることから、第 2 期以降の国立大学の入試の在
り方の検討を開始し、2007（平成 19）年 11 月 5 日「平成 22 年度以降
の国立大学の入学者選抜制度——国立大学協会の基本方針——」を決定、
公表した [15]。

　この時の検討の焦点は、第 2 期以降の国立大学の入学者選抜を、従前
以上に弾力化、自由化するか、否かであった。しかし、国立大学の入学
者選抜が「公共的性格」を有することを改めて確認し、この「基本方
針」を第 2 期中期目標期間における国立大学共通の「アドミッション・
ポリシー」と位置づけ、各大学は下記のガイドラインに従って、各大学
で入試を実施することとした。

(1)適切な高大接続を実現するために、大学入試センター試験では 5 教
　　科 7 科目を課す

(2)「分離分割方式」の理念を継承し、受験機会の複数化の維持、選抜

方式の多様化、評価尺度の多元化を推進する

(3)定員分割の単位は募集単位に関わりなく原則学部とする

(4)後期日程試験に募集人員を多く配置することも可能とする

そして、今後、課題として、

(1)適切な高大接続を実現し、大学入試センター試験の課題を克服するために「高校における普遍的な学習の成果を適切に把握する仕組み」の検討を提言する

(2)入試日程が窮屈になっているため、学事暦の変更の検討が必要

(3)大学入学者の適切な選抜には、入学定員の弾力化が必要

(4)現在の大学入学資格は高校卒業であるが、高校教育の多様性を考慮すれば、再検討が必要

(5)同様に、高校教育の多様性のため調査書の活用が困難であるので、改善が必要

特に、2008（平成 20）年 12 月に中央教育審議会から「学士課程教育の構築に向けて」と題した答申が出され[16]、その中で推薦入試や AO 入試での学力把握が問題視され、「高大接続テスト（仮称）」の検討が提言されたこともあって、この基本方針取りまとめの中心的役割を担った入試委員会専門委員であった佐々木隆生北海道大学教授を責任者として研究協議が開始されたことが、今日の高大接続改革の議論のなかで検討されている新しいテストの主要な性格（CBT、IRT、段階別成績表示、複数回実施等）の検討に繋がっている。

8. 国立大学入試改革の今後

国立大学は 2016（平成 28）年から第 3 期の中期目標期間が始まる。しかし、先に述べた第 2 期を迎えるに当たって行われたような第 3 期における国立大学の入学者選抜の在り方を改めて検討するような動きは国大

第Ⅰ部　中教審答申の読み方

協内部ではなかった。

　その間、中央教育審議会では高大接続特別部会が2012（平成24）年9月に設置され、高等学校教育、大学教育、そして両者を接続する大学入試の在り方について審議を始めた。しかし、部会の委員には国立大学関係者も含まれてはいたが、入試委員会関係者ではなかったことから、国大協として、これまでのように入試改革に積極的に関与することは難しい状況にあり、2014（平成26）年8月の部会で、他の関係団体とともに、国大協の意見を表明する機会を得ただけであった。

　同年12月に高大接続答申が出た後、翌2015（平成27）年1月に文部科学大臣名で「高大接続改革実行プラン」が公表され[17]、それに基づき、答申を具体化する方策を検討する高大接続システム改革会議が2月に設置された。幸い、本会議には国大協入試委員会委員長も委員として参画することとなったが、国大協として明確な対案を示すことができていない。

　同年9月に同会議から「中間まとめ」が公表された[18]が、それと相前後して「国立大学の将来ビジョンに関するアクションプラン」を公表し、第3期中期目標期間中に推薦入試、AO入試、国際バカロレア（IB）入試の比率を国立大学全体で30％まで倍増することとしたが、高大接続答申、それを受けて検討中の高大接続システム改革会議が提案しているように、個別選抜を全て多面的・総合的評価に転換することへの、十分な対案とはなりえていない[19]。

　さらに、国立大学のミッションの再定義と3類型化により、従前にも増して国立大学が多様化していくものと思われる。18歳人口も今後急激に減少し、現在の120万人から2031（平成43）年には100万人を割ることが予測されている。加えて、国の財政難から、運営費交付金のさらなる削減も検討されている状況の中で、これまでのように、国立大学全体として、足並みを揃えて入学者選抜が実施できるかどうか、国立大学の見識が問われている。

44

【注】

1) 中央教育審議会『新しい時代にふさわしい高大接続の実現に向けた高等学校教育、大学教育、大学入学者選抜の一体的改革について〜すべての若者が夢や目標を芽吹かせ、未来に花開かせるために〜（答申）』、2014（平成 26）年 12 月 22 日、 http://www.mext.go.jp/b_menu/shingi/chukyo/chukyo0/toushin/__icsFiles/afieldfile/2015/01/14/1354191.pdf（2014［平成 26］年 12 月 30 日アクセス）。

2) 高大接続システム改革会議『中間まとめ』、2015（平成 27）年 9 月 15 日、http://www.mext.go.jp/b_menu/shingi/chousa/shougai/033/toushin/__icsFiles/afieldfile/2015/09/15/1362096_01_2_1.pdf（2015［平成 27］年 9 月 16 日アクセス）。

3) 文部省編『入学者選抜方法の解説』1950（昭和 25）年。

4) 社団法人国立大学事務局編『国立大学の入学者選抜【基礎資料集】』、2007（平成 19）年 3 月。

5) 中央教育審議会『我が国の教育発展の分析評価と今後の課題、今後における学校教育の総合的な拡充整備のための基本的施策について』、1971（昭和 46）年、大蔵省印刷局。

6) 臨時教育審議会『教育改革に関する第 1 次答申』、1985（昭和 60）年 6 月 26 日。

7) 国立大学協会入試改善委員会『昭和 64 年度以降の国立大学の入学者選抜について』、1994（平成 6）年 10 月。

8) 国立大学協会『国立大学の入学者選抜における現行の「連続方式」と「分離分割方式」の統合について』、1993（平成 5）年 11 月 17 日、http://www.janu.jp/pdf/kankou/h051117.pdf（2016［平成 28］年 1 月 3 日アクセス）。

9) 国立大学協会第 2 常置委員会入試将来ビジョン検討小委員会『大学入学者選抜の改善に向けて』、1998（平成 10）年 3 月 20 日、http://www.janu.jp/pdf/kankou/h100320.pdf、（2016［平成 28］年 1 月 3 日アクセス）。

10) 国立大学協会『国立大学の入試改革——大学入試の大衆化を超えて——』、2000（平成 12）年 11 月 15 日、http://www.janu.jp/pdf/kankou/h121115.pdf（2016［平成 28］年 1 月 3 日アクセス）。

11) 大学審議会『大学入試の改善について』の本答申は、2000（平成 12）年 11 月 22 日に出された。

12) 国立大学法人化を受けて 2004（平成 16）年 4 月に社団法人国立大学協

第Ⅰ部　中教審答申の読み方

会が発足し、第2常置委員会に代わり、入試への対応組織として入試委員会が設置された。

また、2016（平成28）年度入試から京都大学は、前期日程に加えて「京大特色入試」を実施することとした。

13）国立大学協会『平成16年度国立大学の入学者選抜についての基本方針』、2002（平成14）年11月13日、http://www.janu.jp/pdf/kankou/h141113.pdf（2016［平成28］年1月3日アクセス）。

14）北海道大学「高等学校段階の学力を客観的に把握・活用できる新たな仕組みに関する調査研究（文部科学省委託事業）」報告書　2010（平成22）年 http://www.mext.go.jp/a_menu/koutou/itaku/08082915/__icsFiles/afieldfile/2010/11/04/1298840_1.pdf（2015［平成27］年11月15日アクセス）。

15）社団法人国立大学協会『平成22年度以降の国立大学の入学者選抜制度——国立大学協会の基本方針——』、2007（平成19）年11月5日、http://www.janu.jp/pdf/kankou/h191105b.pdf（2016［平成28］年1月3日アクセス）。

16）中央教育審議会『学士課程教育の構築に向けて（答申）』、平成20年12月24日.

17）文部科学省『高大接続改革実行プラン』、2015（平成27）年1月16日、http://www.mext.go.jp/b_menu/shingi/chukyo/chukyo12/sonota/__icsFiles/afieldfile/2015/01/23/1354545.pdf（2016［平成28］年1月3日アクセス）。

18）前掲書2）参照。

19）一般社団法人国立大学協会『国立大学の将来ビジョンに関するアクションプラン』、2015（平成27）年9月14日、http://www.janu.jp/news/teigen/20150914-wnew-actionplan.html（2015年［平成27］11月15日アクセス）。

46

第3章　公平から公正へ
──新テストの目指すものとその問題点

垂水　共之（中国学園大学）

1.　はじめに

　2012（平成24）年の諮問を受けて中央教育審議会の中に発足した高大接続部会特別部会も2年余りの長期間の審議を行い、2014（平成26）年10月の答申案の取りまとめを行い、2014（平成26）年12月には中教審答申177号「新しい時代にふさわしい高大接続の実現に向けた高等学校教育、大学教育、大学入学者選抜の一体的改革について～すべての若者が夢や目標を芽吹かせ、未来に花開かせるために～」となった。これを受けて、2015（平成27）年3月から「高大接続システム改革会議」が開かれ、答申をどう具体化するかの検討が進められていることは周知のとおりである。ここでは2015（平成27）年5月の東北大学で開催された東北大学高等教育フォーラムであまり話題にならなかった「共通試験の複数回実施」「英語4技能の測定」を中心に検討が必要な問題点を述べたい。

2.　経過

　民主党政権下の2012（平成24）年8月、平野文部科学大臣より中央教育審議会（以下「中教審」）に「大学入学者選抜の改善をはじめとする高等学校教育と大学教育の円滑な接続と連携の強化のための方策について」という諮問を受けて、中教審の中に「高大接続特別部会」（以下、「接続部会」「部会」）が設置され、「大学入学者選抜の改善をはじめとする高等学校教育と大学教育の円滑な接続と連携の強化のための方策について調査審議すること」となった。当初は一年後をめどに取りまとめる雰囲気であったが、途中で政権交代（2012［平成24］年12月）があり、与党自民党の「教育再生実行本部」（以下「実行本部」）、官邸の「教育

第Ⅰ部　中教審答申の読み方

再生実行会議」（以下、「実行会議」）が教育に関係する各種の提言を発表してきた。高大接続に関しても実行会議で検討し、提言を出すという流れにあり、接続部会は休眠状態になった。もちろん委員の共通理解のために、現状把握・認識のための会議等は続けられたが、改革案を積極的に検討する状況ではなくなった。

　実行会議が高大接続等の検討に入るに当たり、接続部会がこれまでに検討してきた内容、方向性を安西部会長が報告・説明したことはいうまでもない。それを受けて、2012（平成24）年10月に発表された実行会議の第4次提言「高等学校教育と大学教育との接続・大学入学者選抜の在り方について」は部会が検討していた内容・方向性と大きく異なるものではなかった。というよりも、ほとんど部会の意見をまとめたようなものであった。ただ一つ、共通試験の複数回実施を除けば。

　部会の設置目的は「入試」だけではないが、世間からは一番注目されやすい部分でもあり、国公立大学のほとんどの入試で用いられている「共通試験＋個別試験」や、私立大学の一部で用いられている「共通試験」の得点を中心にする選抜方法では「共通試験」がどう変わるかについての注目度は非常に高い。部会の中でも種々の意見は述べられていたが、「共通試験の複数回実施」については意見の集約も行われていなかったし、それを中心に検討したこともなく、そのうち本格的に検討しなければいけない事項の一つという位置づけであった。

　共通試験が1回か、複数回かはその制度設計の上で大きな問題となる。複数回実施の場合、実施時期の問題だけでなく、同じ学力を測定するのか、別の学力を測定するのか、同じ学力を測定するのであれば複数回の試験の結果をどう利用するのか、問題の難易度をどう調整するのか等、検討しなければならないことが非常に増えてくることになる。

　実行会議の第4次提言を受けて、接続部会も本格的な検討の再開となった。その後紆余曲折はあるものの、2014（平成26）年10月に部会としての取りまとめを行い、それをもとに12月に中教審から「新しい時代にふさわしい高大接続の実現に向けた高等学校教育、大学教育、大

48

第3章　公平から公正へ

学入学者選抜の一体的改革について（答申）（中教審第 177 号）」が答申
された。なお、部会としては 7 月にいったんまとめに入ったが、個別大
学が行う「個別試験」についても意見を求められ、まとめが 10 月まで
伸びることになった。その間に文科省の「英語教育の在り方に関する有
識者会議」が 9 月末に「今後の英語教育の改善・充実方策について　報
告　～グローバル化に対応した英語教育改革の五つの提言～」を取りま
とめた。これを受けて、共通試験でも英語の四技能「読む」「聞く」「書
く」「話す」の評価が盛り込まれた。

3.　新しい学力観

　長く大学に勤め、毎春新入生を迎え授業を始めると、「あのセンター
試験」の「あの問題」と大学の個別試験とで「あの程度の点」を取って
合格・入学してきたのに、「あれ？」と思う学生が徐々に増えてきたこ
とを感じていた。大学の入試に関わるようになり、大学入学後の成績の
追跡調査が見えるようになると、次のようなことが分かってきた。

　多くの大学・学部・学科はジェネラリスト（Generalist）を育成するの
ではなく、学部・学科の専門に特化したスペシャリスト（Specialist）を
育成しようとしている。これについては（文系学部を中心に）異論もあ
ろう。学部レベルは細かい専門には特化せず、できるだけ広範囲の知識
を身に付け、細分化した専門教育は大学院からという考えもある。最近
では細分化した専門教育は大学院も博士後期課程からという考えも増え
始めている。

　このような意見は徐々に増えてきているが、大学教員の多くは自分の
専門の内容をできるだけ早くから学生に教えたがっており、スペシャリ
スト育成の基になっている。

　スペシャリスト育成としては、入試でも汎用的（General）な知識よ
りも大学の専門に繋がる専門的（Special）な知識が要求されがちになる。
実際に入学試験で専門に特化した入試を行う所は実技系の学部・学科が
中心であるが、その他の非実技系の学部・学科でも受験生の負担軽減と

49

いうお題目で受験教科・科目数の減少が行われてきた。これに対して、国立大学の一般入試では、センター試験で5（6）教科7科目を課すことを原則とし、高等学校で広範囲の知識を身に付けることを要求している。

　国立大学では推薦入試、AO入試でも広範囲な能力を総合的に評価して選抜している。特にAO入試については、多くの私立大学が定員確保のために高校3年生の早い時期に実施し、「青田刈り選抜」「学力不担保選抜」と非難され、「学力」を何らかの方法で担保したうえで、8月1日以降に選抜実施というルールが定められたが、未だにフライング気味のところは少なくない。国立大学のAO入試ではセンター試験の利用や、高校成績の評点平均等に条件を付けて従来型の学力を担保することが多く、「学力」面で問題になることは少ない。もとより大学によっては、一般入試での入学者に比較して、成績が悪いということでAO入試を取りやめる大学もあるが、入学後の大学の成績に関しては一般入試で入学した学生と同等、ないしは少し良いという報告も見られる。大学入学後の追跡調査では、大学に入学した後も「勉強する者」がいい成績を取って学部を卒業していく、というあたりまえの結果が得られている。

　学力の三要素として「基礎的な知識及び技能」「それらを活用して課題を解決するために必要な思考力・判断力・表現力等の能力」「主体的に学習に取り組む態度」が列挙されているが、これまでの大学入試では測定しやすい「知識・技能」の比重が大きかった。知識については「暗記力」と関連している部分も多く、入試の問題によっては「知識」を問うつもりが、「暗記力」を測っていることも多い。思考力を測る教科の例として「数学」が挙げられることが多いが、受験生にとっては数学も暗記科目ととらえている受験生（＝その後の大学生）も多い。活用力を伴わない、一夜漬け（短期間）で覚えた知識は、入学後半年でほとんど消え去っている。

　従来型の「知識・技能」中心から、「思考力・判断力・表現力」さらに「主体性・多様性・協働性」の比重を大きくしていくかが問われている。

4. 共通試験の複数回実施について

　答申では「高校段階における学習成果を把握するため」の「高等学校基礎学力テスト（仮称）」と、現在の大学入試センター試験に代わる「大学入学希望者学力評価テスト（仮称）」の2つの共通テストを提案している。ここでは後者の「大学入学希望者学力評価テスト（仮称）」を中心に述べる。

　先にも述べたとおり、教育実行会議の第4次提言で年複数回実施の検討が余儀なくされた。複数回実施といって、どんな内容で複数回行うのかなど詳しい議論は高大接続部会ではされなかったが、暗黙のうちには「同じ内容（能力）を測る」ものとなっている。

　同じ内容のテストを複数回実施・受験した場合、その成績をどう評価するのかという問題が起きてくる。当然、問題自身は異なるため、問題の難易度も変わることになり、難易度調整を行うのか否か、行うとすればどこで、…共通テストのセンター、志望大学…、行うのか。そもそも受験生に複数回の共通テストの受験を義務付けるのかということなどの検討が必要となる。

　普通に考えれば、同じ能力を測る試験を複数回実施、受験生はその中の1回を受験（複数回受験することも可）すればよく、実施回による問題の難易度は共通テストのセンターで難易度調整し、調整した得点を志願大学へ提供するということになろう。

　難易度調整法としてはテスト理論の「項目反応理論（IRT）」を使うことが考えられる。

　IRTを基盤とするテストを成立させるには高いハードルがある。IRTを使う場合、能力の1次元性、問題の局所独立性などの検討も重要であるが、それらの問題がクリアされたとしても、事前に各問題のパラメータ（難易度、識別度等）を求めておく必要があり、誰かに解いてもらう（暴露）する必要がある。誰に解いてもらうのか？　よく行われているのは「今回は受験生の評価に使わない、新作問題を埋め込んでおいてパラメータを求め、次回の試験で用いる」という方法である。どんな問題

第 I 部　中教審答申の読み方

が埋め込まれていたかを陽にしないために、試験問題は非公開とならざるをえない。試験問題を非公開にしても受験生は問題を見ている（解いている）わけであり、その口を閉ざすことは難しい。どんな問題が出たか教えることが「悪いこと」だとしても、日本の文化・風土で秘密が守られるとは思えない。

　入学試験の受験生本人の得点は希望者には公開しているが、公開を希望するほとんどは合格した学生からであり、高等学校の先生や塾の先生に頼まれて、ということが多い。このような風土の中では、試験問題を非公開にしても新作問題を秘匿することは極めて難しいと思われる。

　共通試験のもう一つ「高等学校基礎学力テスト（仮称）」については本人の達成度を把握することを目的とし、入試とは直接関係はしていない。IRT を使うのであれば、まずは「高等学校基礎学力テスト（仮称）」で経験を踏んで、その後「大学入学希望者学力評価テスト（仮称）」での実施を検討すべきであろう。

5.　英語 4 技能の評価について

　英語の 4 技能を評価することについては、平成 26（2014）年 9 月の「英語有識者会議」の報告を受けて、急遽答申案に組み込まれることになり、高大接続部会では深く検討されることはなかった。4 技能が重要であることに異論はないが、大規模受験生を短期間に評価（採点）しなければならない「共通試験」で 4 技能を測ることができるかという問題が残されている。

　ご存知の通り大学入試センター試験では平成 14（2006）年度から英語にリスニングが課せられた。単一音源（教室のスピーカー、教卓の CD ラジカセ等）による試験室内の「席」による音源の聞きやすさ・聞きにくさの問題を避けるために「個別音源」での実施となった。「個別音源」での実施は、再生機器の不具合・受験生の操作ミスを零にすることはできず、毎回新聞紙上をにぎわせている。始めたころには 500 人弱いた機器の不良等でリスニングの「再開テスト」を受ける受験生も、徐々

に減ってきており、最近は百人台になっているとのことである。約50万人が一斉に受験し、50万台の再生機が同時に起動して、問題が起きるのが解答開始前を含めて数百台（このうちには受験生の操作ミスも少なからず含まれている）というのは、初期故障としては0.1%程度であり、低い値であるが、それに当たった受験生にとって影響は大きい。特に、解答開始後に不具合が見つかり「再開テスト」になると、センター試験の1日目の終了が1時間ほど遅くなることもあり、受験生だけでなく、監督する大学教員にとっても負担が重い。クラスの仲間とグループで連れ立って受験に来ていても一緒に帰ることは難しくなる。

　センター試験の英語にリスニングが導入される前から個別大学の試験で外国語にリスニングを課していた大学は多い。そこでは試験室内の単一音源（教室のスピーカー、教卓のCDラジカセ等）で実施していたことが多く、受験生から席による不利益（聞き取り難かった、聞き取れなかった）を訴えられたとき、それに対抗できるか懸念されていた。この問題について大学入試センター試験では「個別音源」という方式を実用化してくれた。これは共通試験という大規模試験であるがゆえに新しい機器の開発・製造も行えたということである。

　新しい試験で英語4技能―読む（Reading）、書く（Writing）、聞く（Listening）、話す（Speaking）―の測定となると、会話（Speaking）のテストをどんな形態で行うのか？　そもそも共通試験で実施することが可能なのかどうか検討が必要であり、共通試験での実施が難しい場合、個別大学の試験に委ねるのかを検討しなければならない。なお、既存の英語の資格試験等を利用することも考えられるが、ネックとなるのが資格試験の受験料である。家庭の経済状況によって資格試験（共通試験も）の受験回数が変わることなきよう何らかの施策が必要となる。

6.　公平から公正へ

　答申では、測りやすい『「知識」の再生を一点刻みに問い、その結果の点数のみによる選抜を「公平」であると捉える既存の意識』改革を提

第Ⅰ部　中教審答申の読み方

案している。高等学校での課題研究の成果をどう評価するか等、知識のみならず、思考力・判断力・表現力を含めた新しい学力を涵養するためにも一番変わらなければいけないのは大学側であり、大学関係者の入試選抜に対する意識改革が必要とされている。

【文献】

中央教育審議会（2014）．『新しい時代にふさわしい高大接続の実現に向けた高等学校教育、大学教育、大学入学者選抜の一体的改革について――すべての若者が夢や目標を芽吹かせ、未来に花開かせるために――（答申）』，平成26年12月22日
（http://www.mext.go.jp/b_menu/shingi/chukyo/chukyo0/toushin/__icsFiles/afieldfile/2015/01/14/1354191.pdf，最終閲覧日2015［平成27］年12月30日）．

中央教育審議会高大接続特別部会（2014）．『中央教育審議会高大接続特別部会審議経過報告』，平成26年3月25日
（http://www.mext.go.jp/component/b_menu/shingi/toushin/__icsFiles/afieldfile/2014/04/01/1346157_1.pdf，最終閲覧日2016［平成28］年2月4日）．

英語教育の在り方に関する有識者会議（2014）．『今後の英語教育の改善・充実方策について　報告　〜グローバル化に対応した英語教育改革の五つの提言〜』，平成26年9月26日
（http://www.mext.go.jp/b_menu/shingi/chousa/shotou/102/houkoku/attach/1352464.htm，最終閲覧日2016［平成28］年2月4日）．

教育再生実行会議（2013）．『高等学校教育と大学教育の接続・大学入学者選抜の在り方について（第四次提言）』，平成25年10月31日
（http://www.kantei.go.jp/jp/singi/kyouikusaisei/pdf/dai4_1.pdf，最終閲覧日2015［平成27］年12月30日）．

社団法人国立大学協会入試委員会（2007）．『報告「2010（平成22）年度以降の国立大学の入学者選抜制度－国立大学協会の基本方針－」について』（http://www.janu.jp/pdf/kankou/h191105a.pdf，最終閲覧日2016［平成28］年2月4日）．

第Ⅱ部

高大接続改革は何をもたらすか

第1章　高校現場から見た大学入試改革

浜田　伸一（福島県立福島高等学校）

1. はじめに

　福島県立福島高等学校（以下、「本校」と記載する）は県庁所在地である福島市内にあり、普通科の各学年 320 名（8 クラス）のほとんどの生徒が四年制の大学を志望する、いわゆる「進学校」と呼ばれる高校である。大学入試センター試験もほぼ全員が受験することから、現在進行中の大学入試改革において「大学入学希望者学力評価テスト（仮称）」（以下、「学力評価テスト」と略記する）への対応を迫られる学校の一つといってよい。各教科における学力の向上と学校祭などの学校行事や生徒会活動、部活動とを両立させることで生徒の人間的な成長を図っていくという教育理念のもとに、日々、教育活動を積み重ねている「地方の公立進学校の典型」といえる高校である。

福島県立福島高等学校「梅章委員会」　提供
図1　体育館を仕切っての仮設教室

そんな本校に2011（平成23）年3月11日、東日本大震災が襲った。地震発生時、本校では第6校時の授業中であった。校内にいた生徒と教職員は、すみやかに校庭に避難し、余震が続く中、寒さと不安に耐えながら、1時間あまり揺れが収まるのを待った。当日は帰宅できず学校に宿泊する生徒も出たが、幸いにして生徒や教職員は無事だった。しかし、校舎そのものや校舎内の被害は甚大なものであった。福島第一原子力発電所の事故によりもたらされた放射線被害への不安と相まって、東日本大震災は本校の教育環境に大きな変化をもたらした。

福島県立福島高等学校「梅章委員会」 提供
図2　仮設校舎での授業

2. 震災を経て実感した生徒に育みたい力

　本校の四つの校舎のうち二つの棟が地震による被害で半壊となり、使用できなくなった。さらに、多くの被災地の学校がそうであったように、二つの体育館とも臨時の避難所となった。多い時で500名もの方々が本校の体育館での避難生活を余儀なくされ、我々、教職員も代わるがわる、24時間体制で対応する日々が続いた。その後、在校生約200名が学校に集まり、ボランティア的な活動によって教室の物品の移動を済ませ、何とか例年より10日ほど遅い始業式、入学式を迎えることができた。し

かし、教室が不足していたため、新1年生については第2体育館を二つに区切り、2クラス合同の80人をそれぞれに配置することとなった。また、視聴覚室、同窓会館にもそれぞれ80人を配置した仮教室による新学期のスタートであった。とりわけ、体育館は寒さ、暑さの室温調節が難しい上、天井が吹き抜けであることから、授業中も隣のクラスの声が聞こえるなど、授業をするには過酷な環境であった。一日も早い仮設校舎の完成が待たれた。

　それ以上に厳しかったのは目に見えない放射線に対する不安である。学校の敷地内に放射線量の高い値を示す場所が偏在し、立ち入り禁止区域を示した地図を各クラスに配布しなければなかった。側溝で放射線量の値が最高は60マイクロシーベルト/hと非常に高い値に達していた[1]。プールの水も行政の許可が出ず、排水処理ができない状態が続いた。この「見えない」放射線への不安は部活動にも大きな影響を与えた。特にグラウンドを使用する運動部の活動にとっては大きな障害となった。

福島県立福島高等学校「梅章委員会」 提供
図3　ロープが張られた立ち入り禁止区域

第Ⅱ部　高大接続改革は何をもたらすか

福島県立福島高等学校「梅章委員会」　提供
図4　SS部による放射線量測定

　実は、震災による被害の最も本質的な問題は仮校舎の環境でも放射線への不安でもなかった。
　校舎の破損や安全面の配慮から、毎年、夏休み明けの8月にクラス発表をはじめ全校生が一丸となって取り組んできた伝統的な学校行事である学校祭「梅苑祭」が実施できなくなったのである。
　確かに、震災後、本校はさまざまな面で厳しい教育環境に置かれた。教室の学習環境も悪化した。しかし、本校の生徒たちは状況をよく理解し、自らの置かれた環境でベストを尽くそうと努力していた。筆者も含め、本校の教員たちは、そういった環境要因の悪化よりも学校行事や部活動など、これまで伝統的に、誇りを持って生徒が取り組んできたものを思う存分にできない閉塞感が生徒にもたらす心的なダメージを強く感じたのである。そして、そのダメージは巡りめぐって学習にも少なからず悪影響を及ぼしたのではないかと思われる。教室の暑さは我慢できても、自分たちがやりがいを感じ没頭してきたさまざまな活動ができないことへの不条理感が大きかったのである。
　改めて当時を振り返ると、学校行事や部活動など、これまで長い歴史

60

第1章　高校現場から見た大学入試改革

の中で培われてきた、いわゆる「日本の教育文化」に当たるようなもの
が阻害されないような形で、大学入試改革、あるいは教育改革を進め
なければならないと強く感じる。海外諸国の優れた教育システムや手法
に学ぶことに異論はないが、日本に馴染むような導入の仕方を検討する
ことが重要である。同時に、いわゆる「不易と流行」を見極め、「不易」
の部分を大切に守っていくことが重要だ。学校行事、部活動から日々の
清掃活動まで、それらは、高校教育にとって欠かせない役割を担ってい
る。我が国の教育の「強み」であり、グローバル化の中で変化する世界
にあっても、諸外国に誇れるものではないだろうか。その「強み」を洗
練し、軸として、多様な方向性＝「流行」を模索すべきである。

　校内に閉塞感が強まる中、当時の生徒達は、自分の置かれた状況に
向き合い、「今、何をすべきか、何ができるか」を考え、行動し始めた。
校内新聞『梅章』を発行してきた梅章委員は、未来への記録として保存
できるようにと、号外を随時発行し、学校内の状況を詳細に伝えるとと
もに、コラムでは「厳しい環境に対応するため、柔軟な心、楽な気持ち
で生活しよう。もし、ストレスを感じたら、無理をせず、親しい友人と
会話しよう。学校は楽しい場所です。勉学や行事を共に楽しみましょ
う」と呼びかけた。また、有志運営メンバーが生徒会と連携し、例年の
学校祭に代わる「福高祭・リバイヴァルフェスタ」を、校舎の破損や安
全面を考慮して企画し、運営した。

　特に、筆者の印象に残っているのは、スーパーサイエンス部（以下、
SS部）による「福高グランドスキャン作戦」だ。本校はスーパーサイ
エンスハイスクールの指定を受けており、その組織の中に、部活動とし
てのSS部がある。その生徒や有志の生徒、教職員らで40台の線量計を
使い、敷地内660地点の放射線量を測定した。そのきっかけは、県が実
施したモニタリング調査の3.6マイクロシーベルト/hという数値に疑問
を抱いた生徒の発言だった。「その数値はどこを、どのように計ったの
か。1箇所だけ計り、安全なら、部活を再開していいのですか」それは、
正しい疑問だった。われわれ教員さえ詳細を知らず、ただ、安心と決め

第Ⅱ部　高大接続改革は何をもたらすか

つけていたことを反省させられた。測定の結果、県の測定値よりも高い5.3マイクロシーベルト/hを計測。体育館脇の側溝にいたっては、最大60マイクロシーベルト/hという非常に高い値となり、立ち入り禁止と除染の措置を取ることができた。その後も、SS部放射線班の調査、研究は引き継がれ、進化しながら今日まで進められており、その後、イギリスやフランスなどの高校生との交流を通して福島の現状を世界に向けて発信している。

　放射線の影響や対応については、我々、大人でさえ未体験のことである。何が正解かも分からないことを生徒にどう伝えたらよいのか。筆者は、当時、教員の中で熱い議論が交わされたことを記憶している。そのような状況の下、生徒達にも「誰かの答えを待つのではなく、自分で必要でより正確な情報を集め、自分で考え、判断し当事者として行動を示すことのできる力」をつけてあげたい、と心から思ったものである。「正解のない課題」に立ち向かうための武器としての科学リテラシーや情報リテラシーを育む必要性を強く感じた次第である。

　それは、今回の教育改革の根幹にある理念にもつながるものであり、たとえ大学入試がどうであっても、我々、教育に関わる者として持ち続けなければならない理念であるはずだ。

3.「新しい時代」に求められる教育の理念

　2013（平成25）年10月の「教育再生実行会議提言」から、2014（平成26）年12月の「中央教育審議会答申」、そして2015（平成27）年9月の「高大接続システム改革会議」の「中間まとめ」[2]までを貫く「なぜ、改革なのか」という目的には、「知識の量だけでなく、混とんとした状況の中に自ら問題を発見し、他者と協力して解決していくための資質や能力を育む教育が、急速に重視されつつある」（高大接続システム改革会議, 2015）という認識があり、「新たな時代に向けて」というような社会変動が背景にある。大学入試改革について語られる前段階として、「新しい時代」にふさわしい高大接続の実現に向けた高等学校教育に求

められる教育の理念が語られる。ここで示される「新たな時代」については改めて述べるまでもないと思うが、簡単に整理しておきたい。

(1)グローバル化による新興国、地域の勃興と我が国の国際的な存在感の低下

(2)少子高齢化による労働生産性の低下と経済規模縮小、税収減・社会保障費の拡大・社会活力の低下

(3)雇用環境の変容（終身雇用、年功序列、非正規雇用など）による企業内教育の人材育成機能の低下

(4)地域社会や家族の変容に伴う各セイフティーネット機能の低下

(5)格差の再生産と固定化による教育格差の拡大（各地域・学校・家庭間）

グローバル化と少子高齢化は、様々な状況や課題を生み出す根源になることはいうまでもない。

「中間まとめ」では、このような「新しい社会」がもたらす「混とんとした状況」の中、「自ら問題を発見し、他者と協力していくための資質や能力を育む」ことが急務と指摘され、「未来に生きる子供たちにとって必要な能力」ついては「十分な知識・技術を基盤にして答えが一つに定まらない問題に自ら解を見いだしていく思考力・判断力・表現力等の能力」と「それらの基になる主体性を持って、多様な人々と協働して学ぶ態度」という「学力の3要素」として言及されている。

これらに補足して、「求められる教育」についても整理しておくと、

(1)多様で変化の激しい社会の中を、たくましく生きていける能力が身につく教育

(2)課題を主体的に発見し、解決していく能力が身につく教育【自ら学び、考え、判断し、表現さらには行動できる力】

(3)企画力と創造力＋チャレンジ精神、リーダーシップとフォロワーシップ、語学力を含むコミュニケーション能力が身につく教育

第Ⅱ部　高大接続改革は何をもたらすか

などとなるだろうか。

　これまでに整理した、急激な社会の変化とその中で生きていくために求められる教育や理念については、異論を挟む余地はない。少なくとも、近年、多くの高校がそのことを意識しながら実践を積み重ねてきているとの高校現場の自負もある。その効果が「現われていない」との評価の上での大学入試改革だとしても、果たして、その教育理念を実現するための切り札が「入試の改革」でなければならないのかという疑問は拭い去れない。方針が出てしまっている現在であっても、今一度、原点に戻るべきではないだろうか。そして、教育の理念についての評価と、それを具現化する方策として今回示された大規模で急激な大学入試改革がどのくらい有効なのか、逆に理念に反する結果になるリスクはないのかという評価を分けて、考えてみてもいいのではないだろうか。

4. 理念を具現化する上で「大学入試改革」が持つ意味合いと課題

　前述のように、これから「新しい時代」に向けて、生徒や学生に育みたい能力については理解や共有が可能であり、高校側も大学側もそれぞれの立場からその実現のためさまざまな改革を進めていかなければならないだろう。しかし、その改革の一つとして示された「大学入試改革」については、現時点で高校、大学が、具体的に今後どのように生徒や学生を支援していけばいいのかを見通すことができない。そのことが原因で不安が先立ち、実施することを前提としての課題を指摘することが難しい状況といえる。それは、現時点では各テストのサンプル問題が示されていないことや、各大学の個別選抜方法がかなり先にならないと明確にならないことをはじめとして、まだまだ不明確な点が多いことにもよるだろう。また、これまでの提言や答申の示され方が、必ずしも高校や大学の現場に問いかけがなされ、それを踏まえて検討が進められるといった段階を経たものになっていないことも要因となっているのではないか。

　「中間まとめ（高大接続改革会議, 2015）」の最後には、「今後の検討の

第1章　高校現場から見た大学入試改革

進め方」として「今後、関係者との十分な意見交換を行いつつ、」「最終報告を提出することを目指し、更に具体的な検討を進める」と述べられている。「最終報告」が示された後も、入試改革を具体化していく上では、現場の高校、大学をはじめとする関係者との意見交換も含め、段階的な検討が不可欠であると考える。

　「中間まとめ（高大接続改革会議，2015）」では、これまで不明瞭であった、各テスト内容と学習指導要領との関連性が示され、現行の学習指導要領に基づく内容となるテストと次期学習指導要領下での内容との区分けがなされた。高校現場の立場からは、その事実は評価できる。以下、現時点での主な課題について、全国高等学校長協会から提出された「高大接続システム改革会議、『中間まとめ』に対する意見書」（2015〔平成27〕年10月28日付、以下、「意見書」と略記する）も踏まえながら、述べてみたい。

4.1　「大学入学希望者学力評価テスト（仮称）」の導入について

　教科知識を問う入試から思考・判断・表現力を中心に問う総合的仕組みへの転換にあたって、2022（平成34）年度から導入される予定の次期高等学校指導要領を前にして、2020（平成32）～2023（平成35）年度は現行学習指導要領下で評価テストが実施される予定となっている。その時期には、これまでの大学入試センター試験（以下、「センター試験」と略記する）を踏まえつつ、より、「思考力・判断力・表現力」を問う出題が予測される。地理歴史、公民をはじめ、他教科、科目においても、単なる暗記による知識の量により評価されない工夫がなされることは歓迎したい。短文記述にも特に戸惑うことはないだろう。ただ、作問および採点する側の労力を考慮することを除いてである。他に、英語における「スピーキング技能」がどのような形で問われるのかは、今後、注目していきたい。そのことも含め、2024（平成36）年度実施[3]以降の次期学習指導要領下における実施を見据え、次の点を主な課題としてあげておきたい。

第Ⅱ部　高大接続改革は何をもたらすか

(1)作問の難しさと評価の公平性

　従来のセンター試験における作問（問題作成）にかかる労力を考えれば、現行指導要領の下であっても、より「思考力・判断力・表現力」を問う出題や記述式問題の採点のための負担がさらに大きくなることは確実である。すでに「中間まとめ（高大接続システム改革会議, 2015）」が指摘するように、作問体制や採点体制の整備は十分、検討されなければならない。実際の採点業務にとどまらず、採点基準の設定から、それを共有するための研修会も含め、これまで以上に多くの人材と時間の確保が必要となることは間違いない。CBT の導入も考慮されているが、CBT の導入については、独自の課題も予測されるため、それについては、後に述べることとする。仮に、体制が整ったとしても、そのしわ寄せが本来の大学の研究や教育そのものに及ばないだろうか。入試改革のための負担が大学における教育改革そのものを阻害するという矛盾にだけは陥ってほしくない。

　さらに、新学習指導要領に基づき、世界史と日本史を関連づけ、現代的な諸課題を歴史的に考察するための「歴史総合（仮称）」や数学、理科を結びつける「数理探究（仮称）」をはじめ、科目として設定されることを前提としても、作問の難しさやそれに伴う労力は計り知れない。さらに、より文字数を多くしての記述問題を採点するための負担の大きさは言うまでもなく、さらには、その評価の公平性という「テスト」本来の根幹に関わる点についても疑問が持たれる。実施の可能性そのものについての検討が必要ではないか。

(2)活用力への対応による「知識、技能」不定着への不安

　「思考力・判断力・表現力」を重視していくにあたっては、「知識・技能」の定着が前提となる。「活用能力」が問われるのだから、活用されるべき「知識・技能」は確実に身についていなければならない。そう考えると、これまでのセンター試験の全国平均点を振り返り、年度によっては 5 割を切った科目があったことを鑑みると、現行の学習指導要領の方向性（特に理科分野の指導内容が増加したこと）には逆

行してしまうが、次期の学習指導要領改訂においては、「意見書」でも指摘しているように、「知識量」を大幅に削減し、教科指導の中で、アクティブ・ラーニングをはじめとする手法を活用して授業改革を推進していける時間を確保できるような対策が必要である。指導内容が多く、時間の確保の面からアクティブ・ラーニングの導入に戸惑う声をさまざまな研究会で耳にする。

　また、教科指導だけでなく、「総合的な学習の時間」を充実させ、教科の授業と連携を図っていくこともいっそう重要となる。その点での対応が不十分であれば学校外でなされる教育の効果が今にも増して顕在化し、経済格差が教育格差を生むといった、先に挙げた、今回の入試改革の理念とは全く逆の事態をもたらすこととなる。さらに、中高一貫校が「知識・技能」の定着をより効果的に進めたり、スーパーサイエンスハイスクール（SSH）やスーパーグローバルハイスクール（SGH）などの指定となり、予算措置を受け、独自のプログラムを開発できる学校とそうでない学校との差は、大学入試に直接影響を及ぼすという点で、これまで以上に大きくなるだろう。このことは、後に述べる、各大学における個別入学者選抜改革においても顕著に現われると考えられる。

⑶英語における民間の知見の活用について

　この点については「意見書（全国高等学校長協会，2015」が指摘するように、「受験料が高額であること」で、経済格差による不平等を生むことは間違いなく、「学習指導要領」との相互性が図られない。「中間まとめ（高大接続システム改革会議，2015)」においても、「受験料負担など経済格差、地域による受験機会の相違等による機会の不均等の解消」をあげているが、そのためにどんな対策が可能か、具体的方策を示してほしい。

　さらに付け加えれば、仮に、民間の資格・検定試験で4技能が認められたとして、その後の高校の英語の授業のねらいや意義はどのような点に求められるのだろうか。高校現場の英語教育の在り方そのもの

第Ⅱ部 高大接続改革は何をもたらすか

が転換を余儀なくされることが危惧される。「在り方そのもの」について問うことから考察がはじまるのではなく、制度が変わることで、必然的にこれまでの「在り方」が変えられてしまうのだとすれば、大きな問題である。

4.2 個別入学者選抜改革について

それぞれの大学がそれぞれの特色や強みを明確にして、より個性的な存在となり、多様な背景を持つ高校生を受け入れる環境が整うことは望ましいことである。また、大学でどのような学びができ、どういった人材を養成しようとしているのか、大学卒業後は、就職をはじめ、どのように社会と関わっていけるのかが生徒に理解された上で、生徒自身が将来を見据えた受験が実施されるべきであり、現時点でも、進路指導の大きな役割はそこにあると考える。多くの「進学校」と呼ばれる高校が、進学実績にこだわりながらも、キャリア教育の視点から、生徒が「将来、何をしたいのか、どう在りたいのか」という志（使命感）を育てることに重きを置き、志望校決定にむけ支援している。

前述した多様な背景を持つ高校生を大学の個性に応じ選抜するため、アドミッション・ポリシーを明確にし、「多面的・総合的な評価による丁寧な入試」を実施するという理念は理解できる。その評価方法の例として示された「小論文、面接、集団討論、プレゼンテーション、講義理解力試験」などは「大学入学希望者学力評価テスト（仮称）」以上に「学力の3要素」を評価できることになるだろう。ただ、ここでも、先に述べた「評価テスト」とは比べようのないほどの、作問、評価にかかる負担、さらには、公平性への疑問は強くなる。さらに「活動報告書、各種大会等での活動や顕彰の記録」をはじめ、高校生活における活動（アクティビティ）の評価が重視される傾向も見られる。前述した、様々な生徒の活動の場を校内のプログラムとして設定できる学校とそうでない学校との差も大きくなる。また、生徒がそれらの活動に取り組む「目的意識や意味合い」もこれまでとは変わっていくことが心配される。このこ

68

第1章　高校現場から見た大学入試改革

とについては、後に触れたい。

　また、各大学が上記のさまざまな方法を組み合わせ、さらには、従来の教科、科目の学力評価と合わせ、それぞれの大学が多様な入学選抜を実施することを想定した場合、現在の入試のように、受験科目についてある程度の共通の部分がないと、対応が非常に難しくなるだろう。現在のようにセンター試験後に受験校を変更するといったことが、「評価テスト」の導入後には簡単にはできなくなるのではないだろうか。評価方法が多様であれば短期間に対策できることは限られており、受験校変更の選択肢は限られたものになりそうだ。ただ、これも、各大学から具体的な評価方法が示されなければ、はっきりとしたことを述べることはできない。

　中央審議会の答申（中央教育審議会，2014）には「一般入試、推薦入試、AO 入試の区分を廃止し、大学入学者選抜全体に共通する新たなルールを構築する」とある。一方、国立大学協会（以下、「国大協」と略記する）は推薦入試、AO 入試などによる合格者を 2018（平成 30）年度までに現在の 2 倍の 30% に引き上げることを盛り込んだ改革プランをまとめた。このことを高校現場はどのように解釈すればよいのだろう。現在の推薦入試、AO 入試を拡大する方向性で「新ルール」が構築されていくのかどうかは不明瞭である。現在の推薦入試、AO 入試についても、東京大学、京都大学が初めて導入するなど、確かに、推薦入試、AO 入試を導入している大学数は多いものの、2016（平成 28）年度入試における国立大学の推薦入試による募集定員は全体の 12.5% にすぎず、国大協の掲げる 30% はもとより、入試改革により、多くの大学の個別試験において小論文や面接が取り入れられることは、現実味がないように思われる。

　繰り返しになるが、これまでのグローバル人材の育成のためのプログラム開発やこれからの大学入試改革への対応によりもたらされる大学への負担が、各大学の研究力や教育力の向上を阻害するものであってはならない。そもそも、大学のグローバルな競争力の強化の根幹となるのは各大学の研究力であるはずである。

69

4.3 「高校基礎学力テスト（仮称）」の導入について

今回の「中間まとめ（高大接続システム改革会議，2015）」で、2019（平成31）〜2022（平成34）年度までは「試行実施期間」と位置づけ、大学入試選抜や就職には用いず「生徒の学習意欲の喚起と学習の改善及び高等学校における指導改善に生かすこと」という位置づけが明確になった。

筆者自身、かつては農業高校で国語を担当していたが、当時の生徒達は専門の学科や実習や資格取得には非常に意欲的に取り組む一方、国語などの一般の教科に対しては、意欲に欠ける面がみられた。「基礎学力テスト」が動機付けとなり、どの科目にも意欲的に取り組んでくれるようになれば、専門科目同様、将来の生きる力の土台となるだろう。

課題については、二つの点に集約したい。

一つ目は、学校単位の参加が基本となるため、各高校が、このテストの目的を理解し、生徒への意識付けも含め、積極的に実施をすすめることである。その際に、受験料の支払についても理解を得る必要が出てくる。一番、心配なのは、大学入試や就職に用いられないことで、「基礎学力テスト」よりも資格取得に力を入れ、より就職に役立てようとする姿勢が生徒だけでなく高校側にも生まれないかということである。そもそも、公立高校においては、入学時、大半の生徒が共通の学力検査を受けており、入学時の基礎的な教科学力については、掌握できる。その学力が、学年を経てどのように推移しているかを共通の問題によって、他校との比較を通して分析することは、自校の定期試験などでは難しい。だだ、そういった分析をすることに、我々、教員側がどれだけ意義を見いだすことができるかが課題となろう。生徒の学習への動機付けとなるかについては、定期試験以上に難しいのではないか。また、「意見書（全国高等学校長協会, 2015）」にもあるように、結果提供により高校の序列化が明確になる心配もある。大学入試や就職に活用する方向性に向かえば、もちろん、生徒も学校も積極的に取り組まざるを得なくなるだろう。ただ、そこに、二つ目の課題が生じる。

第1章 高校現場から見た大学入試改革

「基礎学力テスト」を企業側が生徒の採用に際してどの程度重視するかでも、テストの意味合いが生徒本人や学校現場で大きく変わってくる。これまでの面接などを含む採用試験や取得している資格などと比較して、どう評価に活かされるのかが大きく影響する。少なくとも、就職希望者は採用試験前に「よい成績」を出すことを求められる。資格取得との両立も求められることにより、後に述べる複数回の実施とともに、部活動、学校行事などの障害となるのは間違いない。

表1に、工業系の専門高校において取得を目指す資格について、主なものを示す。なお、学校や各科によって取得する資格は異なる。

表1　工業系の専門高校における主たる資格

機械製図検定（6,7月）、情報技術検定（6,1月）、計算技術検定（6,11月）、電気工事士試験（6月）、危険物取扱者試験（6,11,2月）、パソコン検定（7,12月）、基礎製図検定（9月）、ボイラー取扱者技能講習（12月）、ガス溶接技能講習（3月）

（　）内は試験の時期（月）

また、普通科においても、進学希望者と就職希望者が同じくらいの比率で在籍している、いわゆる進路多様校においては、3年次での進路変更もあり、どう対応していくかが課題となる。2年次の「基礎テスト」を利用しないことになるとすれば、3年次のはじめには「基礎テスト」なのか、「学力評価テスト」なのか、生徒の進路を明確にさせ、選択させなければならなくなるだろう。ほぼ全員の生徒が進学を志望している、あるいは、ほぼ全員が就職を志望しているという高校に比べ、さらに複雑で難しい進路指導が要求されるのではないか。

いずれにせよ、「試行実施期間」に、活用の方向性について、教育現場の実体を把握しながら、意見交換を重ねた上で、慎重に検討していくことが望まれる。

71

第Ⅱ部　高大接続改革は何をもたらすか

4.4　各テストの複数回実施と CBT などの導入について

「基礎テスト」、「学力評価テスト」のいずれにしても、複数回の実施にあたっては、やはり慎重に検討していく必要がある。「基礎テスト」については先に述べたところだが、「学力評価テスト」については「基礎学力テスト」以上に、生徒の学校生活に大きな影響をもたらすことになる。「意見書（全国高等学校長協会，2015）」でも触れているが、現行のセンター試験に向けての準備に対しても、苦労しているのが現状である。「思考力・判断力・表現力」を問われる、より高度で難易度の高いテストをそれ以前に実施できるかは、大いに疑問である。

　また、2 回のテスト結果の活用の仕方と公平性など、やはり、具体的な運用の仕方が示された上でないと実施の効果が想像しにくい。ただ、確実に言えることは、先にも述べたような、学校行事や部活動といった活動が阻害されるということだ。

　筆者は、ラグビーフットボール部の顧問をしているが、現状でも、3 年生の時点で受験を控えた 3 年生が全国大会予選（高校ラガーマンの夢の舞台「花園」への県予選）まで部活動を続けるにあたっては、さまざまな葛藤がある。「学力評価テスト」の時期によっては、夏休み前での引退を余儀なくされるだろう。この状況は、どんな部活動においても、「文武両道」を謳う多くの「進学校」に当てはまるのではないか。

　震災を経験した中で痛感した、学校行事や部活動といった日本独自の学校文化の重要性については、本報告のはじめに述べた通りである。少なくとも、これまで社会的汎用能力として、礼儀をはじめとするコミュニケーション能力、リーダーシップ、チャレンジ精神や粘り強くやり抜く力などを培ってきたのは、これらの主体的活動である。そういった活動への生徒の意欲が弱まり、部活動や学校行事に消極的になる、あるいは、「活動報告書」での実績を残す意味合いで、その場だけの活動になってしまい、これまで生徒が成長する上で大きな支えとなってきた諸活動の良さが失われるのではないかと心配である。

　また、CBT や IRT の導入は、複数回実施や作問、採点の労力を減ら

72

すための鍵になる要素となる。しかし、受験者の規模などからその実施可能性について疑問の声があがっている。出題された問題の公開・非公開について、それに伴う自己採点の可能性、結果としての段階表示の段階分けはどういった理論でなされるのかなど、今後、注目していかなければならないポイントは数多い。「テスト」としての公平性を見極めていく必要がある。

5. これまで高校現場が実践してきた教育の意義

これまでの高校教育での実践を振り返ってみると、進路指導の面においては、多くの難関大学に多くの生徒が入学できるように指導することだけが目的ではなく、進学実績にこだわりながらも、生徒に自分の将来を見つめさせた上で大学を選択させ、その実現を最大限、支援するといった、キャリア教育の視点が重視されてきた。また、「総合的な学習」の時間が導入されてからは、多くの高校で、課題探究・解決型の学びを充実させるためのプログラムが開発されている。

さらに、最近では、教科の授業においても、生徒の主体的、共働的な学習を念頭に、アクティブ・ラーニングの導入など、これまで以上に、授業改革の必要性が高校現場でも浸透してきているように感じられる。そういった中で、培われる能力を大学入試において評価されることは、本来、当然のことであると思うが、逆にこれまでの、生徒の興味・関心に基づく主体的な活動が、「大学入試における評価」という要素が入ることで、変容していかないように注意するとともに、我々自身も「単に入試対策のため」という狭い捉え方に陥らないように留意しなければならない。大学入試のための実績を求め、ボランティアに励み、その体験から多くを学んだり、それをきっかけにボランティアを継続することも期待できるだろう。一方で、ボランティア活動にしても部活動や生徒会活動にしても、自らの興味・関心や意志による主体的な活動であることの本質が失われてはならないと思う。これまでも、多くの高校が「生徒の主体性」を引き出し、「高い問題発見能力や問題解決能力」を身

第II部　高大接続改革は何をもたらすか

につけさせるという理念や教育目標のもと継続して実践してきたことを、より発展・深化させていくことが望ましい。

6. 本校の取組みをひとつの例として

ここでは、本校の実践例を簡単に紹介する。無論、現在の教育実践に本校なりの自負はある。しかし、ここではそれを誇りたいのではない。同様の実践が本校だけでなく、多くの高校で行われているということを報告したい。本校がまだまだ及ばないほど、先進的な実践をしている高校も数多く存在する。あくまでも、高等学校の中で似たような特徴を有する諸学校の典型例を示すことが目的である。

6.1　本校の教育目標実現にむけての全体像

本校は、2007（平成19）年度にスーパーサイエンスハイスクール（SSH）の指定を受け、2012（平成24）年度より新たに「第2期」がスタートした。それにより、校内分掌ではSSH事業の中心となるSSH部と進路指導部や教務部、生徒指導部をはじめとする全ての分掌が連携し、教育目標の実現に向け取り組んでいる。

次に、本校におけるSSH事業と教育目標の実現に向けての全体像を示す。

ここでの特色は課題研究推進プログラムの開発研究のための「1年探究クラス」、「2年探究クラス」、「SS部」を設置していることである。しかし、それだけではなく、課題探求力を醸成する学習カリキュラムを開発研究するため「SSH総合」[4]を設定したり、「福島復興」を基盤としたキャリア教育プログラムの開発研究により、全校生が参加できるプログラムの開発を行ってきたことである。

74

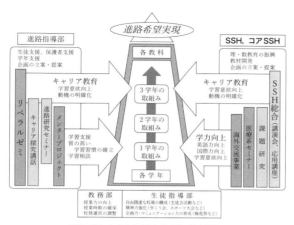

SSH 部作成「平成26年度 SSH 研究開発について」による

図5 福島高校における SSH 事業と教育目標の実現

6.2 本校の SSH 事業の実際

(1) SSH 事業における「SSH 総合」

表2に「SSH 総合」の各学年におけるねらいと実施内容について概略を示す。

表2 SSH 事業における「SSH 総合」の概要

学年	ねらい	実施内容
1年生	課題意識の醸成 知の技術の獲得	基礎講座…9時間 ・論理的とはどういうことか ・データの取得 ・情報アクセス（福島県立図書館） ・発想法の演習 応用講座…9時間 ・現代社会や、地域の抱える問題点に関わるテーマ別学習 ・外部講師による出前授業、見学や実習を通しての学び 研究発表会…5時間
2年生	論理的思考力の育成	ディベートの実施…6時間
3年生	表現力育成	サイエンス・ダイアログ…6時間 ・フランス、ドイツ、ロシア、イタリアなどの博士の英語による「環境学」、「情報学」、「地理学」、「医歯薬学」、「水工学」、「数学」、「生物学」の講義と生徒の英語プレゼンテーション、大学の志願理由書の作成と分野別のダイアログ ・大学の志願理由書を書き、分野別での対話を通し、自分の将来を見据えて、大学で学びたいことを具体的に表現できる力を養う

第Ⅱ部　高大接続改革は何をもたらすか

(2)「福島復興」を基盤としたキャリア教育プログラム

　表3に「福島復興」を基盤としたキャリア教育プログラムのねらいと実施内容について概略を示す。

表3. キャリア教育プログラムの概要

事業とねらい	実施内容
①医療系セミナー	・医学部志望者対象講演会（希望者） ・ベトナム国立眼科病院客員教授 服部匡志講演会 ・緩和ケア看護師講演（「SSH 総合」で実施）
②福島医療再生プロジェクト 医療課題発見能力・解決能力の育成	・在宅緩和ケアの家庭訪問…全8日間 ・課題発見、解決にむけてのグループワーク
③外部団体プログラムへの参加	・「2015 ふくしま高校生社会活動コンテスト」での発表 　主催：一般社団法人 ふくしま学びのネットワーク 　　　　東京大学 REASE 　参加：SS 部放射線班、 　　　　福島復興プロジェクト土湯魅力創造班 ・福島、中国高校生友好交流事業「あいでみ」 　主催：一般社団法人 Brige for Fukushima

(3)リベラル・ゼミについて

　ここまで紹介してきた SSH 事業は、どうしても内容が自然科学分野に偏りがちであった。そのため、進路指導部が主導して 2013（平成25）年度より「リベラル・ゼミ」を実施してきた。外部講師による講義をきっかけに、社会の様々な問題に対し、自分の考えを持ち、それを伝えることができるように、講義前後の生徒間の対話を大切にしている。ゼミ開講にあたっては、以下のような「目的」を掲げた。

　「自由人であるための学問」＝「リベラル・アーツ」の精神を踏まえ、文学、哲学、心理学、歴史学、経済学、政治学など人文・社会科学から自然科学の分野まで、専門家や各職種・業界の講師を招き、講義や講演を実施し、教科・科目を越えた文理融合の実践的な「知」を育てることで、異なる文化、言語、宗教の人々を理解し共存できるグローバルな人材に求められる総合知としての「教養」を身につける契機とする。また、講義前後の対話、グループ討議や発表での情報交換を通し、論理的思考力やコミュニケーション能力の育成を図る。

　　　　　　　　　　　（以上、「リベラル・ゼミ実施要項」より）

第1章　高校現場から見た大学入試改革

スーパーサイエンスハイスクール（SSH）

未来の科学者の育成を目指して

福島高校は平成19年4月にSSHの指定を受け、平成24年3月に「第1期」が終了しました。その「第1期」を継承・発展した形で、平成24年4月より新たに「第2期」がスタートしました。

SSH第2期（平成24年4月～平成29年3月）

学校設定科目	希望者（学年横断）		身につける資質
3年 SSH総合（自己表現）	海外研修		a 自然や社会の深い観察に基づいた高い課題発見力
2年 SSH総合（課題調査研究）	キャリア教育	→	b 想定外にも対応できる高い課題解決力
1年 SSH総合（課題意識醸成）数理情報	学校設定科目「探究」		c 情報リテラシーを備えた高いコミュニケーション力
	部活動「SS部」		d 柔軟な適応力を持ったグローバルコミュニケーション力
			e 自分自身や地域の未来に向けた強い熱意
			f 逆境に負けない高い行動力

▲日英交流　　▲SSH全国生徒研究発表会　　実験風景▲

▲校内生徒研究発表会　　サイエンスフェア▲

主な協力者・協力機関　運営指導委員、福島大学、福島県立医科大学、東北大学、東京大学、岡山理科大学、ふくしまサイエンスぷらっとフォーム、郡山市ふれあい科学館、福島市子どもの夢を育む施設「こむこむ」、福島県立図書館

「平成27年度　学校案内」による

図6　SSH第2期の概略

第Ⅱ部　高大接続改革は何をもたらすか

　さらに、昨年度（2014［平成26］年度）から、ゼミの講義をきっか
けに問題意識を強く喚起された生徒が集まり、生徒自らが学びのテー
マを掲げ、ワークショップなどの企画、運営を主導する「リベラルゼ
ミ・ダイアログ」という活動も指導した。また、ゼミで講師を務めて
いただいた方々にもアドバイザーとして継続して関わっていただいて
いる。

　現在は、東京電力福島第一原発事故についての「国会事故調査報告
書」を読みながら、社会システムを考える「ガチ輪読会」とセクシャ
ル・マイノリティをテーマに「ダイバーシティ（多様性）」について
考える「福高ダイバーシティ」が活動を始めた。これまで年間、10回
程度、実施してきたゼミも本年度は11月の段階で3回の実施である
が、「ガチ輪読会」や「福高ダイバーシティ」が活発に実施されてい
る。今年度（2015［平成27］年度）は今後3回程度を予定している。
　表4に2015（平成27）年度実施の企画を示す。

表4　2015（平成27）年度「リベラル・ゼミ」の概要

	講師	テーマ
第1回	ふくしま学びのネットワーク事務局長 前川　直哉　氏	「君が学ぶと世界が変わる」
第2回	元国会東京電力福島原子力発電所事故 調査委員会委員事務局調査統括補佐 石橋　哲　氏	「福島原発事故が問いかけるモノ」 （前年度に続き、2回目の講義）
第3回	元福島県立安積高等学校校長 梅田　秀男　氏	「福島が生んだ巨人・朝河貫一が問いかけ るもの——真の民主主義とは——」
第4回	探検家　武蔵野美術大学教授 関野　吉晴　氏	「50年後を生きる若者へ」
第5回	早稲田大学文学学術院教授 甚野　尚志　氏	「文字能力とコミュニケーションから見た 世界史」 （開講年度より、3回目の講義）

（以上、「平成25年度第1回リベラル・ゼミ実施要項」より）

　これまで講師をお引き受けいただいた方々には心から感謝してい
る。講師の先生方の講義と対話を通して、生徒達たちは、「自分で考
え、判断し、伝え、行動する」ことの大切さを実感し、刺激を受けて、
成長するきっかけをいただいているからだ。

78

第 1 章　高校現場から見た大学入試改革

福島県立福島高等学校「梅章委員会」　提供
図 7　講師 石橋　哲氏による講義

福島県立福島高等学校「梅章委員会」　提供
図 8　講義後の生徒同士の対話

第Ⅱ部　高大接続改革は何をもたらすか

福島県立福島高等学校「梅章委員会」　提供
図9　対話しながら考えを深める「ガチ輪読会」の生徒

福島県立福島高等学校「梅章委員会」　提供
図10　「福高ダイバーシティ」で講義する前川直哉氏

第1章　高校現場から見た大学入試改革

　今後は、地域の課題や社会的要請に対応する課題を探求的に学び、課題を発見し、その課題を協働して解決していける力を養成するためのプログラムを「総合的な学習の時間」をはじめ教育活動全体を通して開発していくことの必要性を強く感じている。

　SSH の指定も平成 28 年度で終了する。第 3 期目の指定を受けるためには、より発展、深化させた計画やプログラムが求められるだろう。中、長期的な展望に立てば、SSH 事業での実践をどのような形で、継承していくのかをも視野に入れていかなければならない。2024（平成 36）年の時点で SSH に指定されていなくとも、これまでの実践を踏まえて「総合的な学習の時間」をはじめとする教育活動全体を通して各分掌や学年が連携し、よりよいプログラムの開発を目指す体制が受け継がれていなくてはならない。

7. おわりに

　「ふくしま学びのネットワーク」事務局長（元・灘中学校灘高等学校教諭）前川直哉氏は、本校で実施した「何のために学ぶのか」をテーマにした「リベラル・ゼミ」の講義の中で以下のように生徒に訴えかけた。「割り切れないことを、割り切れないまま考えつづけることが求められている中での学び。これが福島で、今、学ぶことの意義なのだ」

　前川氏は、震災以降、当時、勤務していた灘高校の生徒と共に福島県をはじめ、東北の被災地を訪問し続けていた。2014（平成 26）年 4 月からは、灘高校での職を辞し福島市に移り住み、福島県の教育を支援してくださっている。

　福島に限らず、新たな時代に向け、正解のない問いに向き合い、根気よく考え続け、自ら判断し、行動できる力。考え抜いた自分の思考を伝えることができる力。他者の多様な考えを受け止め、それを自分の思考を深めるために活かし、時には勇気を持って自分が構築してきた思考を修正していける力を生徒達に育てていかなければならない。震災を経験した今、そのことを痛感している。大学入試改革における「思考力・判

断力・表現力重視の評価」が真の意味でそれらの力を育み、生徒が自らの人生を切り開いていく「生き抜く力」につながってほしい。

　筆者が述べてきたことは、すべての高校の立場を代弁するものではない。「大学入試改革」については、全国、それぞれの高校の状況により、さまざまな視点が存在するはずである。少なくとも、それらの多様な視点を吸い上げたうえで検討し、さらに試行した結果を分析、検証しながら、「中間まとめ（高大接続システム改革会議，2015）」にも示されているように、段階的に着実に、新たな社会を構築してくれる人材を育てるための真の改革がなされることを切に願うものである。

やよい写真館　提供

図11　平成26（2014）年8月に完成した新校舎

【注】
1) ちなみに、震災から3年後の平成26年3月の調査結果によれば、福島市内各地の放射線量は大半が0.75マイクロシーベルト/h以内に収まっている（福島県福島市調べ、http://www.city.fukushima.fukushima.jp/uploaded/attachment/30387.pdf、最終閲覧日2015［平成27］年12月30日）。
2) 2015（平成27）年内を目途に「最終報告」が提出されることが示されていた。

3) 2025（平成 37）年度入試に対応した試験となる。
4) 本校における「総合的な学習の時間」である。

【文献】

中央教育審議会（2014）．新しい時代にふさわしい高大接続の実現に向けた
　　高等学校教育、大学教育、大学入学者選抜の一体的改革について──
　　すべての若者が夢や目標を芽吹かせ、未来に花開かせるために──（答
　　申），平成 26 年 12 月 22 日
　　（http://www.mext.go.jp/b_menu/shingi/chukyo/chukyo0/toushin/__
　　icsFiles/afieldfile/2015/01/14/1354191.pdf，最終閲覧日 2015［平成 27］年
　　12 月 30 日）．
高大接続システム改革会議（2015）．高大接続システム改革会議「中間まと
　　め」，平成 27 年 9 月 15 日
　　（http://www.mext.go.jp/b_menu/shingi/chousa/shougai/033/toushin/__
　　icsFiles/afieldfile/2015/09/15/1362096_01_2_1.pdf，最終閲覧日 2015［平
　　成 27］年 12 月 30 日）．
教育再生実行会議（2013）．高等学校教育と大学教育の接続・大学入学者選
　　抜の在り方について（第四次提言），平成 25 年 10 月 31 日
　　（http://www.kantei.go.jp/jp/singi/kyouikusaisei/pdf/dai4_1.pdf，最終閲覧
　　日 2015［平成 27］年 12 月 30 日）．
全国高等学校長協会（2015）．高大接続システム改革会議、「中間まとめ」に
　　対する意見（http://www.mext.go.jp/b_menu/shingi/chousa/shougai/033/
　　shiryo/__icsFiles/afieldfile/2015/10/30/1363411_01.pdf，最終閲覧日 2015
　　［平成 27］年 12 月 30 日）．

第 2 章　大学入試改革モデルとしての
「東北大学型 AO 入試」の誕生
──「昭和 62 年度改革」の教訓から

倉元　直樹（東北大学）

1.　大学入試制度改革の宿命

　大学入学者選抜制度に対する改革は、その時代に応じた理念に基づいて企図される。現在進行中の高大接続改革はどうなのだろうか。2014（平成 24）年 12 月に出された中央教育審議会の答申は、その冒頭にはその理念がこう謳われている（中央教育審議会，2014）。

　　本答申は、教育改革における最大の課題でありながら実現が困難であった「高大接続」改革を、初めて現実のものにするための方策として、高等学校教育、大学教育及びそれらを接続する大学入学者選抜の抜本的な改革を提言するものである。
　　将来に向かって夢を描き、その実現に向けて努力している少年少女一人ひとりが、自信に溢れた、実り多い、幸福な人生を送れるようにすること。
　　これからの時代に社会に出て、国の内外で仕事をし、人生を築いていく、今の子供たちやこれから生まれてくる子供たちが、十分な知識と技能を身に付け、十分な思考力・判断力・表現力を磨き、主体性を持って多様な人々と協働することを通して、喜びと糧を得ていくことができるようにすること。
　　彼らが、国家と社会の形成者として十分な素養と行動規範を持てるようにすること。
　　我が国は今後、未来を見据えたこうした目標が達成されるよう、教育改革に最大限の力を尽くさなければならない。

第II部　高大接続改革は何をもたらすか

　高らかに宣言されたこの崇高な理念を正面から真っ向否定する者は、おそらく誰もいないだろう。本来は無味乾燥なはずの行政文書であるにもかかわらず、その響きの美しさに一種の感動すら覚える向きもあるかもしれない。しかし、筆者の読後感は必ずしも爽やかとは言い切れない。むしろ、後味にえぐみが残るような、何とも言い難いバツの悪い感触が拭いきれない。

　一歩立ち止まって少し考えてみると、いくつかの素朴な疑問がふつふつと浮かび出てくる。例えば、「『高大接続』改革」はなぜ「教育改革における最大の課題でありながら実現が困難」であったのだろうか。われわれの先達は解決すべき課題をひたすら先送りするほど無責任であったのだろうか？　あるいは、私たちが暮らすこの繁栄した現代日本社会を作り上げたわれわれの先人たちが、こと大学入試という問題だけに限ってなぜかしら知恵が回らなかったのだろうか？

　東北大学のAO入試は、ありがたいことに、時折、多様な入試を体現した入試改革のモデルとされる。それは国立大学としては有数の規模でAO入試を行い、それが成功を収めていると認識されていることによる。規模を表す数値としては2015（平成27）年度入試で合計438名、全募集人員の18.3%という値に達している。現在進行している高大接続改革に応える意味で、比較的短期間でAO入試の比率を募集人員の3割まで引き上げることが目標となった。第III部第4章で本郷も触れているとおり、推薦入試を含めるとこの目標は国立大学共通の全体の目標ともなっている。この目標がかなりのところ高いハードルであるのは、大学入試の現場を知る者にとっては共通の認識であろう。

　それは主に三つの理由によると筆者は考える。

　一つ目は比較的分かりやすい。実施にかかる手間やコストの問題である。筆者自身はこの3割という数値は東北大学型AO入試の規模としては上限と捉えている。この問題に関しては第III部第6章で石井が詳しく論じている。

　二つ目は東北大学型AO入試の基本構造による。東北大学における

AO 入試の位置づけは学力試験に対抗するものではない。むしろ、現在のような一般入試の存在を前提として、それと連動しながら補完する役割にある。AO 入試受験者が一般入試まで見越して一般入試を想定した受験勉強を行っている前提で成り立つ構造となっている。筆者個人の意見としては、AO 入試、一般入試のバランスとしては現在でも募集人員が多すぎると考えているし、すでに AO 入試の黎明期からそのような意見を述べていた（国立大学入学者選抜研究連絡協議会, 2002）。もちろん、現在の状況では AO 入試をはじめとする多様な入試の拡大は時代の要請でもあり、それに応じた考え方と体制を整える必要があると認識しているが、それは良質な学力検査問題を主たる選抜資料として一般入試の存在を前提とした東北大学型 AO 入試モデルであるから可能なのであって、少人数の募集に多大な労力を注ぐ、いわゆる典型的な AO 入試の設計では非現実的な目標なのではないかと感じている。東北大学型 AO 入試の考え方は、現在の高大接続改革を推進している側には理解されていない。例えば、第 2 次安倍政権の首相官邸の下に設けられた教育再生実行会議の第四次提言（教育再生実行会議, 2013）を受けて東北大学の AO 入試が取り上げられた際には、「人物重視」の入試の代表であるような報道もなされた（朝日新聞, 2013）。典型的な誤解である。現在の高大接続改革の議論の中で、コンセプトが誤解されたままで入試改革のモデルとして祭り上げられてしまったことには危惧を抱いている。

　三つ目は改革のスピードである。教育制度の改革による教育内容の改革が難しいのは、制度の変化自体に伴う意図されざる影響が、少なからず悪い方向に働いてしまうことによる。「大学入試に何らかの改革が企図される場合，その意図や目的，理念がどのように立派なものであったとしても，少なくとも一時的には高校教育に大きな混乱がもたらされてしまう」のである。その結果、「全ての入試改革は結果的に『改悪』として受け取られてしまう」（以上、倉元, 2012）。制度改革がすべからく改悪に帰結するという構図は、わが国の大学入試制度の宿命とでも言うべき構造的問題ではないかと思うのだ。したがって、どのように優れた

第Ⅱ部　高大接続改革は何をもたらすか

理念であっても、それを制度として体現するには長い年月をかけた地道な努力が必要となるのだと筆者は考える。

改革本来の目的に沿わない影響は小さいに越したことはない。それはあらかじめ見越しておくべきなのだが、実際に見通すのはきわめて難しい。そして、その事実は過去に自分たちが経験した出来事の中から事例として学ぶことができるのではないだろうか。そういった、発想が本稿の出発点である。

本稿は、1987（昭和62）年度に共通第1次試験（以下、「共通1次」と略記する）に施された制度改革の影響について検討することを目的とする。現在から回顧的に振り返ったとき、1987（昭和62）年度の制度変更は抜本的大改革には見えないかもしれない。少なくとも、その当時、検討されていた大学入学者選抜の抜本的な改革の理念に比べると、実際に実施された制度改革の中身は本当に小さなものとしか感じられない。しかし、大学側の視点に限った場合でも、その変化が及ぼした影響には、大学教育の基盤を根本的に揺るがす可能性すら秘めた予期せぬ大きなインパクトが内在していた。

2.　共通第1次学力試験の導入とその問題点

共通1次は1979（昭和54）年度入試から1989（昭和64［平成元］）年度入試までの11年度にわたって行われた国公立大学の入試における共通試験であり、現在の高大接続改革の構想では2020（平成32）年度入試をもって廃止と予定されている大学入試センター試験（以下、「センター試験」と略記する）の源流と位置づけられる制度である。

昭和62（1987）年度に試みられた共通1次を対象とした大学入試制度改革（以下、「昭和62年度改革」と記載する）にも、言うまでもなく制度改革が必要とされた当時の事情がある。それを理解するため、最初に共通1次導入の目的と共通1次に対する当時の評価について振り返ることとする。

88

2.1 共通1次導入の目的

新制大学において 1947(昭和22) 年度に導入された進学適性検査[1] が 1954 (昭和29) 年度を最後に廃止となって以来、途中、あまり普及しなかった能研テスト（1963 [昭和38] ～ 1968 [昭和43] 年度）の存在があったとはいえ、大学入試は各大学が個別に実施する学力試験による選抜が中心となった。この時代、社会的に大学入試で最大の問題とされたのは「難問・奇問」の出題である。個別大学の入学試験で出題される試験問題は、日常的な学習活動の結果として解ける問題ではなく、特殊な受験勉強が強いられるとされた。その結果、大学受験によって高校以下の教育を歪められることや，浪人の増加[2] といった影響が問題視されていた。大学入学者選抜は過度に学力検査に依存しているとされ、学力検査以外の選抜資料，例えば，調査書の活用などが課題となっていた。

さらに、国立大学では一期校・二期校制[3] を取っていた。二期校の受験生には一期校で不合格となった者が多く、「二期校コンプレックス」が存在すると言われ、物議を醸していた。黒羽（2001）は共通1次導入に関する議論を行っていた「大学入学者選抜方法の改善に関する会議」に関する取材メモから、以下のようなエピソードを紹介している。「…（前略）、一、二期校の一元化問題が再燃した。そのきっかけは47年2月に起こった連合赤軍のあさま山荘ろう城事件である。なぜこのような異常な過激派の事件が起きたか、また対策はどんなものかを審議した国会に参考人として出席したある国立大学長は、過激派を多数輩出した理由を問いただされて『二期校コンプレックス』について述べて、議員の共感を得た。（後略）…」。当時、一期校・二期校の制度が大学間格差の認識を生じさせる現況として深刻な社会問題となっていたことを端的に示す逸話と言える。

以上のような諸問題を解消すべく導入された共通1次は、当初は調査書重視の入学者選抜制度を実現する「調査書の高校間格差を補正することを目的とした共通テスト」として構想されたが、結局、「高校での学習成果を問う全国一斉試験で調査書成績を代用する（木村,2012）」との

第Ⅱ部　高大接続改革は何をもたらすか

位置づけに落ち着いた。

　共通 1 次導入の主たる目的と導入時点での大学入学者選抜制度改革の主旨は、以下のようにまとめられる[4]。

(1)高校における学習達成の程度の評価

　　なるべく広い範囲を評価するため、一律に「5 教科 7 科目」の試験を課すこととなった。

(2)二期校コンプレックスの解消

　　共通 1 次の導入と同時に、国立大学間の格差意識を解消するために国立大学における 2 次試験の期日を統一することとなった。

(3)多元的な選抜資料の活用

　　共通 1 次と各大学の 2 次試験の組合せで合否判定を行う。2 次試験では大学・学部の特色に応じた多元的な選抜資料の活用が期待された。

　以上のような当時の入試改革の目的を実現するための条件として、共通 1 次は以下のような特質を備えることとなった。

(4)マークシート方式

　　30 万名を超える受験生の答案を正確に短期間で処理しなければならなかった。

(5)「国立大学」の共通試験

　　少なくとも形の上では文部省（当時）が主導して導入された制度ではない。当時は行政主導で進められる施策には根強い反発が予想されたこともあり、国立大学協会が主体となって形作られた。したがって、必然的に「国立大学協会が私立大学の入試について言及することはできない（国立大学協会入試改善特別委員会，1986）」状況であった。なお、公立大学はテストを利用する形で共通1次に参加することとなった。

(6)自己採点方式

　　一期校・二期校制の下では年 2 回設けられていた一人の受験生の国

90

立大学への受験機会は1回に減ることとなった。その補償的措置として、入試センターが公表する正解や平均点等の統計資料を利用して、最終的な志願先を決定することを可能とする「自己採点方式」を採ることとなった。

2.2 共通1次に対する批判

以上のような目的で導入された共通1次だったが、結果的にははなはだ不評であったとされる。

共通1次に対する主な批判のポイントは以下のようにまとめることができる[5]。

(1)大学の序列化と輪切り

共通1次という共通の尺度が誕生したことによって、逆に大学ごとの入試の難易度が細かくランキングされるようになった。特に問題視されたのが自己採点方式である。共通1次の自己採点の結果、志願する大学を決定するため、「学びたい大学」よりも「入れる大学」を選ぶ傾向となって輪切りが進んだと批判された。

また、出願校決定に際し、受験産業が大きく関与するようになったことも非難の的となっていた。

(2)過重負担論

各大学の2次試験では学力中心の選抜が主流となり、多様な選抜方法の導入には至らなかったとされた。二つの学力検査の存在は無駄であり、共通1次で課せられている5教科7科目という科目数も受験生にとっての負担が大きすぎるではないか、といった批判にさらされたのである。少数の科目で受験することができた私立大学との併願が困難であるとも言われた。

(3)受験機会の一元化による受験機会の減少

入試日程の一元化によって、国立大学への貴重な受験機会を奪われた、との批判も強かった。

第Ⅱ部　高大接続改革は何をもたらすか

(4)画一化

　マークシート方式のため「記述力、創造力、考察力」の評価ができないとされた。学生の積極性が失われ、学力低下が目立つ、とも言われた。

3. 昭和 62 年度改革とその影響

3.1　臨時教育審議会第 1 次答申

　共通 1 次に対する世論の強い逆風の中、当時の「いわゆる教育荒廃に文部省限りで対応すべきでなく、政府全体としてこれに取り組むべきである」との考え方から、最終的に中曽根康弘首相の下に 1984（昭和 59）年 9 月に総理大臣の諮問機関として臨時教育審議会が設置された（文部省，1992，pp.258-260）。中曽根首相は共通 1 次廃止論者だったという（黒羽，2001）。臨時教育審議会の中では、大学入試制度に関しては第 4 部会で審議された。審議の結果は第 1 次答申に盛り込まれた（臨時教育審議会，1985）。

(1)偏差値偏重の受験競争の弊害を是正するため、各大学に自由にして個性的な入学者選抜を行うよう入試改革に取り組むことを要請する。
(2)現行の共通 1 次に代えて、国公私立を通じて各大学が自由に利用できる「共通テスト」を創設する。

以下、具体的な提言内容の骨子である。

(1)共通テスト

　良質の試験問題の再利用、マークシート方式の改善、採点区分の簡素化、資格試験的な取扱い、自己採点方式の廃止、受験生への得点通知、総点主義によらない弾力的利用の積極的推進、利用する教科・科目は各大学の選択、1 科目のみの利用も可能とする。大学入試センターには大学と高等学校間の情報交換のための仲介機能、調査研究機能を付与することが提言された。

(2)アドミッション・オフィスの設置，強化

(3)進路指導における偏差値重視の是正

(4)国立大学の受験機会の複数化

　一期校・二期校制時代の弊害が生じないような適切な方策を取ることが前提とされた。

(5)職業科卒業生，帰国子女，社会人，身体に障害のある者への配慮

(6)以上の諸提案について早急に具体的検討

3.2　昭和 62 年度改革の概要

以上のような背景を踏まえ、後に大学入試センター試験へとつながる当時の「新テスト構想」実現の前段階として、1987（昭和 62）年度入試から、共通 1 次の制度的枠組みはそのまま残しながら、以下の三つの改革が実行に移された。

(1)教科・科目数及び利用方法

　5 教科 7 科目から 5 教科 5 科目以下へと受験科目数が減らされた。「社会」、「理科」が各 1 科目に減じられ、各大学が入学志願者に要求する受験教数は 4 教科以下でも構わないこととなった。1985（昭和60）年 3 月 18 日に出された国立大学入試改善特別委員会の中間報告（国立大学入試改善特別委員会，1985）の提言をそのまま踏襲した形だが、同報告では「一般的には 5 教科の受験が望ましい」と付言している。

(2)受験機会の複数化

　後に、「連続方式」と呼ばれる 2 次試験の実施日ごとに二つのグループに分ける方式が採用された。1987（昭和 62）年度は「A 日程」の試験日が 3 月 1 日から、「B 日程」は原則 3 月 5 日から実施とされた。一部の大学では学部によって日程を振り分けたり、学部の定員の一部を別日程に割いたりしたケースもあった。また、旧一期校・二期校制の弊害を避けるために、旧帝大の 7 大学は北海道大学、東北大学、

第Ⅱ部　高大接続改革は何をもたらすか

東京大学が「B日程」、名古屋大学、京都大学[6]、大阪大学、九州大学は「A日程」で2次試験を実施することとなった（大学入試センター、1986）。

　さらに、双方の日程の試験での合格通知を受けた後に入学する大学・学部が選択可能な「事後選択制」と呼ばれる方式を取ることとなった。

(3)自己採点方式の廃止

　自己採点方式を廃止し、個別大学への出願期間を1月12日（月）〜19日（月）として、1月24日（土）、25日（日）に実施される共通1次を受験するよりも前に大学に出願する日程を採ることとなった（大学入試センター，1986）。

4. 昭和62年度改革の全般的な影響

　結果的に昭和62年度改革では、以上の3点の改革とそれに関わる具体的な変更が複合し、様々な混乱が生じた。一部は翌年の1988（昭和63）年度入試に反映すべく早急に対策を立てる必要性がある、緊急性の高い問題も生じたのである。

4.1　国立大学協会の総括

　1987（昭和62）年度入試では、共通1次の成績によって2次試験を受験することができない、いわゆる「足切り」に遭う受験生が数多く発生したことが特に大きな問題となった。共通1次は国立大学が共同で実施する入学試験の第1次試験であり、公立大学も協力して利用する、という位置づけの共通試験であったので、検討の主体は国立大学協会となる。国立大学協会では、昭和62年度改革の影響について1987（昭和62）年6月16日に国立大学協会第80回総会で入試改善特別委員会からの報告がなされている（国立大学協会入試改善特別委員会，1987）。

　ア・ラ・カルト方式への道を開いた受験科目数の削減については、当時は実質的な影響がさほど大きくなかった[7]ためか、特に言及はなかっ

第 2 章　大学入試改革モデルとしての「東北大学型 AO 入試」の誕生

た。甚大な影響をもたらしたと認識されたのは、受験機会の複数化であり、それに伴って新たに導入された仕組みである。特に大きく取り上げられていたのは、事後選択制の問題であった。それに自己採点制度の廃止に伴って出願期間の時期を共通 1 次受験より前に設定したことによって、結果的に第一次選抜不合格者の激増につながった、とされた。

　1989（昭和 64）年度からは連続方式と分離分割方式[8]の「併存制」となり（国立大学協会，1988）、1997（平成 9）年度から、現在も続く分離分割方式で統一されることとなった（国立大学協会，1993）。2006（平成 18）年度入試からは「分割比率が少ない日程の募集人員に推薦入学・AO 入試などを含めることについてはこれを妨げない（国立大学協会，2003）」こととなり、現在に至っている。

　翌年の 1988（昭和 63）年度入試においては、複数の受験機会の確保、事後選択方式、自己採点方式廃止の方針は維持される一方で、出願期間を共通 1 次の後に戻し、重願は認めない、といった変更が加えられた[9]。

4.2　大学入試センターにおける研究

　山田・石塚（1988）は、1987（昭和 62）年度入試における共通 1 次受験者の出願状況を類型化し、1985、86（昭和 60、61）年度入試との比較の中で、「単願者」、「2 回出願者」、「3 回出願者」といった類型ごとの得点分布や合格可能性、辞退率等について詳細な分析を行った。その結果、直前の 2 年度ではいずれも標準得点（偏差値）「50 点の半ばから 60 点の後半にかけての範囲で、合格率の停滞」が見られたのに対し、1987（昭和 62）年度入試では「ほぼ直線的に合格率が増加」したことを見出した。昭和 62 年度改革によって、共通 1 次得点が合否に直接関係する傾向が以前よりも強くなったと言ってよいだろう。入学辞退率も 7 % 台から 11.4% に高まった[10]。

　また、岩田・岩坪（1988）は、従来から行っていた国公立大学の出願に関する地理的選択範囲の研究（岩田，1986, 1987, 1988）を基礎に、受験機会複数化に伴う志願動向の地理的流動性に関する分析を行った。

95

第Ⅱ部　高大接続改革は何をもたらすか

1982（昭和 57）年度入試のデータを分析した結果、「いくつかの県がブロックとでもいえるようなまとまりを作り、その範囲内で受験生が大学を志願している（岩田，1986）」ことが観察された。1987（昭和 62）年度入試では、「従来同様、多くの受験生は第一に自県、第二に近県の範囲を中心として」志願していたものの、学力が高い受験生は「受験生の出身県が属する地方の中心都市（7 大学所在県）と併願可能な、他の地方にある中心都市（7 大学所在県）への志願が総じて増加していた（岩田・岩坪，1988）」という。

5. 東北大学への志願動向に対する影響

　大学入試センターに所属する研究者によって行われた研究のうち、本稿にとって特に重要なのは岩田・岩坪（1988）である。大学入試センターにおける受験者の地理的選択の動向に関する研究は、もちろん、特定の大学をターゲットとすることを意図したものではなかったはずである。ところが、東北大学から見た場合、この分析は大学にとって重大な問題が生じていたことを示唆する結果が含まれていたのである。以下、東北大学に対する昭和 62 年度改革の影響について見ていくこととする。

5.1　志願倍率

　まず、昭和 62 年度改革が東北大学の志願動向に対してどのような影響を与えたのか、地理的流動性の観点から概観することとする。

　図 1 は 1984（昭和 59）年度から 2016（平成 28）年度入試までの 33 年間の東北大学への志願倍率を示したグラフである。元となっている数値は学士課程新入学者に対する全募集人員を分母とした全入試区分における志願者数合計の比率である。なお、様々な入試区分で多様な入試が行われている現在の入試制度では、入試区分によって倍率が大きく異なるので、対象とする入試区分は一般入試とした。厳密に言えば、分離分割方式を取ることとなった 1990（平成 2）年度より前は一般入試による一括募集が行われており、それ以後が前期日程試験のものである。なお、

1985、1986（昭和60、61）年度入試のデータが入手できなかったので、昭和62年度改革以前に比較可能なデータは昭和59（1984）年度のみとなっている。

　1984（昭和59）年度には、東北大学の志願倍率は2倍を少し超える程度の水準であった。それが1987（昭和62）年度入試では倍率がいきなり4倍を超えた。過去30年あまりをさかのぼってみても、この年度の倍率がきわめて特異に高かったことが分かる。その後は3倍程度のラインを上下する時期があって、その後、2002（平成14）年度までやや上昇し、その後の数年間は下降線を辿った。2006（平成18）～2011（平成23）年度の期間は3倍弱のところで安定していた。2012（平成24）年度入試は、前年3月に発生した東日本大震災の影響が懸念された年であった。実際に、志願者数で前年度比-7.8%と落ち込んだものの、長期的にはさほど大きな変化ではなかった。少なくとも量的には、昭和62年度改革のインパクトの方がはるかに大きかったことが見て取れる。

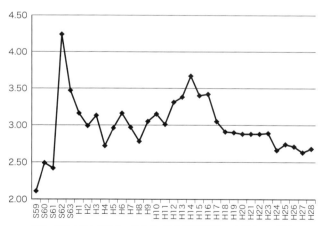

図1　東北大学における一般入試（前期日程試験）の志願倍率の推移

5.2　入学辞退率

　さて、本題はここからである。図2は1984（昭和59）から2015（平成27）年度入試までの東北大学への入学辞退率の動向を示したグラフであ

る。入学辞退率は国内の4月入学の学士課程新入学者対象全合格者を分母として、それに対する入学手続を行わなかった、ないしは、入学を辞退した合格者数の比率である。推薦入試、AO入試の合格者における入学辞退者は数年に一人という頻度なので、ほとんどの辞退者は一般入試の区分で合格した者である。

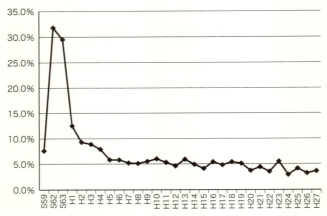

図2　東北大学における入学辞退率グラフ

受験機会が2回となり、事後選択制が採用された以上、辞退率が増加するのは当然であるとは言え、昭和62年度改革以前には10%未満だった入学辞退率が一気に30%を超える水準まで跳ね上がっている。その後、高い入学辞退率は2年間続いたものの、1990（平成2）年度からの分離分割方式の導入を前にして、1989（平成元）年度には10%強程度までに収束し、1993（平成5）年度からは1984（昭和59）年度の水準を割り込んだ。東日本大震災の影響で後期日程試験の合格者の入学辞退率が47.9%と極めて高かったために全体の比率も押し上げられた2011（平成23）年度[11]を例外として、最近は全合格者数に対して5%を割り込むところまで抑えられている。ちなみに、この32年間で最低であったのは、東日本大震災の翌年に行われた平成24（2012）年度入試であり、この年の一般入試前期日程のみの入学辞退率は2.8%と3%を割り込んだ。

5.3 地理的流動性の影響

昭和62年度改革に伴う入学辞退率の急上昇には、岩田・岩坪（1988）が指摘した出願先の地理的流動性の問題が大きく影響したとみられる。

(1)志願者の出身地域

図3は1987（昭和62）年度入試における東北大学志願者の地域区分別の志願者数について、1984（昭和59）年度をベースとした増加数を示したものである。1984（昭和59）年度入試の志願者総数が4,714名だったのに対し、1989（昭和62）年度入試では10,258名と2倍以上の志願者が集まった（5,544名増、+117.6%）。出身地域別に見ると、東北、関東、中部、近畿の各地方からの志願者がそれぞれ1,000名以上増えている（図3参照）。一見、各地方から万遍なく志願者が増えたように見えるが、実際には著しい地域的な偏りが見られた。例えば、東北地方出身の志願者が1,867名から3,263名に増加し、増加率が74.8%であったのに対し、近畿地方出身の志願者は218名から一気に1,520名に増え（697.2%増）、約7倍に膨れ上がったのである。

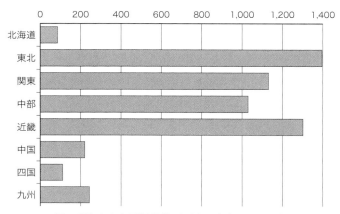

図3　昭和59年度入試と比較した昭和62年度入試の志願者増加数

第Ⅱ部　高大接続改革は何をもたらすか

　都道府県別に志願者数が多かった順に 10 位までを並べたものが表 1 である。数値は志願者数全体を 100% としたときに当該都道府県出身の志願者の人数が占める比率を表わす。表には、昭和 62 年度改革以前の状況を表わす 1984（昭和 59）年度、昭和 62 年度改革の影響が最も大きく表れた 1987（昭和 62）年度、分離分割方式導入以後の最高の志願倍率を記録した 2002（平成 14）年度、近年の状況を示す 2012（平成 24）年度の数値を抜粋して掲載した。

表 1　東北大学一般入試前期日程志願者数上位 10 都道府県

	昭和 59 年度		昭和 62 年度		平成 14 年度		平成 24 年度	
1	宮城	20.51%	宮城	15.96%	宮城	18.40%	宮城	19.25%
2	東京	9.50%	東京	7.78%	福島	6.10%	東京	7.12%
3	福島	6.17%	**大阪**	6.62%	東京	6.00%	福島	6.27%
4	神奈川	5.79%	**愛知**	4.73%	山形	4.91%	岩手	5.64%
5	埼玉	5.30%	神奈川	4.48%	茨城	4.62%	山形	5.36%
6	千葉	4.03%	福島	4.39%	岩手	4.31%	青森	4.79%
7	静岡	3.97%	**兵庫**	4.29%	神奈川	4.03%	茨城	4.77%
8	岩手	3.95%	埼玉	4.07%	埼玉	3.71%	埼玉	4.75%
9	山形	3.39%	千葉	3.56%	栃木	3.61%	栃木	4.39%
10	茨城	3.35%	山形	3.45%	青森	3.48%	新潟	4.21%

注：昭和 59 年度、昭和 62 年度には前期日程・後期日程の区別はない

　1987（昭和 62）年度以外は東北、関東、北信越といった、地理的に近くて東北大学が所在する宮城県仙台市にアクセスの容易な都道府県が上位を占めている。岩田（1986）の表現を借りれば、多数の受験生が訪れたのはせいぜい「隣のブロック」からである。ところが、1987（昭和 62）年度には、愛知、大阪、兵庫といった遠方から多数の受験生が出願していたことが見て取れる。さらに、その後の志願動向を見ると、遠方からの受験生の流入は恒常的なものとは言えない。昭和 62 年度改革に伴う一過性のものだったことがうかがえるのだ。

第 2 章　大学入試改革モデルとしての「東北大学型 AO 入試」の誕生

⑵合格者の出身地域

　表 2 には多くの合格者を輩出した順に上位 10 位までを示した。1987
（昭和 62）年度では、大阪、兵庫、愛知は宮城県に次いで合格者数の
上位 2 〜 4 位を占めており、志願者数と同様に他の時期には見られな
い現象が起こっている。

表 2　東北大学一般入試前期日程合格者数上位 10 都道府県

	昭和 59 年度		昭和 62 年度		平成 14 年度		平成 24 年度	
1	宮城	15.93%	宮城	10.12%	宮城	14.91%	宮城	14.19%
2	東京	7.62%	**大阪**	9.09%	山形	6.12%	東京	6.32%
3	福島	6.97%	**兵庫**	6.47%	福島	6.01%	山形	6.02%
4	神奈川	5.54%	**愛知**	6.42%	栃木	5.22%	栃木	5.87%
5	埼玉	5.22%	東京	4.89%	静岡	4.65%	新潟	5.67%
6	岩手	4.48%	神奈川	3.86%	茨城	4.31%	岩手	5.57%
7	静岡	4.28%	福島	3.59%	東京	4.14%	埼玉	5.18%
8	千葉	4.16%	富山	3.33%	群馬	4.08%	茨城	5.08%
9	茨城	4.07%	山形	3.20%	岩手	3.97%	福島	4.93%
10	山形	4.03%	静岡	3.09%	青森	3.68%	青森	4.48%

注：昭和 59 年度、昭和 62 年度には前期日程・後期日程の区別はない

　図 4 は合格者数について、1984（昭和 59）年度をベースとした増加
数を示したものである。入学辞退者を相当数見込んだため、全体とし
ては、1984（昭和 59）年度よりも 1,330 名多く合格者を出した。とこ
ろが、その増加分は半数以上が近畿地方の出身者、次いで中部地方の
出身者で占められ、元々、志願者、合格者の比率が高かった東北地方、
関東地方、さらに北海道出身者は実数ベースでも 1984（昭和 59）年度
実績を下回る結果となった。

第Ⅱ部　高大接続改革は何をもたらすか

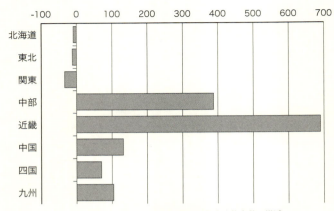

図4　昭和59年度と比較した昭和62年度合格者数の増減

(3)入学辞退者の地理的特徴

　それでは、昭和62年度改革によって現れた新たな志願者層は東北大学から見たときにどのような特徴を持つ層だったのだろうか。それは入学辞退者の地理的特徴に見出すことができる。

表3　東北大学一般入試前期日程入学辞退者数上位10都道府県

	昭和59年度		昭和62年度		平成14年度		平成24年度	
	辞退者数	辞退率	辞退者数	辞退率	辞退者数	辞退率	辞退者数	辞退率
1	神奈川 22	16.18%	大阪 191	55.52%	東京 12	16.44%	東京 10	7.87%
2	千葉 21	20.59%	兵庫 128	52.24%	埼玉 10	17.24%	宮城 6	2.11%
3	東京 19	10.16%	愛知 119	48.97%	群馬 6	8.33%	茨城 5	4.90%
4	福島 16	9.36%	東京 59	31.89%	宮城 5	1.90%	神奈川 4	7.14%
5	宮城 12	3.07%	神奈川 52	35.62%	秋田 4	7.02%	岩手 4	3.57%
6	愛知 10	12.66%	静岡 36	30.77%	静岡 4	4.88%	栃木 4	3.39%
7	埼玉 10	7.81%	富山 35	27.78%	長野 3	6.67%	福島 3	3.03%
8	静岡 9	8.57%	福岡 30	47.62%	千葉 3	5.77%	埼玉 3	2.88%
9	山梨 7	21.21%	長野 28	31.82%	神奈川 3	5.08%	愛知 2	6.06%
10	北海道 7	8.64%	京都 28	44.44%	茨城 3	3.95%	千葉 2	4.88%

注：昭和59年度、昭和62年度には前期日程・後期日程の区別はない

表3は、入学辞退者数の実数が多かった順に上位10都道府県を並べたものである。通常の年度では、都道府県別に見た場合、入学辞退者数は多くとも20名程度にとどまっている。ところが、1987（昭和62）年度の欄には、一ケタ、ないしは、二ケタ違った数値が現れている。複数の大学に合格することが可能な制度だったので、入学辞退者が増加するのは当然と言えるのだが、大阪、兵庫、愛知の三つの都道府県からの受験生は、たとえ合格しても、三ケタのオーダーで入学を辞退していったのである。

　以上の結果を総括すると、東北大学にとっての昭和62年度改革、特に受験機会の複数化は、西日本、特に大阪、兵庫、愛知といった大都市を抱えた地域の学力の高い受験生に広く門戸を開くこととなった。彼らは、複数となった受験機会を利用して、この年、突如として東北大学に志願し、比較的高い割合で合格を射止めた。その一方で、最終的には半数を超える者が入学を辞退し、結果的に東北大生とはならなかったのである。

　合格者の陰には不合格者が存在している。もちろん、入試における合否はあらかじめ定められた選抜方法に従って決定される。どのような学生が大学の求める学生像と合致するのか、それは選抜方法として具現化されるべきであるが、制度的な限界があるのもまた事実なのだ。大量の入学辞退の陰で、もしかすると彼らが志願をしなければ入学していたかもしれない学生が不合格となり、大学への門戸を閉ざされた。それは何を意味していたのだろうか。

6. 昭和62年度改革の帰結

6.1　東北大学における入試制度改革の開始

　共通1次に昭和62年度改革が施された2年後、共通1次が新しくセンター試験に衣替えとなった1990（平成2）年度に、東北大学にとっての入試改革元年と位置づけられるべき出来事が起こった。東北大学では、

第Ⅱ部　高大接続改革は何をもたらすか

　この年から一つの募集単位を前期日程・後期日程に分けて募集する分離分割方式を全学で導入するとともに、工学部が他学部に先陣を切ってセンター試験を利用するタイプの推薦入学を導入した。翌年に工学部はセンター試験を利用しないタイプの推薦入学Ⅰを導入、前年度導入した推薦入学の名称を推薦入学Ⅱとして、それ以降の東北大学各学部の入試制度のひな型が出来上がった。

　その後の変遷は図5をご参照いただきたい。破線で示した矢印が推薦入学、実践の矢印がAO入試を示す。2016（平成28）年度現在も存続している制度は太字で表されている。2015（平成29）年度入試までは確定だが、それ以降は見込みである。

　当初、推薦入学については、他学部は工学部の様子見をしていた印象であったが、1997（平成9）年度に理学部が推薦入学位置を導入すると、翌年には経済学部が推薦入学Ⅱを導入する、といった形で追随する学部が現れてきた。

6.2　学力重視の AO 入試へ

　図5において縦線の入っている年は何らかの大きな変わり目となった節目の年である。1990（平成2）年度の変革は先述した通りである。

　東北大学工学部の推薦入学導入から10年後、最初の節目となったのが2000（平成12）年度である。この年から国立大学でAO入試が導入され、東北大学も九州大学、筑波大学とともに国立大学でAO入試を初めて導入した三つの大学の一つとなったわけだが、そのベースには10年間続けられてきた工学部の推薦入学の基盤があったことは言うまでもない。当初は推薦入学からAO入試に切り替えた工学部と新規に入試の多様化に手を付けた歯学部の2学部体制であった。図5における前年度の矢印から翌年度の矢印へ結ぶ細い実線は、制度間のつながりを示す。翌年、2001（平成13）年に理学部が推薦入学ⅠをAO入試Ⅱ期に衣替えして加わり、AO入試が3学部体制となった。ただし、この時期には2002（平成12）年度に経済学部と薬学部が、翌年には農学部が推薦入学Ⅰを

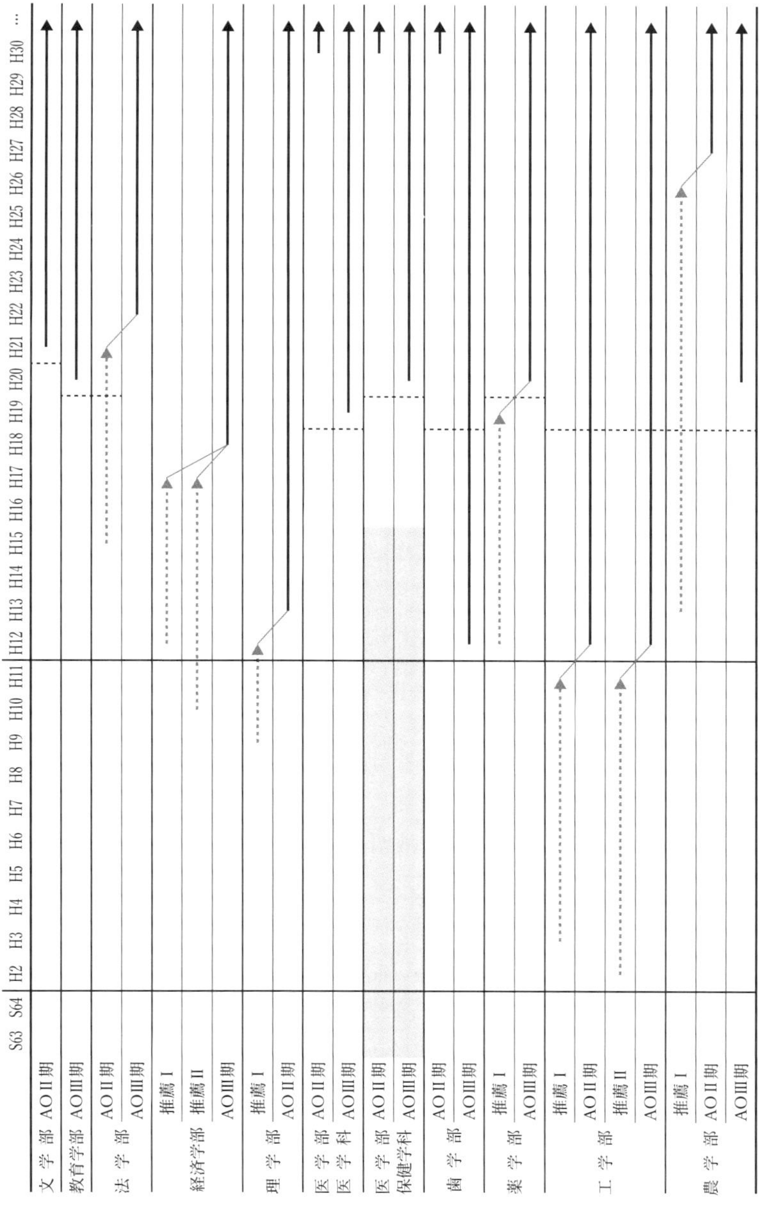

図5　東北大学における推薦入学・AO入試導入の軌跡

第Ⅱ部　高大接続改革は何をもたらすか

導入するなど方向性はそれぞれであって、全学揃って AO 入試に向かっていったわけではない。

　推薦入学から AO 入試の切り替えに当たり、特に工学部において、そのコンセプトに関する議論が行われた。そして、現在の「学力重視の AO 入試」、AO 入試は「東北大学第 1 志望の志願者だけの特別な受験機会」という東北大学型 AO 入試のコンセプトが固まっていった。そこに込められた思いを辿っていくと、昭和 62 年度改革によってもたらされた現象に行き着く。昭和 62 年度改革と東北大学の入試改革を直接結び付ける資料を筆者が入手しているわけではないので、東北大学型 AO 入試の誕生に昭和 62 年度改革の影響を見るのは筆者の憶測に過ぎないかもしれない。しかし、昭和 62 年度改革が東北大学における入試改革の引き金となったと考えるのは、そう無理な想定でもないだろう。

　その後、節目は学部によってずれがあるが、2007（平成 19）〜 2009（平成 21）年度にある。一般入試後期日程が廃止された年度を表す。これは、先述の国立大学協会から出された『平成 18 年度入試にかかる分離分割方式の改善について』と題する通達に基づく改革である（国立大学協会, 2003）。通達は推薦入学や AO 入試の導入と引き換えに後期日程（分割比率の少ない日程）を廃止しても良いと読める。東北大学では、後期日程の存廃は各学部の判断に委ねられたが、経済学部と理学部を除く他の学部は次々と後期日程を廃止した。そのうち、文学部、医学部医学科、医学部保健学科、農学部は後期日程の廃止に合わせて AO 入試を導入し、薬学部は従前からの推薦入学Ⅰを AO 入試Ⅲ期に切り替えている。この時点で、東北大学が全学体制で AO 入試に向かっていく流れができた。制度の性質上、ほとんどの受験生は前期日程までに受験する大学を第 1 志望としている。後期日程では入試成績で示される学力は高くとも、必ずしも第 1 志望ではない学生が相当数合格し、入学することになる。すでに昭和 62 年度改革による騒動の記憶は忘却の彼方であったとは言え、こういった判断を下した学部が先行して AO 入試を導入していた学部の実績を成功とみて、先行事例を模して学力重視の東北大学型

AO入試を用いて第1志望の受験生を獲得しようと考えたことは疑いない。

2009（平成21）年度からAO入試II期を導入した文学部をもって、東北大学では全ての学部がAO入試を導入することとなった。さらに、農学部は2014（平成26）年度入試をもって推薦入試（以前の推薦入学I）を廃止し、翌年からAO入試II期に切り替えたことにより、東北大学における主要な入試区分は一般入試とAO入試に整理されることとなって、現在に至っている。

6.3 東北大学における入試の多様化の本質

東北大学の場合、AO入試の拡大という形で徐々に体現されていった入試の多様化につながる問題状況は、学力検査の偏重が原因で引き起こされたわけではない。昭和62年度改革の副作用としてもたらされた志願の地理的流動化によって志望動機の低い学生が急増したことに対するリアクションとみるのが自然である。したがって、その処方箋も学力検査の弊害を除去するということではなく、学力検査中心の一般入試の存在を前提として志望動機の高い学生を惹きつけるための工夫として設計されている。

東北大学を第1志望としてAO入試を受験しても，残念ながら不合格となる受験生も出てくるが、その多くは一般入試で再挑戦して合格し、入学する。実際、東北大学のAO入試は一般入試前期日程試験の個別試験への準備を前提として成り立っている。AO入試で入学してくる学生も、受験勉強をして前期日程試験の準備を行う。その構造によって支えられている。さらに、センター試験を利用しないAO II期においても何らかの筆記試験の形式を課して、その時点での志願者のアカデミックな実力を評価する方式を採用している。高い基礎学力を前提として、志願者の意欲を掻き立てることを目的とした仕組みなのだ。

7. まとめ

昭和62年度改革の理念の眼目は、一言で言えば、受験生の興味関心

第Ⅱ部　高大接続改革は何をもたらすか

に沿った大学選択の実現、「『入れる大学』から『学びたい大学』へ」ということにあった。言い換えるならば、偏差値重視の大学選びからの脱却が目的であった。まさしく、大学側もそのような主体的な進路選択に関しては大いに歓迎するところであろう。学力水準を担保した上でアドミッション・ポリシー、ないしは求める学生像に適う意欲を持った第1志望の学生をどのように確保するかということは、アドミッションの現場では、ますます大切な至上命題となっている。

　問題の基本的な構図は現在でも昭和62年度当時から変わってはいない。その反面、大きく変化したのは大学入試を巡る環境である。当時は受験生にとって有用な大学情報を得るのは難しかったかもしれないが、今は情報が溢れている。情報メディアが大きく進歩しただけではなく、高等学校も大学も高大連携活動に大きなエネルギーを注ぐようになった。

　大学入試それ自体も大きく様変わりした。特に、推薦入試の拡大、AO入試の導入、各種の特別入試の導入により、大学入試の多様化は大いに進んだ。学力検査を中心とした一般入試が「一般入試」の名称に相応しいほどの規模と影響力を持たなくなっていることは周知の事実である。大学進学志望者に対する大学の収容力も拡大し、浪人は年々減っている。それとは裏腹に、大学入試を巡る環境の大きな変化に対応する形で入試に関わる議論の論点やフレームワークは変化してきたのだろうか。十分、検討に値する問題ではないだろうか。

　状況が大きく変化したにも関わらず、どうしても解決されずに残ってしまう問題もある。例えば、高木（2013）、長澤（2013）は、現状において、大手受験産業が提供する「センターリサーチ」が、志願者の出願先の最終動向に多大な影響を及ぼしている状況を示した。たとえ、「自己採点方式」を制度として廃止しても、民間の教育産業が再構成する情報を利用した自己採点は可能である。したがって、どのように工夫してもその結果を利用した合格可能性の見積もりとそれに基づく志願先の検討というプロセスそのものを根絶することは不可能なようである。要は、いつの時代でも自らの関心に照らしながら、大学に関わる情報と合格可

第2章　大学入試改革モデルとしての「東北大学型AO入試」の誕生

能性の双方をどの程度の重みで勘案した上で出願先を決定することは、個々の受験生に課せられた不可避の進路選択プロセスに違いない。そのような実態を踏まえると、偏差値重視の進路選択の原因を自己採点方式に求めたことが正しい認識だったのか、考え直す余地もありそうだ。

　東北大学という一個別大学の立場から見たとき、昭和62年度改革によって新たに惹きつけられた受験生は「学びたい大学」として東北大学を選択したというより、「入れる大学」として選択した者だったように思われる。結果的に昭和62年度改革は極めて強い力で理念とは逆方向に作用した印象が否めない。入試におけるその影響力は東日本大震災という未曽有の大災害よりもはるかに強力であり、個別大学の現場でのあらゆる努力と工夫を一気に吹き飛ばしてしまうほどのものだったと言える。それでも、1990（平成2）年度入試からの分離分割方式と工学部を皮切りにした推薦入学の導入、2000（平成12）年度からのAO入試の導入と拡大といった入試改革が積極的に取り組んできた結果として、東北大学は第1志望の学生を惹きつけることに何とか成功してきた。長い道のりであったが、30年近くたった現在、入試を含む高大接続に対する取り組みは180度違うと言ってよいくらい、大きく変わった。こうした息の長い取り組みは決して目立つものではない。逆に、他者の耳目を引きつつ大見得を切るような短兵急で派手な変革でないからこそ、改革本来の目的に沿わない影響を少しずつ抑え込んでいくことが可能になるのではないだろうか。

　この昭和62年度改革を歴史的な教訓として受け止めるならば、制度改革の前提として、冷静な現状分析のプロセスを経た上での改革理念の吟味と息の長い取り組みが欠かせないと思われる。

【注】
1) 導入初年度は「知能検査」という呼称用いられていた。「進学適性検査」となったのは1948（昭和23）年度からである。
2) 例えば、西堀（1978）は「入学試験の学力検査の程度が、高校新卒者

第Ⅱ部　高大接続改革は何をもたらすか

にとっては難しすぎるからで、これでは浪人をして受験勉強に専念しなければ入学競争に勝つことができない」と述べている。

3) 新制国立大学の入学者選抜において国立大学を2グループに分け、入試日程をずらして一斉に実施する制度。「どの大学を一期校とするか、二期校とするかは大学入学者選抜実施要項の別表で定められ、30年間ほぼ固定されていた。このことから、大学の区分として一期校、二期校の呼称が生まれた。」という（大学入試センター，1992）。

4) 国立大学入試改善特別委員会の中間報告（国立大学入試改善特別委員会，1985）を参考にまとめたものである。

5) 主として黒羽（2001）の記述による。

6) 法学部の定員の一部を「B日程」に割いた。

7) 山田・石塚（1988）によれば、「共通1次全出願者の88.7%が5教科全てを、そして5.5%が一部教科を受験」していた。また、4教科以下を課した大学は国立大学15大学20学部、公立大学12大学18学部に過ぎなかった。

8) 「同一学部の募集定員を前期日程及び後期日程に分け、前期日程の試験を実施し、合格者の発表を行い、入学手続きを行わせた後、更に後期日程の試験を実施し、合格発表と入学手続きを行わせるものをいう。」（大学入試センター，1992）。

9) 大学への出願期間を共通1次実施日の後に設定しつつ「自己採点方式は廃止」という仕組みは、平均点等の「実施結果の概要」が大学入試センターから公表されるタイミングの問題とその位置づけに影響を与えたと思われる。昭和61（1986）年度までは各大学の出願受付開始日前に中間発表が行われた。昭和62（1987）年度からは中間発表が無くなり「平均点等統計数値については、2月初旬の発表」となった（大学入試センター，1992）。なお、平成10(1998)年度入試から得点調整が導入されたが、その決定とともに平均値等統計数値の中間集計結果が公表されるようになり（大学入試センター，1996, 1997）、現在に至っている。

10) ただし、辞退者の定義は「複数の大学・学部に合格しても、その全てを辞退した者、つまり国公立大学への入学そのものを取りやめた者（山田・石塚，1988）」としている。

11) 東日本大震災の発生が2011（平成23）年3月11日であったが、翌3月12日は一般入試後期日程試験の個別試験が予定されていた。結果的に

第 2 章 大学入試改革モデルとしての「東北大学型 AO 入試」の誕生

個別試験は中止となり、センター試験の成績を主たる選抜資料として合否の決定を行わざるを得なくなった。そのため、例年であれば既に入学を希望する大学に合格して試験を欠席する予定だった受験生に対しても合格通知を出さざるを得なかったものと推測している。

【文献】

朝日新聞（2013）.「入試　点数偏重から転換」, 2013（平成 25）年 11 月 1 日朝刊.

中央教育審議会（2014）.『新しい時代にふさわしい高大接続の実現に向けた高等学校教育、大学教育、大学入学者選抜の一体的改革について──すべての若者が夢や目標を芽吹かせ、未来に花開かせるために──（答申）』平成 26 年 12 月 22 日
（http://www.mext.go.jp/b_menu/shingi/chukyo/chukyo0/toushin/__icsFiles/afieldfile/2015/01/14/1354191.pdf, 最終閲覧日 2015［平成 27］年 12 月 30 日）.

大学入試センター（1986）.『'86 大学入試センター』.

大学入試センター（1992）.『'92：大学入試フォーラム──特集：大学入試用語集──』.

大学入試センター（1996）.『1996（平成 8）年度　文部省　大学入試センター要覧』.

大学入試センター（1997）.『1997（平成 9）年度　文部省　大学入試センター要覧』.

岩田弘三（1986）.「国公立大学 2 次試験出願者の地理的選択の範囲に関する分析」『'86：大学入試フォーラム』8, 93-118.

岩田弘三（1987）.「学部系統別にみた受験者の地理的選択の範囲」『'87：大学入試フォーラム』9, 110-135.

岩田弘三（1988）.「志願者の属性別にみた地理的選択の範囲」『'88：大学入試フォーラム』10, 136-167.

岩田弘三・岩坪秀一（1988）.「受験機会の複数化にともなう地理的流動性──昭和 61 年度以前の地理的志願動向とのひかくをとおして──」『大学入試センター研究紀要』17, 29-100.

木村拓也（2012）.「共通第 1 次学力試験の導入の経緯──『日本型大学入学者

選抜の三原則』の帰結として──」東北大学高等教育開発推進センター編『高等学校学習指導要領 VS 大学入試』，東北大学出版会，125-155.

国立大学協会（1988）．『昭和 64 年度入試について』．

国立大学協会（1993）．『国立大学の入学者選抜における現行の『連続方式』と『分離分割方式』の統合について』．

国立大学協会（2003）．『平成 18 年度入試にかかる分離分割方式の改善について』．

国立大学協会入試改善特別委員会（1985）．『入試改善特別委員会中間報告』．

国立大学協会入試改善特別委員会（1986）．『共通第 1 次学力試験のあり方をめぐって』．

国立大学協会入試改善特別委員会（1987）．『国立大学協会入試改善特別委員会報告』．

国立大学入学者選抜研究連絡協議会（2002）．「AO 入試の現在」国立大学入学者選抜研究連絡協議会編『大学入試研究の動向』20，1-36.

倉元直樹（2012）．「大学入試制度の変更に伴うスケジュール問題の構造」東北大学高等教育開発推進センター編『高等学校学習指導要領 VS 大学入試』，東北大学出版会，53-89.

黒羽亮一（2001）．『新版　戦後大学政策の展開』玉川大学出版部．

教育再生実行会議（2013）．『高等学校教育と大学教育の接続・大学入学者選抜の在り方について（第四次提言）』平成 25 年 10 月 31 日（http://www.kantei.go.jp/jp/singi/kyouikusaisei/pdf/dai4_1.pdf，最終閲覧日 2015［平成 27］年 12 月 30 日）．

文部省（1992）．『学制百二十年史』ぎょうせい．

長澤武（2013）．「変わりゆく教育環境の中で，問われる大学入試」，東北大学高等教育開発推進センター編『大学入試と高校現場──進学指導の教育的意義──』，東北大学出版会，189-225.

西堀道雄（1978）．「入試に関する教育心理学的諸問題　I 大学入試」『教育心理学年報』17，117-163.

臨時教育審議会（1985）．『教育改革に関する第 1 次答申』．

高木繁（2013）．「センターリサーチと個別試験受験者の成績分布から見た輪切りの実態」『大学入試研究ジャーナル』23，51-56.

山田文康・石塚智一（1988）．「国公立大学受験機会複数化のもとでの受験者の行動」『大学入試センター研究紀要』17，1-27.

第 2 章　大学入試改革モデルとしての「東北大学型 AO 入試」の誕生

【付記】

　本稿は、「倉元直樹（2014）．大学入試制度の変更は何をもたらしたのか？
──昭和 62 年度改革の事例──，大学入試研究ジャーナル，No.24, 81-89.」に
大幅に加筆修正を加えたものである。

第Ⅲ部

高大接続改革の行方

第 1 章　討議

　本章は、平成 27（2015）年 5 月 15 日に開催された「第 22 回東北大学
高等教育フォーラム」の討議（ディスカッション）の中から、本書に関
係が深いと思われる部分を編者（倉元）の責任において抜粋、再構成し
たものである。詳しくは、同フォーラムの報告書（東北大学高度教養教
育・学生支援機構，2015）をご参照いただきたい。なお、本章ではシン
ポジウムの臨場感と読みやすさとを両立させるために、原則として質問
とそれに対する回答という形式に統一して記述することとした。

1. 大学入試改革の前提と現在の改革への疑問

　質問・意見概要
　(1)　講演の補足
　(2)　高大接続答申の不透明さに関わる論点

1.1　学問分野の多様性と高大接続の在り方（土井真一［京都大学］回答概要）

　高校までの学習成果が大学教育にどのように関わるかという点につい
て補足したい。

　例えば、私が所属する法学部に関して言えば、学生は高校で法律学を
基礎から体系的に学習しているわけではない。民法や刑法などの法律は、
大学入学後に法学部で初めて学ぶ学生がほとんどである。

　確かに、世界史や日本史、特に近代以降の歴史知識は法律学の基礎と
なるが、高校までで学んだ数学や理科などの科目の知識を直接使って法
律学を学ぶわけではない。法律学の知識は大学で新たに学ぶ必要がある
のであって、知識の習得という観点から見る限り、高校と大学の間は不
連続である。

第Ⅲ部　高大接続改革の行方

　その意味で、法学部にとっては、大学入試における学力検査は、高校教育までに身に付けたコンピテンシーを見るという面が大きいと言える。数学も覚えた公式自体が重要ではなく、論理的思考ができることが重視されるし、理科でもデータから事実や法則を読み取れるかどうかを確認するという側面が強い。

　一方、自然科学の分野では、高校までで学習する数学の知識・技能は基礎であって、これを理解していなければ、大学に入学しても学習についていけない。また、高校までの理科の知識がなければ、大学での学習が成り立たない学問分野も存在している。

　このように考えると、今回の高大接続改革では、知識・技能とコンピテンシーのバランスが焦点となっているが、そのバランスの取り方は学問分野によって事情が異なるのではないか。講演では「多様な多様化」という言葉を使った。それぞれの大学あるいは学問分野における教育上の必要性に応じてどの能力をどれほど要求するかが異なるのであるから、一律にこうあるべきと大上段に振りかざすのは、大学にとっても高校にとっても不幸ではないか。こうした点を詰めない限り、共通テストと個別学力検査でどのような能力・資質を測るのかを決めることができない。具体的に制度を考えていかないといけないゆえんである。

　さらに、学問分野に加えて、大学によって学部卒業後の進路も異なるのであるから、そのあたりを踏まえて、多様化、多元化の具体的在り方を考えていくべきである。

1.2　エビデンスに基づく改革の必要性（川嶋太津夫［大阪大学］回答概要）

　印象論になるかもしれないが、以下について言及しておきたい。
今回の答申が出てくる範囲に、一体どれだけのエビデンスがあるのかが不明確である。すなわち、現在の入試制度の何がどの程度不都合なのか、ということについて検証がなされないまま、印象論で答申が作られたきらいが非常に強い。

第1章　討議

　過去何年間か、大学入試改革が必要だと指摘され、中教審でワーキンググループを作って議論がなされてきた。そして、答申「学士課程教育の構築に向けて（中央教育審議会, 2008）」の中で「高大接続テスト（仮称）」の開発が必要だと指摘され、それを受けて北大（当時）の佐々木先生を中心とした調査研究を行われた。しかし、今回の答申（中央教育審議会, 2014）については、従来の入試制度の実証的検討がほとんどなされないまま、向かうべき方向だけが全面に出てきているという印象を非常に強く持っている。東北大学をはじめ、各大学は入試については個々に分析を行っているはずである。そこで、求める学生が獲得できているか否かということの確認が行われているはずである。全国で各大学がそのようなデータを保有しているにもかかわらず、検証データがほとんど活用されることないままに大きな方向性、目標だけが出てきたという感が否めない。

　答申（中央教育審議会, 2014）の資料として工程表が提示されている。大学、受験生、高校関係者、国民にとって一番重要な点については、工程表で示されたようなスケジュールで今後検討するという方針である。二つのテスト（大学進学希望者学力評価テスト［仮称］、高等学校基礎学力テスト［仮称］）の具体的な内容については答申後に検討するという内容である。具体的提案が不在のまま、スケジュールが提示されていることに対しては、違和感、不透明さを感じざるをえない。フィージビリティ（実行可能性）については、多くの方が疑念や不満を持っているだろう。個人的には、物事の進め方の順序が逆になっているのではないかと感じた次第である。

　新しい会議（高大接続システム改革会議）で鋭意検討中とのことだが、不透明な状況で個別大学がどのように入試改革を進めて行くべきか、不安感が強いであろう。しかし、そうは言っても、大学というところは、従来は分からなかった課題に果敢に挑戦して解を求めていくという学問の府である。分からないと言っているばかりでも能がない。これからどうすれば日本の教育が良くなるのか、国立大学、公立大学、私立大学全

第Ⅲ部　高大接続改革の行方

体で英知を集めて解を見つけていく努力には即座に取り掛かる必要があると感じている。

1.3　大学の研究能力への悪影響の懸念（浜田伸一［福島県立福島高等学校］回答概要）

具体的な改革案が見えないので、不安でしかあり得ず、課題となり得ていないところが大きいと感じる。大学、高校が意見を言う場を設定してもらえるとありがたい。

大学の先生に質問するとすれば、昨今のグローバル人材の育成のために様々なプログラムを準備して協力を仰いでいる。さらに入試改革への対応となると、負担が重く、本来の研究などに支障がないのか、と心配になる。グローバル化、あるいは、教育格差解消のための改革が逆に教育格差につながってしまう懸念を覚える。グローバル人材育成の負担が大学の研究力を劣化させて、グローバル化の中の一番根幹になる研究力を阻害するのではないか。そう高校側から心配するのは見当外れなのだろうか。

1.4　大学入試の実情への無理解（倉元直樹［東北大学］回答概要）

少々不謹慎な話をさせていただきたい。

中教審の議論を紹介する講演会に出席していた時の出来事である。講演中に講演者の携帯がけたたましく鳴動した。フロアで見ていて思ったのは「仮にこれが大学入試の試験監督であれば、相当にまずい状況になるだろう」ということである。

実際に試験を実施しているときに携帯が鳴動した場合、どの程度解答に悪影響をもたらすのか、検証を試みたデータは存在しないと思われる。おそらく、普通の受験生であれば、さほど気にしないのではないだろうか。しかしながら、中には自宅に帰ってから保護者に「今日の試験はどうだった？」と聞かれて「そう言えば、試験監督の携帯が鳴ってうるさかった」と話す受験生が出てくる可能性もある。保護者はわが子が少し

でも不利に扱われる事柄については黙ってはいられない。中には、試験場に電話をかけ、大変な剣幕で文句を言う方もいるかもしれない。それを話題としてメディアが取り上げたりとすれば、大変である。試験を実施した側は事後処理に追われることになる。その結果、全国一律、「携帯電話は凶器にも等しいものだから、試験場には持ち込むな」ということになる。そういった事情は高校入試でも同じではないだろうかと感じる。

答申（中央教育審議会, 2015）の8ページに以下のようなくだりがある。

画一的な一斉試験で正答に関する知識の再生を一点刻みに問い、その結果の点数のみに依拠した選抜を行うことが公平であるとする、「公平性」の観念という桎梏は断ち切らなければならない。
（中央教育審議会，2015，p.8 より）

誰もが疑問に感じながら何故やめられないのかというと、受験生本人もそうなのだが、それ以上に親が皆、「自分の子どもがかわいい」と感じている事情がある。中には「自分の子どもに少しでも不利益になる事柄は断じて許せない」という向きも出てくる。結果的に全てのバランスを取ろうとすると、試験の現場では細部まで神経を使って一律に斉一かつ公平な条件を保たなければならなくなる。そういった現場の事情に理解を求めたい。

もう一つ、不謹慎なことを付け加えてみたい。先ほどの記述は、昨年の「高大接続答申（中央教育審議会, 2014）」のものだろうか？　それとも、2000（平成12）年に出た「大学審答申（大学審議会, 2000）」のものだろうか？　それとも、1985（昭和60）年の「臨教審第1時答申（臨時教育審議会，1985）」だろうか？　あるいは、1971（昭和46）年の「46答申（中央教育審議会,1971）」だろうか？　例えば、こんな試験問題を作ったとすれば、知識の多寡を問う質問にしかならないかもしれないが、かなりの難問になるだろう。状況が変わっても、物の捉え方、大学入試に対する批判の仕方が全く昔から変わってないように思えるのだ。戦前、

第Ⅲ部　高大接続改革の行方

記述式の学力検査が受験準備を助長するので、いわゆる客観式の知能テストのような試験を導入するべきであると主張した心理学者がいた。記述式、客観式について、今では全く逆のことが言われるだろう。しかし、結論が正反対であるのにもかかわらず、使われているロジックはそっくり同じように見える。

　答申に書かれている理想は、非の打ちどころがない。表紙にも「すべての若者が夢や目標を芽吹かせ、未来に花開かせるために」とある。誰にも反対できないことだ。ただ、その中身にどのような意味があるのか。改革を具体化したとき、現実に何が起こるのか。そこに焦点を絞って考えた方が良いのではないかと感じている。

2. 大学入試の不易と流行

質問・意見概要

（1）大学入試において変わるべきもの

（2）大学入試において変わるべきではないもの

2.1　知識量の限界効用（土井真一［京都大学］回答概要）

　今回の高大接続改革では、学力の中で、知識・技能をどの程度重視するかという点が問題となっている。私自身は、知識・技能は大切だと考えている。確かに、考える力は大切だが、人は考える対象を欠いた真空状態で考えるわけではない。言葉や概念、知識を使って考えるのである。知識・技能を抜きにして、具体的に何か考えることはできない。その意味で、学力は「知識・技能から活用・探究へ」と転換するわけではなくて、「知識・技能に加えて活用や探究も」というかたちにならざるを得ない。

　しかしながら、高校生の一日の時間が 24 時間であることにも変わりがないから、あらゆることを積み足していくわけにはいかない。そこで、そのバランスをどうするかが問題となる。

　経済学で限界効用という概念が使われ、限界効用逓減の原則が説かれている。私は知識の量もそれに類するのではないかと考えている。全然

知らない状態から少しでも知るようになった時の効用は大きい。しかし、一定の知識量の上にさらに細かな知識の習得が問題になると、その知識量が増えてもさほど効用が上がらない事態が生じるのだろう。それは知っていてもよいが、知らなくてもたいして変わらなくなる事態である。そうであるならば、そのような細かな知識の習得に時間をかけさせるよりは、他の能力を磨いてもらった方が良い。それはその通りなのだろう。ただし、どの程度の知識が必要かは各学問分野により、また、生徒や学生の学力によっても異なるので、実際の制度設計に当たっては個別に考える必要がある。

　どのような場合であっても、改革を実施する際には現状を悪いと評価しなければ改革にはつながらない。そこで、どうしても現状を厳しく批判することになりがちである。しかし、それは現実を必ずしも冷静に分析したものではない。

　長所と短所は表裏一体だということが私の持論である。例えば、元気な子どもは明るくて陽気だが、場合によっては思慮が浅いところがあるかもしれない。それに対して、慎重な子どもは、もっと思い切りの良い方が望ましいと思われるところもあるが、いざという時にはしっかり粘り強くやってくれることもある。その意味で、長所と短所は表裏一体なのである。したがって、短所を全部消し去ろうとすると、同時に長所も消えてしまう。結局、両者のバランスをどう保つかが課題なのである。私自身も中央教育審議会高大接続特別部会に参画したが、基本的には慎重で漸進主義的な姿勢であった。しかし、この答申には「従来から入試改革が必須だと言われてきたにもかかわらずなかなか進まなかったので、少しでも強い打ち出し方をして、これを進める空気を作ろう」とする側面があったと感じる。そういった政治的な判断も加わり、このような強い調子になったのだろうと推察される。

　この答申（中央教育審議会，2014）には最終的にどのような方向を目指すべきかという理念と、それに向けてどう進むべきかという具体策が整理されずに、渾然一体として書かれているきらいがある。最終的にこ

第Ⅲ部　高大接続改革の行方

のような方向を目指すべきだとしても、現実的にはどう進めるのか、最初にどこから始めるのがよいのか、といった点を詰めないと、絵に描いた餅になるのではないかと懸念している。

2.2　日米の入試改革の方向性（川嶋太津夫［大阪大学］回答概要）

不易流行の議論で一番重要なのは、入試というよりは高校教育と大学教育がポイントなのであって、入試はそれほど前面に出てくるような政策課題ではないのではないか、というのが私の考え方である。

現状のように 800 近くの大学の中のさらに学部ごとに、毎年何百問という問題作成をしても、定員を埋められる大学はともかく、埋められない大学は徒労感に襲われている。そういう点の省力化で共通テストは意味を持つと思う。ただ、共通テストとして今のセンター試験がふさわしくないかということについては、エビデンスが十分示されていない。

むしろ、答申（中央教育審議会, 2015）の 10 ページに書かれているように、入試における評価を変えれば高校教育と大学教育のあり方が変わる、逆流効果[1] が重要だから、入試を変える、という指摘がある。しかし、入試を変えなくても教育自体を変えていくことは可能だ。現に、福島高校の事例にもあるように、教育の中身は変わってきている。

高校と大学の教育改革の責任を全て大学入試に負わせるには無理がある。教育という観点をまず考え、それに対してどのような入試をするのか、といった思考様式が重要である。

また、入試は入試制度だけの問題ではない。国大協の「平成 22 年度以降の入試のあり方について（社団法人国立大学協会入試委員会, 2007）」の基本方針の中での課題として四つ挙げられていた[2] が、定員の柔軟化や学年暦の変更で入試も変わり、教育も変わる。

入試改革については、日本だけではなく、世界中の様々な国が悩みを抱えている。アメリカ合衆国では、共通テストとして ACT と SAT が存在している。ACT はカリキュラム準拠の試験である。米国は州によってカリキュラムが異なるが、比較的、高校教育の教科ベースの出題をして

いる。それに対して、SAT はどちらかと言えばジェネリックな思考力を見る志向を持つ。ところが、2016 年度の入試では、SAT は内容を変えて高校のカリキュラムに準拠した形のテストの内容に変えていくと言われている。背景には、ACT にシェアを奪われているということもあるが、SAT の得点よりも、高校の成績と大学入学後の成績の相関が高いことが明らかになっているからだ。入試改革における日米の提案を比較すると、日本の方向性はどう評価できるのだろうか。太平洋をはさんでアメリカは日本の真似をする。逆に、日本がアメリカの真似をする。そういう形でお互いの改革を進めてきている。その観点からも、本当に今回の改革が何年後かの歴史家の評価に耐えられるかどうか。もう少し慎重に議論すべきだろう。

3. 高校における教育改革の実情とその評価

質問・意見概要
⑴高校教育における新しい取り組みと問題点
⑵大学入試における教科以外の活動の評価
⑶高校教育の現状に対する大学側の評価

3.1 福島県立福島高等学校の実践とその目的（浜田伸一［福島県立福島高等学校］回答概要）

リベラル・ゼミは授業以外のところで放課後に実施しているので、教育課程の中に特別位置付けているものではない。3 週間前頃に生徒に周知して自発的に参加票を提出させる。進路指導部主催なので、進路室に持参させる。講師や専門分野によって参加者数が異なるが、20 ～ 60 名程度が参加し、幅広い分野のゼミを実施している[3]。

大学で評価してほしいということで始めたわけではない。主たる目的は様々な分野の学びをすることで、知識ではなく、それを実際に活用できる、生きていく知恵にしてほしいということで始めた。さらに、ただ講義を聴くだけではなくて、講師との対話や終了後の生徒同士の意見交

第Ⅲ部　高大接続改革の行方

換を通してコミュニケーション能力を育てるという目的である。その結果は AO 入試や推薦入試の面接の中で生かされるとは思う。しかし、それ以上に学んだことがモティベーションになって、各教科の学習により意欲的に取り組んでくれればばよい。それが基本姿勢である。

　進路指導部では全校生や各学年を対象にする時間は総合的な学習の中で取り入れている。一斉に聞いて最後に質疑応答で終わるものと、少人数でしかも自分から積極的に参加した生徒が集まって、学年を越えて意見を述べ合う機会は異なる効果がある。リベラル・ゼミは限られた生徒が対象のために他の生徒が講演会やキャリア体験に関わる話を聴けないということではない。全体行事とは識別された企画と考えていただきたい。

3.2　高校での活動を大学入試でどの程度評価すべきか（倉元直樹［東北大学］回答概要）

「評価が行動を変える」ということについて大学入試が標的にされがちだが、実際には大人がやっていることである。大人が評価に合わせて行動を変えている。子どもたちは、いつも入試だけに縛られて活動しているわけではない。

　様々な時間の使い方がある。時間の自己管理ができている生徒、できていない生徒、とにかく「がり勉」というスタイルで勉強だけする生徒もいるだろう。要は「これこれを大学入試で評価の対象にする」と言った瞬間にその活動を行うモティベーションが変化し、活動の目的も変化してしまうことが問題なのである。行為の意味が変わってしまうと折角の学びの楽しみを奪ってしまうことにもなりかねない。そこまで考えると、大学入試で「何」を「どこまで」「どう」評価すべきか、ということは極めて大切な判断になる。

　一般入試の個別試験は、高校生の思考力、知識の活用力については、相当程度、測れていると考えている。全ての大学でそこまで力を入れて入試問題を作ることはできないという指摘はよく理解できる。しかし、少なくとも東北大学では、作題担当者は相当程度、そういうことを意識

第1章　討議

して取り組んできた。それは伝統的な日本の入試のやり方の長所と言えるだろう。一律に「知識の多寡を競う」と言われているが、例えば、センター試験の問題等を見ると、かなりの程度、思考力まで踏み込んで測っているような教科科目もある。一方、「これでは単なる連想ゲームではないか」と思うような出題形式になっている教科科目もあるように思う。後者の方だけ取り上げられて「暗記中心の〇×式」というような認識で全体が非難されている。

　また、私の回答の前提には「大学入試で全ての能力を測ろうとする必要があるのか」という疑問もある。ただ、AO 入試を含めて考えると、子どもたちの意識はある程度はそこに向いていく。つまり単に「試験問題を解ければいい」というだけではない、いわゆる主体性・協働性・多様性といったところにまで意識が向いて学習してくれるという意味で、多面的な選抜方法を工夫できると教育効果は大きい。

　それでも「高校教育が変わるのだから、それを全て入試で測らなければいけない」という考え方は、逆に言えば、せっかく良い方向に伸びかけている芽を反転させ、変質させてしまう危険性がある。そういう観点から見ると、現在の入試制度は可能な範囲でそこそこ良いレベルまでたどり着いているのではないかと思う。

　その中で、特に AO 入試においては多面的な評価が積極的に取り入れられている。面接試験も実施するし、活動報告書や志願理由書を書かせる。なお、東北大学の AO 入試では、「事前に提出させる書類には誰の手が入っているか分からない」という前提で評価がなされているが、基本的にほとんどの志願者はそれに真面目に向かい合ってくれる。方法論的な限界もあるので、一部を除いて、面接試験ではさほど凝ったことをやらないのが主流である。普通に自分のことばで話すことができる受験生であれば、それなりの評価がなされる。

　実は、合否の決定要因を客観的に示すデータと受験生の認識には食い違いがある。受験生は志願理由書と面接が合否の決め手と思いがちだが、実際は必ずしもそうではない。したがって、どうやって凝った面接を工

第III部　高大接続改革の行方

夫するか、受験生を見抜くか、といった姿勢よりも、面接試験を課すこと自体で高校生に対する教育効果がもたらされることが、多面的評価の意義なのではないかと考える次第である。

3.3　高校の多様性（土井真一［京都大学］回答概要）

　私は滋賀県で教育委員を務めているので、高校の視察等にも行き、現場の教員の話を聞く機会もある。高校の先生方は本当に大変だというのが実感で、それぞれに一生懸命取り組んでおられることは承知している。

　高校生は学力においても生活環境においても多様である。したがって、高校をどう思うかとひと括りに聞かれても、一言で答えるのは非常に難しい。それぞれの学校、個々の生徒に応じて課題があるのだろう。

　例えば、私が勤めている京都大学に多くの生徒が進学するような、いわゆる進学校の教育について言えば、公立と私立の違いが目立つと感じている。例えば、学習指導要領を変えて、新しい方向に教育を進めていきたいとする。公立学校においては、教育委員会からの指導もあり、その方向に合わせた教育を行う努力をする。しかし、学習指導要領が変わろうと、まったく教育の在り方が変わらない学校もある。大学入試に向けて一丸となって取り組む学校。京都大学の場合、そういう学校から進学してきている学生も相当数いる。もちろん、そういう学生のすべてが問題を抱えているわけではない。非常に魅力的な学生も多くいる。ただ、そうした学生を見ていると、それだけの資質があるなら、知識を細かく覚えて問題を繰り返し解くよりも、もっと他の能力を伸ばす方がよいのではないか、と思う学生がいるのも確かである。

　逆に、京都大学でも、もう少し知識をしっかり身に付けた方がよいのではないかと感じる学生もいる。やはり、本学にも少子化の影響が及んでいるのかもしれない。少子化が進んでいるにもかかわらず、入学定員はそれほど減らしていないために、かつてに比べると学力の開きが出ているのではないか。

　このように、入学してくる学生も多様化してきているので、各高校で

128

どこに力を入れていただくべきかについても、一概には言えなくなってきている。やはり、知識・技能の部分をしっかり習得させてほしいと思う学校も、逆に、もっと別のことに時間を使ってもらった方が良いと思う学校もある。一概に今の高校教育がどうか、評価しにくいのが現実である。

3.4　高校教育に求められる水準（川嶋太津夫［大阪大学］回答概要）

　私は中央教育審議会高校教育部会に参加していた。高校の多様性は土井教授が述べた通りである。高校教育部会ができた理由は、高等学校も高校生も学んでいる内容が極めて多様化していることにある。果たしてこれで日本の高校教育はよろしいのか、というような問題提起から高校教育部会が発足したのであろう。

　周知のとおり、高校入学の資格についても、かつては高等学校の教育課程がきちんと理解できる、という適格主義で決めていた。それが個別適格主義、高校の判断で入学者を決めてよい、と変わった。そこから、より一層多様化が進んだという事情がある。その中で、本当に色々な高校生がいる。

　これからの 21 世紀の社会では、社会人として生きていくにはある一定程度の学力、能力は必要である。学力の定義も問題だが、三つの学力要素、すなわち、知識・技能、思考力・判断力・表現力、意欲・態度を、最低限学んでいくべきだ。高校教育部会での議論が始まり、最終的に高校教育にコアを定めて、客観的に測定できるものは高等学校基礎学力テストで測定、確認することになったわけだ。このテストで、できていない部分をもっと頑張って勉強して、できるようにしよう、そういう方針で最終まとめが出来た。

　高校教育部会の方向性は、ある程度の共通能力を全ての高校生に身に付けさせて、社会に出してほしいということになる。一定以上の能力を身につけさせることは益々重要になるが、そういう状況は達成できていない。それが現状の高校教育に対する関係者の認識だろうと考えている。

第Ⅲ部　高大接続改革の行方

3.5　高校教育への評価（倉元直樹［東北大学］回答概要）

高校で実践されていることの評価について述べる前に、高校教員に聞きたい。この答申（中央教育審議会，2014）の前提となっている構図には、知識とその活用力、主体的に取り組む態度が、小中学校ではかなり改善されている、それなのに高校教育は変わっていない、との見方がある。そのことについてどう感じているのだろう。高校に入る生徒に対する実感として、そういう「自ら主体的に学ぶ」ことができる「確かな学力」を身につけた生徒が最近はどんどん入学してくるようになったのに、高校でそれが発揮できないとすれば、それこそ高校教育が悪いのだろうと思う。しかし、真実はどうなのだろうか。本来は高校教員がそれを評価する立場の評価者であるべきだろう。

そういう捉えられ方を前提条件として現状を見たとき、個別には事情があったとしても、その事情は斟酌できると思うことが多い。大学側の立場として、多少、望ましくないと思うようなことでも、そう感じる。私は基本的に高校に対してはおおむね同情的な見方をしている。相当に頑張っているように感じる。

もう一つ、都会と地方では全然リソースが違うということもある。福島高校の例にみられるように、地方では何もないところで全てを高校が抱えて行かなければならない事情がある。

4.　新テストの展望

質問・意見概要

(1)　大学側の入試改革の工程表

(2)　新テストにどのように対応するか

(3)　センター試験、個別試験で担保してきた学力保証の問題

4.1　新テストのイメージ（土井真一［京都大学］回答概要）

内容として新しい方向性が示されているのは大学入学希望者学力評価テスト（仮称）である。具体的には、思考力・判断力・表現力をどう評

価するのか、あるいは、合教科・合科目型、総合型試験をどうするのか
という点が問題になろう。

　合教科・合科目型、総合型のイメージは、中教審高大接続特別部会の
ホームページ等を参照すれば、これまでの個別試験の問題例が示され
ている。ただ、現実に実施するには難しい問題がある。例えば、しっか
りとした検討・準備を行わなければ、そうした出題が非常に形式的にな
る危険がある。センター試験の地歴・公民の試験問題を見ると、最初に
リード文という長い文章があり、そこに下線部を引いて小問を作成する
という出題形式となっている。リード文は一つのまとまりのある文章だ
が、問1では、その文章の下線部に関連して数学の出題、問2は地歴・
公民、問3は英語、という形となるだろう。確かに一つの大問の中に
色々な教科・科目の問題が出ているので、これを合教科・合科目型試験
と言えないわけではない。しかし、結果として小問は数学の問題であり、
地歴・公民の問題であり、英語の問題なのであるから、なぜこれを一つ
にまとめる必要があるのかという疑問が提起されよう。もしこれでは合
教科・合科目型の試験として不十分だとすれば、今度は本格的な融合問
題を作成しなければならず、これは作題にかなりの工夫が必要である。

　とはいえ、今までセンター試験等では、例えば数学の問題で物理に
関わる出題をしようとすると、選択科目で物理を履修している受験生に
有利ではないか、生物を選択している受験生が解けないのではないかと
いった問題があった。そのため、他の科目関する知識を前提としない出
題をしてきた。しかし、それはあまりに硬すぎるので、必履修科目に関す
る知識であれば、もう少し幅広い出題をしてもよいのではないか、ここま
では高大接続特別部会の委員の間でほぼ共通理解があったと思われる。

　他方、それを超えて科目を全く新しく組み替えて合教科・科目型あ
るいは総合型の試験科目にする点については、委員間でかなりの温度差
があったと思われる。一方には、最初から合教科・合科目型あるいは総
合型での科目編成は難しいので、教科型試験の中にそうした問題をいく
つか取り入れて正答率がどうなるかを確認し、どのような能力を評価

第Ⅲ部　高大接続改革の行方

できるか検証した上で、有効性が確認されれば次のステップに進むべき
だ、という「漸進派」がいた。それに対して、一挙に変えなければ結局
何も変わらないという「急進派」もあり、今回の答申（中央教育審議会,
2014）はそれを折衷した形となった。

　次に、思考力・判断力・表現力等を問う試験についてもイメージは
様々である。おそらく、全国学力・学習状況調査のB問題がこの議論の
ベースにあると思う。元はPISAに由来するもので、知識をあまり必要
とせず、様々な資料を見ながら応用的に物事を考えさせる出題になって
いる。とくに、中学3年生向けのB問題を見てもらうと、イメージしや
すいかもしれない。

　ただ、研究型大学から見れば、これを持って総合力だとか、応用力だ
とか言うのは、不十分ではないかと感じる向きもあろう。これもまた、
委員によってイメージが違っていたのではないかと思う。

4.2　知識・技能の測定に関わる疑問（川嶋太津夫［大阪大学］回答概要）

　土井教授が挙げた例は、答申（中央教育審議会, 2014）の資料の後の
方に紹介されている。思考力・判断力・表現力を評価する調査問題の例
で、参考でこれまで行われてきたテストの例が書いてある。イメージに
ついて漠然としか分からないが。

　国立大学協会が高大接続特別委員会で意見表明をした資料がある（国
立大学協会, 2014）。大学進学希望者学力評価テスト（仮称）には不安
を表明している。土井教授の話にもあったが、全体の仕組みとして、一
定の知識・技能が身に付いていることを前提として、確認できた上での
思考力・判断力・表現力の測定なので、そういう組み合わせのテストが
できるかどうかが、今後、各大学が採用できるか否かの分かれ目になる。
特に国立大学にとっては非常に大きな分かれ目になる。答申では個別試
験を妨げないということになっているので、中途半端なものではむしろ
個別試験を重視することになる。あるいは、英国のように、ある一定の
大学のグループが、さらに特定分野の学力を見るような共通試験を作る

ことになるかもしれない。

　検討が先行していると言われている高等学校基礎学力テスト（仮称）は教科ベースで、必履修科目3科目（国語、数学、英語）で始まり、さらにいくつかの社会や理科の科目も加わってくるのであろうが、かなりのレベルの幅で作ることになっている。そちらがかなりの教科科目で難易度が高いところまで測定できるようになれば、大学進学希望者学力評価テスト（仮称）よりは使いやすいものになるかもしれない。いずれにせよ、現状では憶測でしかものを言えないのが、正直なところである。

4.3　新テストに対する不安（浜田伸一［福島県立福島高等学校］回答概要）

　知識・技能を重んずる試験から、思考力・判断力・表現力へと移行ということについて、新テストが知識・技能を軽んじる訳ではないことは理解できる。理解はできるが、先ほどの土井教授の話にも有ったようにバランスが大事だし、学習指導要領の中のどこまでを押さえるべきか、戸惑いがある。現行のセンター対策や入試対策レベルで言うと、現在の新学習指導要領の下では理科が非常に重くなっている。特に生物は従来以上に内容が盛りだくさんだという印象を持った。その中で我々は課外も増やし、やりくりしながら演習量を減らさないように工夫しなければならない。

　今度は、知識・技能の定着に加えてそれを活用する力を求められることになるとかなり大変で、知識の方が抜けてしまう心配がある。学習指導要領の学習内容の精選も必要と思う。また、どこまでが知識で、どこまでが思考力・判断力かは、はっきりしていない部分がある。思考力・判断力を養成するにはたくさんの知識や情報が必要になる。そういった知識を活用するという意味では、どのような問題を作ってどう評価するのか、疑問である。形だけ総合問題や小論文形式にしたからといって、表現力や思考力が問えるとも言えないのではないだろうか。

　私は国語教員だが、東北大の国語の問題は非常に良いと感じる。京都大学のたくさん書かせる問題、大阪大学の問題も同様だ。東北大学の問

第Ⅲ部　高大接続改革の行方

題では字数制限を設けてその中で説明を求めることで、思考力、判断力、表現力が問われている。今のテストが思考力、判断力、表現力を評価していないという見方には違和感を覚える。今はそのテストに向けて対応しているが、何年か後から変わった場合、変化の落差が大きいと受験生も教員も困るだろう。今のセンター試験や大学の個別試験も少しずつ変化しなければ矛盾が出てくるだろうと感じている。

4.4　テスト学から見た懸念（倉元直樹［東北大学］回答概要）

　テストが測る能力に関しては、提言されているような総合問題に関するテーマで、私自身も中心的に関わって 20 年ほど前にすでに実証研究を行った例が存在している（平，1999，大学入試センター研究開発部，1999，倉元，2000，倉元・柳井，2001）。土井教授が言及されたような形式のものである。「国語」と「理科」を組み合わせるなど、斬新な問題を何十題か作成して、数百人規模のモニター調査を実施した。受験生に「何を測っていると思うか」という質問をした結果、その回答結果は圧倒的に「知識・教養」であった。だから、本当に画期的な、私が考えた程度のものをはるかに凌駕する素晴らしい出題がなされることが前提となって検討が進んでいると信じたい。そうでなければ、結局は知識問題を超えることはないだろう。

　いわゆる IRT（項目反応理論）と呼ばれるものに関しては、かなり誤解がある。IRT の下では、一度受験者の目に触れた問題を繰り返し出題することになる。それは受験勉強を徹底的に変えるだろう。受験生は問題を丸暗記して、答も丸暗記するようになるだろうと予想できる。

　全国学力・学習状況調査の B 問題については「受験勉強をして、点数が上がらないものでしょうか」ということは問うてみたい。

　質問されたことに関する回答はこのぐらいにして、質問されていないことに関する懸念にも触れさせてほしい。

　複数回実施がどのように実施されるかは決定的な問題である。一つは大学側の問題である。現在のセンター試験のような実施体制を年に何度

も大学が組まされることになると、大学は持たない。東北大の AO 入試に教員が協力するのは、自分のところに来る学生を選ぶからである。どこに進学するか分からない受験生の面倒を見なければならないあの辛い業務を何回も課せられることになる。それを大学側が受け入れられるかは疑問だ。

受験料の問題も指摘しておきたい。経済的に恵まれない家庭の子弟はどうなるのか。今でも、彼らにとって受験料は安価なものではないだろう。

実施の時期も大問題だ。もしも、年中実施される試験を京都大学、大阪大学、東北大学が真剣に利用するとなれば、高校生は年中テスト勉強に追われなければならない。それは非常に心配な点である。

現場の懸念を越える素晴らしいアイデアがあると信じたい、そういった点が十分に検討されていなければ大いに不安を感じる。

5. 主体性・協働性・多様性の評価

質問・意見概要

(1) 大学志願者の全てが全ての学力要素の評価対象になるのか

(2) 個別試験の役割について

5.1 対象となる受験生の範囲（土井真一［京都大学］回答概要）

高大接続特別部会の部会長[4] は全ての受験生を対象にするようにしたいと考えておられたと思う。それは強いご意向で、この点を審議した際にはかなりの議論となった。

私は、一貫して全ての受験生を対象とするのは難しいと言い続けた。例えば、合教科・合科目型の試験にしろ、思考力・判断力・表現力の試験の工夫にしろ、本格的にしようとするならば有力大学が個別試験でまず試みるのが最善だからである。そこで一定の成果が出て、それをどう広げるかという議論を立てるべきである。それにもかかわらず、個別学力試験を廃止して一斉テストで一度も実施したことがないことを試みるのは無理がある。多元的な多元化が必要であるし、個別試験における学

第III部　高大接続改革の行方

力検査も今のままでよいとは言わないけれども、まずは工夫すべきことを工夫する必要があるということを申し上げた。

　様々な意見が組み合わされながら答申（中央教育審議会，2014）が取りまとめられているので、どちらとも読めるような箇所やわかりにくい箇所がある。そのような点は高大接続システム改革会議が検討を引き継いでいるので、今後、どういう形で結論が出ていくかを注視する必要がある。

　答申全体としては、部会長のご意向がかなり強く出ており、できるだけ、一斉に実施したいというトーンになっている印象を受ける。しかし、そのようにしか答申が読めないかといえば、個別学力試験をしても良いという表現も入っており、今後の議論の動向に委ねられている余地はかなりある。現段階で、画一的に理解するのはどうかと思う。

5.2　これからの議論（川嶋太津夫［大阪大学］回答概要）

　大学入試センターが毎年「入研協大会」というものを開催している。今年（2015［平成27］年）は5月28、29日に東京電機大学千住キャンパスで行われる。まさに今回のシンポを受けたような形で、高大接続入試改革全体について、文部科学省の方を含めて討論会で議論する。二つの企画討論会の一つは個別入試をどうするかというテーマである。もう一つは、英語の外部検定試験をどう教育と入試に生かしていくかということをテーマにしている。文部科学省の有識者会等で中心になって議論されている先生を呼び、高校関係者とともに議論することになっている[5]。そちらも参加願えれば、今日のシンポジウムと相乗効果で多少は明るい先が見えてくるかもしれない。

6.　まとめ（石井光夫［東北大学］発言概要）

　答申（中央教育審議会，2014）が語る改革の姿は私たちの想像の先を行っているので、どう取り組んでいったら良いのか。新テストの具体的な姿が見えてこない。そのような事情をご理解いただきたい。

第 1 章　討議

この中教審が目指している姿は過去にも何度も議論になり、目標に掲げてきた事柄である。特に臨教審（臨時教育審議会，1985）、あるいは 90 年代のいくつかの中教審答申、大学審答申で出してきた多様化、多元化路線と、その目指してきた姿と何ら変わることはない。したがって、答申に対して疑問に思うのは、90 年代から続く多様化、多元化政策に対して明確な言及がないことである。

川嶋教授をはじめ、異口同音に「入試改革はもっと慎重に、漸進的に、実証的に検証しながら着実に進めていくべきだ」と言われている。東北大学はその先を走ってきたという自負もあり、従来の実践を踏まえて新しい入試改革に進んでいくことになると考えている。これから、東北大学として入試改革を止めることは考えていない。さらに進めていくには、個別大学の取組みだけではなく、それを有機的に結合させていく必要がある。例えば、川嶋教授の発言のように国立大学のアドミッション・ポリシーを改めて確認したいところである。あるいは、私立大学とも連携をしながら大学としての対応を考え、高校との連絡を密にしてその意見も伺いながら進めていくということが大切だと考えている。

東北大学では高校教員との連絡協議の場をこれまでも持ってきた。今後、さらに一層、そういうルートを進めていきたい。また、他大学とも意見交換をしながら、突きつけられた課題に挑戦していきたい。

【注】

1) テストがその準備行動を含む教育に与える影響。この場合、大学入試の在り方が高校以下の教育に与える影響。
2) 第 I 部第 2 章参照。
3) 第 II 部第 1 章参照。
4) 安西祐一郎独立行政法人日本学術振興会理事長
   （http://www.mext.go.jp/b_menu/shingi/chukyo/chukyo12/meibo/1351574.htm、最終閲覧日平成 28 ［2016］年 1 月 3 日）.
5) シンポジウムの模様は全国大学入学者選抜研究連絡協議会 / 独立行政法人大学入試センター（2016）を参照のこと。

第Ⅲ部　高大接続改革の行方

【文献】

中央教育審議会（1969）．『我が国の教育発展の分析評価と今後の課題、今後における学校教育の総合的な拡充整備のための基本的施策について』，大蔵省印刷局．

中央教育審議会（2008）．『学士課程教育の構築に向けて（答申）』、平成20年12月24日．

中央教育審議会（2014）．『新しい時代にふさわしい高大接続の実現に向けた高等学校教育、大学教育、大学入学者選抜の一体的改革について──すべての若者が夢や目標を芽吹かせ、未来に花開かせるために──（答申）』，平成26年12月22日（http://www.mext.go.jp/b_menu/shingi/chukyo/chukyo0/toushin/__icsFiles/afieldfile/2015/01/14/1354191.pdf，最終閲覧日平成27［2015］年12月30日）．

大学入試センター研究開発部（1999）．『総合試験モニター調査テスト問題集』，平成8～10年度「大学の各専門分野への適性の評価を目的とする総合試験のあり方に関する共同研究」最終報告書別冊．

大学審議会（2000）．『大学入試の改善について（答申）』．

一般社団法人国立大学協会（2014）．『今後の国立大学の入学者選抜の改革の方向について』，平成26年8月22日（http://www.janu.jp/news/files/20140825-y-013.pdf，最終閲覧日2016［平成28］年1月1日）．

倉元直樹（2000）．「大学入試における共通試験の方法論的研究－教科科目複合型総合試験の構造－」，『行動計量学』，27，81-92.

倉元直樹・柳井晴夫（2001）．「教科科目複合型総合試験の問題内容分析」，『大学入試センター研究紀要』，30，83-108.

臨時教育審議会（1985）．『教育改革に関する第1次答申』．

社団法人国立大学協会入試委員会（2007）．『平成22年度以降の国立大学の入学者選抜制度──国立大学協会の基本方針──』，平成19年11月5日（http://www.janu.jp/pdf/kankou/h191105b.pdf，最終閲覧日2015［平成27］年12月31日）．

平直樹（1999）．「教科科目複合型総合試験モニター調査（テストB）の分析」，大学入試センター研究開発部編，『平成8～10年度「大学の各専門分野への適性の評価を目的とする総合試験のあり方に関する共同研究」最終報告書』，71-94.

第 1 章　討議

全国大学入学者選抜研究連絡協議会 / 独立行政法人大学入試センター
　（2016）.『大学入試研究の動向』, 23.

第2章　高校生の学習行動の実際

小坂　和海（熊本県立熊本高等学校）

1．はじめに

　今次の教育改革の直接の契機となった教育再生実行会議の提言は、現在の高校教育・大学教育について、「ⅰ）大学入試に合格することが目的化し、高等学校段階で本来養うべき多面的・総合的な力の育成が軽視されている、ⅱ）大学入学者選抜で実際に評価している能力と本来大学が測りたいと考えている能力との間にギャップが生じ、学生にとっても大学入学後の学びにつながっていない、などの課題」がある、と述べている[1]。それ自体としては正しいものを含んでいるこの指摘から、なぜ、いきなり「教科型の学力試験」を大学入試から追放するという極端な構想[2]が生まれるのか、疑問を禁じ得ない。

　現行の「センター試験」は、実施形態からくる制約により、多面的・総合的評価はもとより「知識・技能」、「思考力・判断力・表現力」の評価においても限界があるが、この点については「大学入学希望者学力評価テスト（仮称)」においても、すでに検討が表明されているさまざまな改善策を考慮に入れても、著しい改善は見込めそうにない。したがって、ある水準以上の大学においては、個別の入学者選抜において「教科型の学力試験」を行い、これらの能力を改めて評価することは、入学生の学力の担保、ひいてはその後の大学教育の円滑な実施という点から不可欠であろう。高校生の学習動機の在り様や、過去の大学入試問題が高校の教科教育の教材として深く浸透している現状をも考慮するとき、「教科型の学力試験」を存続させつつ、これまで「センター試験」と個別試験における「教科型の学力試験」が果たしてきた機能をより発展させる形で、拙速を避けた息の長い改革が行われることが期待されるし、

第Ⅲ部　高大接続改革の行方

またそのように現実は進んでいくに違いない。

とはいえ、このような「知識偏重入試」なる誤解が、高等教育が大衆化する過程につねに存在し続けたことを考えると、現状に対する苛立ちが短絡的に学力試験批判に向かうのを阻止することは容易ではない。高校での学びが「知識の多寡を競う」受験対策に堕しているとは全く思わないが、大学合格を最大の学習動機として、大学入試問題を主たる教材として行われている教科教育の在り方については、確かにある種の広がりを欠いた硬直したものとの批判は認めざるを得ない。高校教育の現状の具体的分析を踏まえた建設的な意見を高校現場から発し、議論の方向を是正することが望まれる。

なお、本稿は、公立の「進学校」の生徒たちの、数学という特定の教科における学習行動の実際を述べたものであって、多様な高校のどれにも当てはまる事実を指摘しているものではなく、また、学校行事や部活動などを含む高校生活全般を対象としたものでもない。各県の「トップ校」によく見られる「旧制高校的おおらかさ」は、その高校の貴重な財産であり、それぞれの特色ある学校文化の中で「人間教育」が行われていることは大いに評価されるものであるが、ここでは、そのような教科教育と並立しながら生徒の成長を育んでいる様々な教育作用については考察の対象とはしていない。また、キャリア教育の浸透にも伴い「本人の意思と適性を中心とし長期的視点に立ったもの」へと変化しつつある進路指導の在り方についても、対象とはしていない。単に、対象としていないだけである。したがって、本稿で高校生の数学の勉強の様子ばかりが語られているといっても、高校生の日常が受験勉強一色におおわれているとか、高校生活全体が受験準備に従属させられているなどという早合点はしないでもらいたい。学校教育の議論には、理念先行を避け具体的現実を具体的に分析することが欠かせないとの認識に基づいて、対象を限定し、そのなかで細かい検討を行っている、というだけのことである。高校生の学習行動をつぶさに検討した結果見えてきた課題に関しては、私なりに高校現場で可能な打開の方向性も述べておいたが、まず

第 2 章　高校生の学習行動の実際

は、現状認識をより正確なものにすることが重要であると思われる。そのうえで関係者が、それぞれの部署で可能な取り組みを考え実践することを期待したい。

2.　高校生の学習行動の実際

　私は高校教師としての経験のほとんどを公立「進学校」の数学教師として過ごしてきたので、公立「進学校」における「数学」の学習の現状を述べる。ここでは、「選抜性の高い大学」を受験する生徒が大半を占める高校を想定する。

　高校生の教科学習の大部分は「受験準備学習」とみなすことができる。これは高 3 からではなく高 1 から始まる。受験時点でのあるべき到達度を想定し、ここから逆算して高 1 からの学習を計画し、授業の進度や課題の設定を行う。教科書を使った授業は文系では 2 年生まで、理系では 3 年生の夏休み前まで、というのが標準的なところである[3]。教科書が終わると、あとはひたすら問題演習である。文系は「数学Ⅲ」が必要ではないので、4 冊の教科書（数学Ⅰ・Ⅱ・A・B）が終わると問題演習に移り、これが 1 年以上続く。理系は 3 年の夏休みから問題演習である。問題演習とは過去の大学入試問題を解いて実力をつけることを指す。用いる問題集は、大抵は市販のものであるが、校内で作成したものを用いることもある。数段階に難易度別に編集された問題集のなかから、その時点の生徒の学力に合ったものを選び、さらに時期をずらして難易度を上げていく。センター試験直前期の 1 ヶ月程度は「センター試験対策」に切り替わる。センター試験が終わると再び 2 次試験のための問題演習にもどる。AO 入試、推薦入試、私大入試もあるが、生徒の大半は国公立大の 2 次試験まで受験勉強を継続する[4]。

　問題演習は、教科書が終わった後の時期だけではなく、教科書の各単元（「2 次関数」とか「図形と式」とか）終了時に数時間を確保して行うこともある。教科書の節末・章末問題では不足がちだと教師が判断した場合である。もちろん、そこで扱う問題の難易度は 3 年次の演習より

第Ⅲ部　高大接続改革の行方

も低い。では、問題演習の授業とは具体的にどのように進むのか。前述
したように、扱う「問題」は、過去の大学入試問題である。これを1時
間の授業で4問程度を指定しておき、生徒たちは前もって家で解いてき
て授業に臨む。授業では生徒が解答を板書し、教師がそれを解説しなが
ら添削する⁵⁾。高校の授業以外でも、参考書・問題集での自学自習や塾
通いもあるが、問題演習としての本質は変わらない。

　大学入試問題は、高校で学ぶ内容を適度に組み合わせ、結論を得るま
での作業量が試験時間に対して適当なものになるように設計されている。
もっとも、一部の大学では試験時間に対して明らかに内容が多すぎる。
東京大学の理科類だと150分6題であるが、制限時間内に6題完答はま
ず無理である。2～3題完答で十分に合格圏に入るので、難問と思われ
る問題は無理をして解こうとせず、易しい問題を確実に解いていくこと
が受験生の常識である。

3.　問題演習の効果

　生徒たちは問題演習を通して「いままで解けなかった問題が解けるよ
うになる」ことを目指す。これは当然のように思われるかもしれないが、
「いままで解けなかった問題が解けるようになる」ための最良の方法が、
「過去の大学入試問題をできるだけ多く解くこと」であるとは必ずしも
いえない。この命題はいくつかの条件が付帯しないと成立しない。まず、

　(1)扱う過去問が解法の類型によって適切に分類されていること

　(2)そのことにより入試全体を網羅して問題演習ができること

　(3)複数の類型が複雑に組み合わされた問題に対して、これを個々の類
　　　型にまで分解したうえで、それらを組み合わせて結論に至る道筋が
　　　提示されていること

　(4)さらに、この「分解と総合」を教師がわかりやすく実演してみせて
　　　くれること（参考書では紙面でこれを行う）

である。これらの条件がそろい、生徒にやる気がありさえすれば、あとは時間を多くかけるだけである。このようなことがいえるのは、ほとんどすべての入試問題は過去にどこかの大学で出題されたものと類似しており、見た目が異なる場合でも、前述の「分解」によりいくつかの類型の集合として把握されるからである。つまり、ほとんどすべての入試問題は一定の枠のなかに収まっていて、必要な解法の技術や発想には新規なものはほとんど存在しないからである。

入試問題は入学者の選抜のためのものであるから、志願者の中で適度な得点差がつくことが必要条件となる。そのためには難問・奇問という批判を受ける危険を覚悟するよりは、「よくある問題の若干の手直し」で済ます方が確かに現実的であろう。もちろん東大をはじめとして斬新で意欲的な出題をする大学はあるにはある。だが、それは毎年ではないし、全体（東大・京大の理系なら6題）の中の1題に過ぎない。大学合格のためには「解法の類型の体系的習得」が最も効果的・効率的なのである（以下では、このタイプの学習法を「解法の類型学習」と呼ぶことにする）。

受験は暗記だ、要領だとかいう言説に眉をひそめる向きもあると思うが、「解法の類型学習」には、大学合格への近道という観点からはそれなりの合理性が存在しているのである[6]。

4.「解法の類型学習」の実際

数学の受験雑誌『大学への数学』では毎年4月号に、「必須手法の紹介」が掲載される。「年度のスタートに当たり、本誌で必須手法としていることがらのうち代表的なものをあらかじめご紹介します」[7]という説明の後に、問題と解答・解説が並び、解法にどのような「必須手法」が含まれているのかが説明されている。この「必須手法」は、教科書にはふつう載っておらず高校の授業でも触れられることは少ないが、入試の実戦では大いに役立つもので、しかもかなりの汎用性のあるもの、とされている。

第Ⅲ部　高大接続改革の行方

　曲線の"束"、正射影ベクトル、逆手流、ファクシミリの原理、はみ出し削り論法、合成せず内積とみる、定数分離、……といった、大学受験数学に疎い人には何やら怪しげな用語が並んでいるが、これらは受験生が習得すべき数ある手法の中で、とくに重要なものとされているようである。

　この中で「正射影ベクトル」を取り上げてみる。図1で、$\vec{h}$を、「$\vec{q}$の、$\vec{p}$上への正射影ベクトル」といい、$\vec{h}=\frac{\vec{p}\cdot\vec{q}}{|\vec{p}|^2}\vec{p}$ …①が成り立つ。そこで、①を用いて、図2では、四面体OABCの高さhが

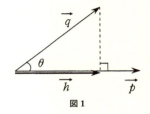

図1

$$h = \left| \frac{\vec{n}\cdot\vec{OA}}{|\vec{n}|^2}\vec{n} \right| = \left| \frac{\vec{n}\cdot\vec{OA}}{|\vec{n}|} \right| = \frac{1}{\sqrt{2}}$$

と求められる。確かに便利ではある。しかし、①を丸暗記して試験場で本当に使えるのだろうか。まず、①の記憶があいまいな場合、

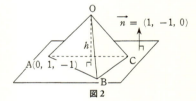

図2

$$\vec{h} = |\vec{q}|\cos\theta \frac{\vec{p}}{|\vec{p}|} = \frac{|\vec{p}||\vec{q}|\cos\theta}{|\vec{p}|^2}\vec{p} = \frac{\vec{p}\cdot\vec{q}}{|\vec{p}|^2}\vec{p}$$

といった具合に①を再現する必要がある。次に、①の適用が最も合理的なのかどうか判断できる力がないといけない。実は、$\vec{p}$が単位ベクトル（すなわち$|\vec{p}|=1$）のときは、①は$\vec{h}=(\vec{p}\cdot\vec{q})\vec{p}$となり、$|\vec{h}|=|(\vec{p}\cdot\vec{q})|$である。ゆえに、先の四面体の例では、底面ABCの法線ベクトル$\vec{n}$と同じ向きの単位ベクトル$\frac{\vec{n}}{|\vec{n}|}=\frac{1}{\sqrt{2}}(1,\ -1,\ 0)$をあらかじめ求めておいて、

$$h = \left| \frac{1}{\sqrt{2}}(1,\ -1,\ 0)\cdot(0,\ 1,\ -1) \right| = \frac{1}{\sqrt{2}}$$

とする方がよい。①を丸暗記する必要性はあまりないといってよいだろ

う。解法の類型を習得することは、公式を丸暗記することを意味しない。「正射影ベクトル」の例でいえば、①を導くことができる力、その過程の式変形の意味が理解できていることが重要で、そうでなければ設問に応じて臨機応変に対応することはできないのである。

　もっとも、四面体の高さを求めるのに「正射影ベクトル」の考え方が必須なのかといえば、そんなことはない。座標空間における平面の式は、$ax+by+cz+d=0$ の形をしているので、図2では底面を含む平面の式は、$x-y+1=0$ となり、これに「点と平面の距離の公式」を用いて $h=\dfrac{1}{\sqrt{2}}$ としてもよい。むしろこの方が自然かもしれない。

　数学的には、座標空間における平面の式が座標平面における直線の式と同様に1次式で表わされることとか、これらがともに垂直条件を内積で表現したものに他ならないこととか、平面における「点と直線の距離の公式」の自然な拡張として空間における「点と平面の距離の公式」が得られるといったことの方が、重要であるし発展性もあり、教師にとって教えがいのあることがらでもある。

　「正射影ベクトル」の公式①を丸暗記し、それを入試問題に機械的に適用する訓練が受験勉強である[8] ならば、確かに「知識の多寡」を問う「知識偏重」なる批判は的を射ているであろうが、それでは実際の入試問題には歯が立たないし、したがって現実の学習過程はそんなに単純ではないのである。「解法の類型学習」は、高校数学の複数の分野を俯瞰する視野や、数学的概念の本質的な深い理解、身に付けた知識・技術を対象に対してより効果的に適用するための判断力、などを、入試問題を手際よく解くための必要に応じて、織り込みながら進んでいくわけであり、後述するような深刻な課題を抱えているとはいえ、「知識量のみを問う『従来型の学力』」[9] との批判がそのまま通用するような安易なものではないことは確認しておきたい。

5. より深刻な事例

　本稿の冒頭で引用した教育再生実行会議の「大学入学者選抜で実際

第Ⅲ部　高大接続改革の行方

に評価している能力と本来大学が測りたいと考えている能力との間に
ギャップが生じ、学生にとっても大学入学後の学びにつながっていな
い」との指摘は確かに現実の一面をとらえており、その改善が必要で
あることは私も否定はしない。しかし、その主たる原因を、「あらかじ
め設定された正答に関する知識の再生を一点刻みに問う」評価の在り方
（このような旧態依然たる批判が当てはまるような入試が今も続いてい
るとは思えないのだが）や、ここで論じている「解法の類型学習」に求
めるのは拙速であろう。大学合格を最大の学習動機として、大学入試問
題を主たる教材として行われる教育活動においても、学問の本質に迫る
豊かな内容を創造し生徒を探求的思考に誘う可能性はいくらでも存在す
るのであって、それが未発に終わるとすれば、原因は別のところにある
はずである。

　図3に示す次の大学入試問題をみてみよう。

α, β は $\alpha \leqq \beta$ を満たす実数とし $a_0 = \int_\alpha^\beta dx$, $a_1 = \int_\alpha^\beta x\,dx$, $a_2 = \int_\alpha^\beta x^2\,dx$
と定める.

(1)　$a_0 + 2a_1 + a_2 \geqq 0$ を示せ.

(2)　$(\alpha + \beta)a_1 - \alpha\beta a_0 - a_2 \geqq 0$ を示せ.

出典：2000（平成12）年度　茨城大学一般選抜前期日程試験「数学」より

図3　大学入試問題の例

生徒に解かせると、ほとんどの生徒が下のような答案をかく。

$$(1)\quad a_0 + 2a_1 + a_2 = \int_\alpha^\beta (1 + 2x + x^2)dx$$

$$= \int_\alpha^\beta (x+1)^2 dx$$

$$= \left[\frac{1}{3}(x+1)^3\right]_\alpha^\beta$$

$$= \frac{1}{3}\{(\beta+1)^3 - (\alpha+1)^3\}$$

$$\geqq 0$$

148

第 2 章　高校生の学習行動の実際

(2)　$(\alpha+\beta)a_1-\alpha\beta a_0-a_2=-\int_\alpha^\beta\{x^2-(\alpha+\beta)x+\alpha\beta\}dx$

$$=-\int_\alpha^\beta(x-\alpha)(x-\beta)dx$$

$$=\frac{1}{6}(\beta-\alpha)^3$$

$$\geqq0$$

　理系の"できる生徒"でも、「被積分関数が非負であるから積分の結果も０以上である」とは書かずに、上の答案のように積分の計算を最後までやってしまう。過去問をたくさん解くことばかりに夢中になって基礎基本を軽視しているからだ、と言ってしまいたくなるのであるが、本当にそれだけなのかという疑問も湧いてくる。この問題を授業で扱うと「非負関数を積分するとなぜ０以上になるのですか」という"驚くべき"質問が出ることがよくあるからだ。

　積分（定積分）が正しく理解されていないのである。

　実は、教科書では、「積分法」が「不定積分」から始まり、$\int_\alpha^\beta f(x)dx=F(\beta)-F(\alpha)$で定積分を定義（右辺で左辺を定義）している。したがって、「積分とは何か」の理解は極めて形式的なものに留まる[10]。入試問題をたくさん解いていけばそのうち修正されるというわけでもない。「数学Ⅲ」では区分求積法を扱うので、理系の生徒なら正しい積分概念に到達するだろうと期待されるかもしれないが、現実はそんなに甘くない。区分求積法は、「数列の和の極限を定積分を使って求める」技術として（のみ）教えられている[11]からである。「数列の和の極限こそが定積分の定義である」との理解にはなかなか到達しないのである。積分法を用いて面積を求めることがなぜ可能なのか、を理解できないままにひたすらたくさんの入試問題を解いているのが、多くの高校生の現実である。

6.　原因は何か

　積分法に関してこのような浅薄な理解しか持ち得ていないのに、$\int_\alpha^\beta(x-\alpha)(x-\beta)dx=-\frac{1}{6}(\beta-\alpha)^3$ などの公式をいかにうまく使うかに腐心してい

第III部　高大接続改革の行方

る生徒たちの現状を見ると、確かに、「従来型の学力」批判論者の肩を持ちたくなるのではあるが、ここはもう少し慎重な議論が必要だ。

定積分は大学で学ぶリーマン積分と同様に、

$$\int_a^b f(x)dx = \lim_{n\to\infty} \sum_{k=1}^n f(x_k)\varDelta x$$

によって定義されるべきもので、この式の右辺を図形的に解釈することによって、面積と定積分との関係も了解される。この立場をとらない、前述のような"不定積分主義"をとる教科書[12]を用いて学んだ場合、「定積分＝数列の和の極限」との認識に達することはどうしても無理である。昨今は「教科書を読まない（読めない）生徒」が増えた、と言われるが、教科書をいくらきちんと読んでも、積分法を微分法の逆演算としてしか説明していないのであるから、正しい積分概念には到達できないのである。

積分法で面積が求められるのはなぜか、と疑問をもっても、「面積を表す関数 $S(t)$ を微分すると $f(t)$ になるから…」という「説明」が、図4のような図とともに書かれていて、これで解決したかのような気にさせられる。すなわち、積分と面積の関係に関する健全な探究心が教科書の記述によって封じられているのである。「面積とは何か」とか「広がりを測るとはどういうことか」といった"素朴な"疑問をもつ生徒に、いろいろな視点から解説を加えてその関心に応えることが本来教科書の

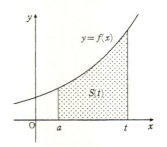

図4　面積と積分の関係を示す図

役割であると思うが、そういう教科書は現行の教科書には1冊もない。しかも、このような探求への意欲を萎えさせるような編集は、「積分法」にとどまるわけではなく、「数と式」や「ベクトル」、「関数」など高校数学の全分野にわたっている。

「解法の類型学習」にとって都合のよい教科書とは「必須手法を豊富に盛り込んだ教科書」なのだから、基礎的概念を十分に膨らますために紙面を割いてほしいという要求が高校現場から発せられることは少なく、したがって現在の編集方針が改まることは期待できそうにない。教科書に期待できないのなら授業で補えばよいではないか、と思われるかもしれないが、これが意外に難しい。定義を変えると、それに伴って修正すべき点がたくさん発生し、ここをうまく切り抜けないと、生徒が混乱するからである。したがって、それを実践する力量のある教師はそう多くはいないのである。

大学入試問題が変われば、以上のような高校教育の貧困は是正されるかもしれない。数学の基本的概念を問う斬新な問題（解法の類型を学習しても効果の小さい問題）が出題されれば、確かに高校現場で話題になるし、そのレベルや傾向の問題に対応するために授業内容も変化するだろう。だが、一部の大学で数年に1題出題されるといった程度では、影響力はあまりに小さい。

ここまでの話を整理してみよう。

(1)「進学校」においては、大学合格を最大の学習動機として、大学入試問題を主たる教材として教科教育が行われている
(2)その方法は「解法の類型学習」である
(3)「解法の類型学習」と探求的学習とは必ずしも敵対的な関係ではない
(4)教科書は、生徒の知的探究心に応え、数や量、形式に関するいきいきとした感性と論理的思考力を育むものであるべきだが、現状は大きく異なる

第Ⅲ部　高大接続改革の行方

(5)高校の授業も、教科書の内容の乏しさを補うものにはなっていない

(6)現在の大学入試問題は探求的学習の誘因としては力不足である

(7)したがって、大学入学後に急に数学がわからなくなる学生が出てくるのは構造的な問題なのである

　「解法の類型学習」を基本として進行する学習行動においては、「積分法と面積との本質的な関係」などを考察しようとする契機が発生しにくい（可能性がないわけではない）、という事情に加えて、教科書の内容・記述が（出版社が高校現場の意を酌む形で）「解法の類型学習」に最適化されていて、さらに、このことに違和感をもたない（もったとしても是正する力量がない）教師が圧倒的多数派である[13]こと、しかも、かかる傾向を大学入試問題が助長していること、が事態の全体像なのだと思われる。

　教える側と教わる側の双方が「解法の類型の習得こそが学習の目的である」という意識を強固にもっているために、「知らないこと、わからないことを減らしていくことが勉強だ」という発想に陥り、それから外れる思考活動に積極的になれない傾向が生まれる。入試問題をうまく解くという狭い目的からみても大きなメリットになるはずの、数学諸事項の本質的な理解を軽視し、表層的事象を巡っての暗記・習熟が優先されてしまうのである。

　この構造を解体していくことが喫緊の課題なのであるが、冒頭で述べたように、多くの大学で教科型の学力試験はこれからも継続されることになるであろうから、受験準備に依存した意識と態勢を幾分でも緩めて、教科において涵養すべき資質・能力を明確にしつつ、その観点の優位性の下で入試に対応する柔軟さが必要になる。次に、この点を少し具体的に述べてみる。

7.　打開の方向性

　問題は構造的なのであるから、何かひとつ改めて解決するわけではな

い。複数の改革を並行して進めていかねばならない。そのなかで、学習動機が"内発的"なものとなるよう指導法を変えることは重要な観点である。高校生は大学入試があるからしかたなしに勉強するのではあるが、どうせ勉強するのなら、楽しい方がいいに決まっている。大学入試という競争原理が学習の駆動力として機能する現実をうまく利用しつつも、今よりも入試対策的発想から距離をとることは可能であろう。教科書に期待せず、教科書を教材のひとつとして使いながら、さまざまな副教材を工夫することにより、授業内容に弾力性をもたせる。生徒のこころの中に数理の豊かな世界が広がることを最大の目標として授業を刷新し、「この解法は入試に出るからマスターしておこう」といったおせっかいは控える。大学入試の過去問は必ずしも最良の教材ではないことを自覚し、とくに、特別な技巧を要求するもの、作業があまりに煩雑なものは避け、生徒たちの日常の学習を励ますようなものを選び、なければ自作して授業で扱う。まずはこの程度でも効果は小さくないと思われる。もちろん、「受験テクニックに長けた生徒をつくろう」などと考えないことも大切である。

　もっと本格的な打開策としては、大学初年度の「微分積分学」、「線形代数学」に円滑につながるように、「微分法」、「積分法」、「ベクトル」、「行列と1次変換」の内容を大幅に変える（次期指導要領ではぜひ「行列」を復活させてもらいたい）。ベクトルは有向線分でなく多次元量として導入し、多次元量間の演算において行列を意味づける、といったことが必要だと考える。複数の教科書に分断されてしまっている「方程式の理論」を一貫した流れの中で学べるようにすることも必要だろう。簡単な微分方程式が解けるところまでを高校数学の目標とし、自然現象を記述するものとしての数学のあり方を理解できるよう教材が開発されることも重要である。

　教育内容を増やせば授業時間が足りなくなるという不安もあるだろうが、入試までに解法の類型のすべてに当たらせておきたいという発想から自由になれば、時間は生み出せるはずである。

第Ⅲ部　高大接続改革の行方

入試が変わらないと高校教育は変わらない、と嘆いているだけではいけない。大学に対する期待はいろいろあるのだが、高校は高校で、やれることから始めればよいと思う。アクティブ・ラーニングも授業の型としてとらえずに、生徒の頭の中がフル回転する状況をどうつくるか、という観点から今の授業を見直せばいいのだと思う。

8.　最後に

　ここまで高校教育の現状と若干の打開策を述べてきたが、中教審の「大学教育・高校教育・大学入試の三位一体の改革」姿勢と比べて、論が狭い・小さい、と感じられた読者も多いと思う。答申は次のように述べている（中央教育審議会, 2014）。

　選抜性の高い大学へ生徒が進学する高等学校においては、…（中略）…学校の教育方針が選抜性の高い大学への入学者数を競うことに偏っている場合には、高等学校教育が、受験のための教育や学校内に閉じられた同質性の高い教育に終始することになり、多様な個性の伸長や幅広い視野の獲得といった、多様性の観点からは不十分なものとなりがちである。こうした教育では、大学入試に必要な知識・技能やそれらを与えられた課題に当てはめて活用する力は向上させられたとしても、自ら課題を発見し解決するために必要な思考力・判断力・表現力等の能力や、主体性を持って、多様な人々と協働しながら学んだ経験を生徒に持たせることはほとんどできない。そうした生徒がそのまま選抜性の高い大学に入学した場合、一定の知的な能力を持っていたとしても、主体性を持って他者を説得し、多様な人々と協働して新しいことをゼロから立ち上げることのできる、社会の現場を先導するイノベーションの力を、大学において身に付けることは難しい。[14]

　確かにスケールは大きい。だが、ここには、教育内容からみた高大接続の連続性の観点が欠けているのではないだろうか。

高校では数学が得意だった生徒が、大学入学後どうもうまくいかないという話はよく聞くことであり、それが毎年日本中の大学で繰り返されているとすれば、国家的損失以外の何ものでもない。そして、その最大の原因は、高校までの教育において数学的諸概念が正しく教えられていないという点にあるのだ。前述した「面積と積分の関係」はその一つにすぎない。ここに言及せず、「思考力・判断力・表現力」や「主体性」、「協働」に飛躍する議論には雑駁さしか感じられないのである。

いずれにせよ、改革は動き出したのであるから、高校現場は対応せざるを得ない。大学入試改革に正面から向き合うために、多忙な日常の中で仕事の優先上位に何を設定するのか、いまこそ教師一人ひとりの見識が問われているのである。

【注】

1) 教育再生実行会議第四次提言「高等学校教育と大学教育との接続・大学入学者選抜の在り方について」（教育再生実行会議，2013）より。

2) 「高大接続システム改革会議」の議論（高大接続システム改革会議，2015））からは、実際の改革はもっと微温的なものになるだろうと、推測される。

3) 熊本高校では文理クラス分けを行うのは 3 年進級時であるが、全国的には 2 年進級時が圧倒的に多い。2 年まで文理分けを行わないと数学の履修に無理があるから、というのが 2 年進級時文理分けが多くなる理由のひとつである。

4) 地域差はある。九州では国公立志向が異常なくらい高く、とくに理系では国公立の後期日程試験までをほとんどの生徒が受験する。

5) 授業の展開の仕方は高校によりいろいろだが、熊本高校は 1 コマ 65 分なので、1 コマで扱う問題数はもっと多く、生徒板書の時間的余裕などもある。

6) このあたりの事情は、参考文献にあげた『こんな入試になぜできない』の西垣大樹氏の文章に詳しい（西垣，2005）。

7) 手元にある『大学への数学』（東京出版 2009 年 4 月号）より。他の年度も同様。

第Ⅲ部　高大接続改革の行方

8)　このレベルの指導に終始する教師がいることは否定しないが、それでは入試問題が解けるようにはならないから、自然と淘汰される。

9)　中央教育審議会答申「新しい時代にふさわしい高大接続の実現に向けた高等学校教育、大学教育、大学入学者選抜の一体改革について」（3頁）より。

10)　この定義からいけば、例えば、$\int_0^3 |x-2|\,dx$ を求めようとすると、$|x-2|$ の原始関数を考えなければならないはずであるが、どの教科書も定義との整合性には言及せず、$\int_0^3 |x-2|\,dx = -\int_0^2 (x-2)\,dx + \int_2^3 (x-2)\,dx$ で済ませている。

11)　例えば、$\lim_{n\to\infty} \dfrac{1}{n}\sum_{k=1}^{n} \sin\dfrac{k\pi}{n} = \int_0^1 \sin\pi x\,dx$ のように、右辺の積分計算で左辺の極限値を求める、という計算技術のひとつとして教えられている。

12)　私が調べた範囲では、現行の教科書はすべて"不定積分主義"である。過去の教科書では、『高校学校の基礎解析』（三省堂）がおそらく唯一の例外である。復刻版がちくま学芸文庫から出ている。

13)　せっかく大学で数学を専攻しておきながら、高校教師になると、自分の受験生時代の経験に戻ってしまう人をよく目にする。「大学で何を学んできたのか」と聞きたくなる、レベルの低い授業が再生産されているのである。

14)　中央教育審議会答申「新しい時代にふさわしい高大接続の実現に向けた高等学校教育、大学教育、大学入学者選抜の一体改革について」（3〜4頁）より。

【参考文献】

中央教育審議会（2014）．新しい時代にふさわしい高大接続の実現に向けた高等学校教育、大学教育、大学入学者選抜の一体的改革について──すべての若者が夢や目標を芽吹かせ、未来に花開かせるために──（答申），平成26年12月22日（http://www.mext.go.jp/b_menu/shingi/chukyo/chukyo0/toushin/__icsFiles/afieldfile/2015/01/14/1354191.pdf，最終閲覧日2015［平成27］年12月30日）．

笠原晧司（2006）．『対話・微分積分学──数学解析へのいざない──』，現代数学社．

高大接続システム改革会議（2015）．高大接続システム改革会議「中間まと

め」，平成 27 年 9 月 15 日
（http://www.mext.go.jp/b_menu/shingi/chousa/shougai/033/toushin/__
icsFiles/afieldfile/2015/09/15/1362096_01_2_1.pdf，最終閲覧日 2015［平
成 27］年 12 月 30 日）．
黒田孝郎他編（2012）．『高等学校の基礎解析　三省堂版 教科書・指導資料』，
ちくま学芸文庫．
教育再生実行会議（2013）．高等学校教育と大学教育の接続・大学入学者選
抜の在り方について（第四次提言），平成 25 年 10 月 31 日
（http://www.kantei.go.jp/jp/singi/kyouikusaisei/pdf/dai4_1.pdf，最終閲覧
日 2015［平成 27］年 12 月 30 日）．
西垣大樹（2005）．「学力と大学入試」，上野健爾・岡部恒治編『こんな入試
になぜできない―大学入試「数学」の虚像と実像』，日本評論社，31-40.

第 3 章　三位一体改革について
——高校現場における一教員の目から見て

守本　哲也（岡山県立玉野光南高等学校）

1.　はじめに

　本書は、2015（平成 27）年 5 月に実施された東北大学主催の定例シンポジウム「第 22 回東北大学高等教育フォーラム　新時代の大学教育を考える［12］　大学入試改革にどう向き合うか——中教審高大接続を受けて——」（以下、「フォーラム」ないしは「東北大学高等教育フォーラム」と略記する）の記録を中心に構成されている。筆者もフロアの一員として、フォーラムに参加した。そこで本章では、最初にフォーラムの内容を紹介しつつ、筆者がそれに促されて抱いた三位一体改革に対する意見、感想を述べることから始める。

　筆者は東北大学高等教育フォーラムには 2012（平成 24）年から毎年、高大接続に関するテーマを取り上げる 5 月のイベントに参加してきた。毎回、高大接続の観点から興味深いテーマが取り上げられ、考えさせられることも多かった。2012（平成 24）年度からのサブテーマを挙げると「学習指導要領と大学入試」「進路指導と受験生心理」「『書く力』を伸ばす」「グローバル人材の育成に向けて」となる。それに続いて今年度は、今旬の話題である大学入試改革、中教審高大接続答申が取り上げられた。参加者も高校教員を中心に例年よりも多かったようで、例年以上の熱気が感じられた。筆者もその中に加わっていたわけである。

2.　東北大学高等教育フォーラムについて

　東北大学高等教育フォーラムの構成は以下のとおりである。詳細は、フォーラムの報告書（東北大学高度教養教育・学生支援機構，2015）を参照していただきたい。最初に本書の第 1 部第 1 章、第 2 章の執筆者で

第Ⅲ部　高大接続改革の行方

ある土井真一氏、川島太津夫氏の基調講演があった。次に、現場から
の報告ということで、第2部第1章、第2章の執筆者である浜田伸一氏、
倉元直樹氏の講演があった。そして、それらを受けてのディスカッショ
ン（本書　第Ⅲ部第1章）という流れである。本節では、フォーラムの
構成に沿う形で論を進める。

2.1　改革の概要と問題点

　土井（2015）の講演は、「中教審高大接続答申を読む──大学入試改
革を着実に実現するために──」と題したものであった。以下、本項に
おいて特に断らない場合、土井（2015）からの引用である。

　講演者の土井氏の肩書は、元中教審高大接続特別部会臨時委員と紹介
された。高校現場にいると、そのように審議会に直接関与した立場の識
者の講演を直接聞く機会は稀である。土井氏の議論は丁寧かつ理路整然
としたものであり、中教審における議論を理解するうえで大いに参考に
なったことを付言しておく。

　土井氏は講演の中で「どのような選抜方法を取りましても、微妙なと
ころで合否が決まるという事態が回避できるわけでは、必ずしもござい
ません」「社会の公平性の観念が変わらなければ、新たな大学入学者選
抜制度が不公平であるという厳しい批判を受け、教育の基盤を揺るがす
おそれがございます。それだけに、社会的コンセンサスを形成し、慎重
に進めていく必要があると思います（p.13）」と述べている。

　中教審答申（中央教育審議会, 2014）にも、「何よりも重要なことは、
…『人が人を選ぶ』個別選抜を確立していくことだ」とあり、続いて
「既存の『公平性』についての社会的意識を変革し、…多様な方法で『公
正』に評価するという理念に基づく新たな評価を確立していくことが不
可欠である（p.11）」とあり、さらに「『客観性』ではなく『妥当性・信
頼性』」とあり、具体的手法として、パフォーマンス評価、ルーブリッ
ク、ポートフォリオ評価等が挙げられている。どのようなやり方をして
も、人間がやる以上は完全な客観性に基づく公平・公正などはあり得ず、

そこに何らかの主観が働かざるを得ないが、それでも何かを基準として、客観的に公平・公正を目指さなければならない。その点について、同答申（中央教育審議会, 2014）では「アドミッション・ポリシーに示した基準・方法に基づく多元的な評価の妥当性・信頼性を高め、説明責任を果たしていく必要がある（p.14）」とある。しかし、本当に生徒や保護者、それに我々高校教員が納得できる選抜が行われるのか、情報公開に耐えられるだけのものを示せるのか、といった問題点が次々と浮かんでくるため、現場に携わる一教員としては、とにかく不安の感情をぬぐうことができない。さらに、説明責任を果たすために評価項目の点数化が行われ、結局、1点を争う選抜になってしまう恐れはないのだろうか。そのような発想自体に対して変革が迫られていることは理解できるとしても、急に実現することは極めて困難である。とにかく慎重な検討を求めたいというのが、土井氏の講演に対してリアルタイムに筆者の脳裏によぎった感慨であった。

　また「個別選抜で学力試験を課すことが認められたと理解しております（p.16）」という指摘は、報道等を通じて「個別試験においては、学力試験は一切課されない」とばかり理解していた筆者は驚きをもって受けとめた。ただし「ただ、『学力試験』でなく『学力評価』とされ」「より思考力等のコンピテンシー（competency）や総合的な力を試す方向で工夫する必要があるのではないかと思っております（p.16）」ということである。「学力試験」と「学力評価」との間に、どのような違いがあるのかはよくわからないが、いずれにせよ、高校までに培われた「知識・技能」や、それを活用する「思考力・判断力・表現力」が「大学入学希望者学力評価テスト（仮称）」だけではなく、個別試験においても生徒が十分に発揮できるようなしくみは必要であると考える。

　さらに土井氏は「本答申では、この二つのテスト、『基礎学力テスト』と『学力評価テスト』の相互関係と大学の入学者選抜での利用の方法について、細部を十分に整理できていない面がございます（p.14）」「今回の審議では、短時間に多くの目的を一挙に実現しようとし過ぎたきら

第Ⅲ部　高大接続改革の行方

いがございます。やはり、優先順位を明確にして、実際に運用できる制度を設計する必要がございます」「二つのテストの具体的な制度設計は、この答申ではしきれなかった。そこで、結局その検討は次のステージに引き継がれたということになるのではないかと思います（p.15）」と述べ、最後に「一方で最終的にどのような方向を目指すのかという理念・目標を明確にするとともに、他方で入学者選抜の実務に混乱を生じさせないように、着実な実施と実証的な検討を積み重ねて、その目標を実現していくことが求められていると思います。私は今回の高大接続答申におきましては、この二つのことが渾然一体となって記されてしまっているという気がします。それだけに今後、高大接続システム改革会議におきましても、また各大学が高校や教育委員会等と十分に連携を図りつつ、この点についてしっかり読み解いて、目標に向かって着実に創意工夫を重ねていくことが必要ではないかと思っております（p.17）」と述べている。今回の答申において指摘されている教育における課題は、たしかに喫緊の課題であり、待ったなしで1日も早い改革が求められているのであろう。しかし、あまりにも一度に多くのことをやろうとしすぎているという感じは否めない。そのどれもが関連する事項であり、連動せざるを得ないのであろうが、「急がば回れ」「急いては事をし損じる」のことわざもある。すべて一斉に見切り発車をするのではなく、優先順位をつけて、できることから段階的に始めて行ったほうが、結果的には着実な成果が出るのではないだろうか。

2.2　国立大学における入試改革の問題点

川嶋（2015）の講演は、「国立大学の入試改革の歴史と展望」と題したものであった。以下、本項において特に断らない場合、川嶋（2015）からの引用である。川嶋氏は、国立大学の入試改革の歴史について、新制大学発足以降順を追って解説した。筆者は共通1次世代であり、就職後にセンター試験への移行や、連続方式・分離分割方式の導入などを経験してきた。新制大学発足から共通1次導入までについては、筆者に

とって初めて知る内容であったが、こうして振り返ってみると、その時々に改革の必要に迫られる背景が存在し、中には結果的に失敗に終わってしまったものもあるが、その時々に真剣な検討が行われ、改革実行後も検証がなされ、絶えずよりよい方向を目指して改革が行われ続けてきたことがよくわかった。しかしそれと同時に、やはりいかに高校現場の教員と生徒はそれに振り回され、対応に奔走してきたかということも改めて確認することができた。

　一番興味深かったのは、「戦前の大学入試はどうだったかということについて」「第1期は学科試験制だったということです」「第2期として区切られている期間では」「全国で一斉に試験を実施して、成績に応じてそれぞれ第1志望から各高校に配当するというようなそういう総合選抜制をとっていた」「第3期としては総合判定制というものに変わってきた。これは今言われているようないわゆる多元的、総合的な評価ということで（p.74）」という指摘である。つまり「戦前も同じように日本の高等教育機関は入試に悩んできて色々なことをやってきた。それがまた戦後繰り返されていると、そして今日に至ると思います（p.74）」ということである。「歴史は繰り返す」と言うが、方法やシステムを変えても、結局物事の本質は何も変わらないのではないだろうか。そう言えば、川嶋氏が講演の中で取り上げた、1949（昭和24）年に文部省から出された「新制大学入学者選抜方法の解説」の内容も興味深いものであった。そこには「下級学校の教育を理解し、その円満な発展を助長するような選抜方法とすること（p.68）」とある。いついかなる時も「下級学校の教育を理解せず、その円満な発展を阻害するような選抜方法をとること（傍点筆者）」のないようにだけはしてもらいたい。

2.3　改革についての高校側の意見

　浜田（2015）の報告は、「高校現場から見た大学入試改革」と題したものであった。以下、本項において特に断らない場合、浜田（2015）からの引用である。報告の内容は、同じく高校現場を預かる者として、共

第Ⅲ部　高大接続改革の行方

感できる部分が多かった。たとえば、「進路指導と言っても特に大学に数をたくさん入れるという指導だけではなくて、自分の将来を見つめさせた上で大学を志望させる。そういったキャリア教育の重視。あるいは総合的な学習の時間のプログラムを学校ごとに工夫するとか、課題解決型の学びというのは、非常に行われているのではないかなという印象を受けています」「最近ではアクティブ・ラーニングという言葉が出ていますけれども、それ以前にグループワークやあるいはペアワークといった手法は、各教科で試みられているのではないかと思いますので、それと大学入試ということが、どんなふうに結びついていくのか。うまいこと結びついていってくれればいいのですが、単に入試対策のためだけのものになっていくことが、非常に心配です（p.94）」という指摘である。たしかに高校、特に普通科の現場では、大学入試から逆算して教育課程を編成し、入試に必要な科目を重点的に配置している面もある。だから中教審答申（中央教育審議会，2014）にある「改革のための現実的問題として大きく立ちふさがるのが、大学入学者選抜の在り方である」「接続段階での評価の在り方が変われば、それを梃子の一つとして、高等学校教育及び大学教育の在り方も大きく転換すると考えられる（p.10）」という指摘は、全く間違っているとも言い切れない。

　しかし、浜田氏も指摘していたように、今回の改革により、せっかく今健全な形で行われている学習活動が逆に打算的なものになってしまうという懸念は拭えない。塾や予備校の存在が学習活動の打算化に加担する。大学入試が以下に変化しても塾や予備校はそれに対応するだろう。一例として、首都大学東京都市教養学部都市教養学科生命科学コースのゼミナール入試に対して、対策講座を開講している予備校があると聞いた[1]。各種試験に対して傾向を分析し、対策を立てるという手法は有効であり、間違いではないが、何か腑に落ちないものを感じてしまう。もちろん打算的にならないよう十分に気をつけなければならないが、入試から逆算して考える傾向のある我々高校教員、もしくは塾や予備校が、そのような打算的な状況を作り出してしまう危険が全くないとは言えな

いのではないだろうか。

　また、「震災を通じて、痛切に感じたのは」「学校行事、あるいは、部活動ですね」「そういうこれまで伝統的にやってきたものができないことへの生徒たちの閉塞感というのが、非常にこれは勉強の方にも影響があるなと感じました」「学校行事や部活動などの、いわゆる日本の高等学校の学校文化に当たるようなものが阻害されないような形で、入試改革、あるいは教育改革が行われてほしいなということを強く実感しています（p.92）」という指摘も全く同感である。新共通テストが複数回、しかも早期に実施されるようになると、部活動や学校行事への影響も出てくるだろう。「日常の学習活動を学習指導要領に従って行っていれば、従来どおり部活動や学校行事を行っても対応は可能だろう」との正論を言われるかもしれないが、現実はそうは行かない。私立を中心に中高一貫校ならいざ知らず、公立高校は3年間という限られた時間の中にあらゆる要素を詰め込み、時間と闘いながら、ぎりぎりの状況でやっている。今回の改革では、さらにやらなければならないことが増えこそすれ、何かが軽減されるようには思えない。決して楽をしたくて言っている訳ではない。今回の改革については、理念としては理解できるものであるが、どれだけ高校現場の現状を正しく理解した上で進められているのか、そこに疑問の余地が残っているのである。

　最後に浜田氏は、「高校の立場から御報告いたしましたが、これが高校を代表する報告ではありません。ある意味、代表者となる資格のある人、代表といえる人はいないのだと思います。ただ、逆に言えば、ひとりひとりが代表にならなくてはいけない。入試改革についても、ひとりひとりが代表になって考えていかなくてはいけないではないでしょうか。この後、多くの高校の先生がご発言されるひとつのきっかけになればと思いまして、報告をさせていただきました（p.95）」と述べた。筆者も全く同じ思いで、この原稿を書いている。事態は刻々変化しており、先が読めない状況にあるが、我々高校現場の教員は、一人ひとりが今回の改革の議論について、きちんと情報を得た上でしっかりと考え、何らか

第Ⅲ部　高大接続改革の行方

のチャンネルを通じて現場の声を発信していかなければならない。と同時に、文部科学省ならびに中教審の作業部会の方々には、現場の最前線で日々苦闘している、我々高校教員の声にもう少し耳を傾けてもらいたいものである。

2.4　国立大学における AO 入試の現状

　倉元（2015）の報告は、「大学入試改革モデルとしての『東北大学型AO 入試』」と題したものであった。以下、本項において特に断らない場合、倉元（2015）からの引用である。倉元氏は、「教育再生実行会議の第 4 次提言というものが 2013（平成 25）年 10 月 31 日に出されております。おそらくは、この提言が中教審の答申に多大な影響を与えたのではないかと思っております」「この教育再生実行会議が提言を出される前に、本学、東北大学の入試改革について、視察をしたいということで、お越しいただきました。非常に高く評価していただいたのです。非常にありがたかったのですが、ここにボタンのかけ違いがありました」「教育再生実行会議にご理解いただけなかった大事なことがありました。その一つは、東北大学の AO 入試は『学力重視』であるということです（p.104）」と述べた。この指摘を、中教審の作業部会のメンバーは、どう受けとめるであろうか。

　今、進められている入試改革が何をもたらすか、それを予見させる象徴的な事例がすでに表れている。先日行われたベネッセコーポレーション主催の説明会で、入試改革を先取りして、個別試験で志望理由書を提出させ、小論文（200 点）と面接（400 点）を課す形で行われた、高知大学の新設学部である地域協働学部の 2015（平成 27）年度一般入試において、自己採点による合否追跡調査の結果、センター試験の得点における合否の逆転ゾーンがとても広かったという報告を聞いた[2]。もちろんこれまでもこのように個別試験で小論文や面接が課された場合には、このような傾向が見られ、またセンター試験の得点が学力のすべてを測るものさしではないが、この生徒たちが入学後どのようになるのか、注視する

必要があるだろう。早速、2016（平成28）年度入試においては、面接の配点が200点に変更になっているが、これは何を意味するのだろうか。

　また、前出の首都大学東京都市教養学部都市教養学科生命科学コースのゼミナール入試において、たった1名ではあるが、他人の発表を流用してすばらしい発表をした生徒を、大学側が見抜けず入学させてしまい、入学後その生徒は不適応によりドロップ・アウトしてしまったという話も聞いた[3]。もちろんどのような方式をとろうが万能な入試制度などはなく、多かれ少なかれ何らかの問題は生じるものではあるが、今回の改革により、個別試験で面接やプレゼンテーションを重視した場合、「地力はないが弁は立つ」タイプの生徒を、今よりも増殖させてしまうという懸念はないだろうか。それでも従来型の「画一的な一斉試験で正答に関する知識の再生を一点刻みに問い、その結果の点数のみに依拠した選抜」（中央教育審議会，2014，p.8）を勝ち抜いた生徒よりもましである、という判断がなされているのであろうか。「東北大学AO入試型」をモデルとするならば、その外見だけを真似た、「似て非なるもの」になってしまうことがないように、その本質をモデルとして改革が行われることを望みたい。

　また倉元氏は、「大学入試にとって、制度の変更はどんなに大きな自然災害よりも甚大な影響を及ぼします」「崇高な理念の下の改革であっても、細部にわたる詳細な検討がなければ、思わぬ結果を招くのです」「急激な改変が格差を広げる方向に影響を及ぼすのは間違いないと思います（p.107）」と述べた。過去において筆者の地元の岡山大学でも、法学部と薬学部においては2006（平成18）年に後期日程が廃止されたが、翌2007（平成19）年にはすぐ復活したり、医学部においては2009（平成21）年にセンター試験で理科3科目が課されたが、翌2010（平成22）年には理科2科目にすぐ戻ったりということがあり、高校現場の教員と生徒は見事に振り回された覚えがある。改革には思い切りも必要であり、いつまでも前年度踏襲のままでは発展もないだろう。とりあえずやってみて、その結果からまた考えてみるというのも間違いではない。「過

第Ⅲ部　高大接続改革の行方

ちては則ち改むるに憚かること勿かれ」であり、大学側が間違った状態に固執せず、1年で英断を下されたことには敬意を表するが、果たして事前にどれだけ細部にわたる詳細な検討が行われたのか、そして過ちを未然に防ぐことはできなかったのか、疑問が残る。被害は最小限にとどまったとも言えるが、当該学年の生徒は1度きりの受験において影響を受けている。このように振り回されるのはいつも高校現場の教員と生徒である。我々高校教員はまだしも、生徒への悪影響だけは絶対に避けなければならない。

　最後に倉元氏は、「個別大学としてはこれまでの入試改革への姿勢は継続しようと考えていますし、すべきなのだろうと思います。しかし、制度の改変が高校教育を破壊するものであってはならないということは、強く思います（p.107）」と述べた。かつて筆者は「大学の先生は『浮世離れ』した存在で、高校現場のことなど何もわかっていない」という先入観を抱き続けていた。ところが2012（平成24）年5月に初めてこのフォーラムに参加して、倉元氏をはじめ、登壇された大学の先生方の講演や討論を聞き、高校現場に理解を示す方々の存在を知った。その後筆者は倉元氏の紹介により、地元岡山大学の先生とつながりができ、まだ小規模でなかなか広がりを持てないが、時々情報交換を行っている。もちろんこれまでも高校と大学の間にはSSHや教科、各種研究における連携、出前授業や単位互換、また入試についての形式的な協議会など、いろいろなつながりは存在するが、日常的に胸襟を開いて、実りある高大接続のために、お互いの現状や課題について情報交換する場がもっとあってもよいのではないだろうか。と言ってもお互いに何かと忙しく、時間がなかなか取れないという現実があることは承知しているが。

2.5　入試制度改革の方向性

　フォーラムの最後に行われた討議の中で答申への理解もより深まり、今後の方向性が見えてきた。以下、本項において特に断らない場合、フォーラムの報告書（東北大学高度教養教育・学生支援機構，2015）か

らの引用である。

　この討議の中で川嶋氏は、「今回の答申については、そういうこれまでの入試制度を実証的に検証したり、データに基づいた分析というものはほとんどなされないまま、向かうべき方向だけが、全面に出てきているという印象を非常に強く持ちました（p.119）」と述べている。また土井氏は、「どうしても改革をやろうとしますと、これはどんな改革でもそうだと思うんですが、やはり今までが悪かったと言わないと、改革につながらないので、とりあえず現状を厳しく批判します（p.122）」「今まで入試改革をしないといけないと言ってきたんだけれども、なかなか進まなかった。だから、少しでも進めるために、強い打ちだし方をして、これを進める空気を作ろうとする側面もあったんだろうと思います（p.123）」と述べた。さらに倉元氏は、「この答申の前提となっている構図には、いわゆる知識とそれからその活用力、さらには主体的に取り組む態度というのが、小中学校ではかなり改善されてきている、それなのに高校教育は変わっていないんじゃないかという見方があるのです」「基本的に、私は高校に対してはおおむね同情的な見方をしています。相当頑張っておられるような気がします（p.129）」と述べた。筆者も、現行の大学入試制度については、たしかに一部の私立大学等の推薦・AO入試などには問題もあり、現状がベストなものであるとは思わないが、決して知識偏重ではない、「思考力・判断力・表現力」を問う良問を出題している大学も多く、抜本的に改革しなければならないほどのものではないと思っていた。また、高校教育についても、たしかに小・中学校に比べればまだまだかもしれないが、徐々にではあるが改善は着実に進んでいるように思っていた。だから今回の中教審の答申での指摘は、たとえるならば、あるクラスでの遅刻者が多いという理由で、全校集会において校長から、いきなり学校全体を対象に翌日から始業時間を５分早めるという改善策を提示されている感じなのである。その指導は、たしかにこれ以上遅刻者を増やさないための抑止力としての効果はあるかもしれないが、始業時間を５分早めても遅刻者は出るであろうし、む

第Ⅲ部　高大接続改革の行方

しろ増えるかもしれない。また、遅刻をしていない健全で真面目な生徒
にとってはいい迷惑である。教育現場ではありがちなシーンではあるが、
まずは遅刻をしている者だけを厳しく指導すべきではないだろうか。

　また川嶋氏は、「入試というよりは、むしろそれぞれ高校教育と大学
教育が一番ポイントであって、入試というのは本来だったらそれほどこ
んなに前面に出てくるような政策課題ではないんじゃないかというのが
私の考えです」「ここの答申の 10 ページに書かれているように、入試に
おける評価を変えれば、高校教育と大学教育のあり方が変わると、逆
流効果が重要なんだから、入試を変えるということが指摘してあります
けれども、言ってみればその入試を変えなくても、教育自体を変えて
いくことは可能であります」「教育という観点をまず考えて、それに対
してどういう入試をするのかというふうな思考形式というのが、重要
だ（p.123）」と述べた。筆者も全く同意見である。たしかに試験という
ものは、生徒にとって学習の大きな動機付けとなっている。試験がある
から勉強する、試験がなければ勉強しない、という側面は否定できない。
その一方で、低学力の生徒を中心に、試験でさえ学習の動機付けになら
ない、という現実もある。また、18 歳人口の減少にもかかわらず、大学
の定員が減少しないことにより、大学入試において選抜の機能が失われ
つつある現状において、それを逆手にとり、大学入試を意識しない、あ
る意味本来の健全な教育活動ならびに学習を行うことができるようにな
る、絶好のチャンスととらえることもできるのではないだろうか。だか
ら、この討議の中でも取り上げられた、参加者からの質問のように「新
テストにどう対応するかというのと、それから大学の個別試験、個別選
抜ですね。は、これからどうなっていくかというのがやはり一番大きな
関心で、その具体的な対応策を知りたい（pp.129, 130）」という疑問を
抱く思考回路も、我々高校教員は改めなければならないのだろう。なぜ
ならそこには、試験のために勉強するということが、暗黙のうちに前提
となって存在しているからである。もちろんどのような制度で入試が実
施されるかはとても気になるが、中教審の答申以後、いろいろと考えて

たどり着いた、今のところの結論は、「情報にはアンテナを張り、できるだけ高校現場の声を改革に反映させるように働きかけながら、あまりじたばたせずに、今行っている教育を、よりよいものに改善し充実させていくことだ。そうすれば、おのずと新しい入試制度にも対応できるはずだ」という、当たり前のものである。これはある意味、中教審の思うツボであると思われ、それはそれで悔しいのではあるが。

　討議の最後に、司会の石井光夫氏により、「もっと慎重に、漸進的に、実証的に確かめながら、検証しながらですね、入試改革というのは進めていくべきものだ」「私立大学とも連携をしながら大学としての対応。もちろん高校の先生方との連絡を密にしながら、その意見もうかがいながら進めていくということは大事なんだろうなというふうに思っています（p.135）」というまとめがなされた。我々高校教員としても、緩やかかつ現実的な改革が行われることを希望する。そして是非、協議の場に高校現場の教員を加えてもらいたい。

2.6 まとめにかえて

　今回の中教審答申（中央教育審議会，2014）で何が一番不満であったかと言うと、今の高校教育や入試制度を全否定、つまり我々がこれまで一生懸命にやってきたことを全否定するような感じを与える点だったのである。それ以前に「教育再生実行会議（傍点筆者）」というネーミングもいかがなものかとは思うが。これらの点は、前述の討議における土井氏の指摘で理解はできた。しかし、私は常々「人は『理』では動かない。人を動かすのは『情』である」と考えている。同じことをやるにしても、やり方次第で結果は変わるものである。もう少し現場に配慮し、理解を示す形での提示のしかたもあったのではないだろうか。

　また、こだわるようであるが、本当に現行の大学入試制度は、根本的に変えなければならないほど駄目なものなのだろうか。たしかに一部の大学には問題があるのかもしれない。しかし、国語について言えば、センター試験の問題は決して知識偏重ではないし、個別学力試験も、旧帝

第Ⅲ部　高大接続改革の行方

大の問題を中心に、高校での学習に基づいた「思考力・判断力・表現力」を問う良問が多い。私立大学も、先日ある大学の推薦入試における問題を添削指導したが、基礎的な「知識・技能」から「思考力・判断力・表現力」に加えて、学部適性まで測れると思われる良問であった。これらの関門をくぐった生徒が、大学で知識偏重のまま「思考力・判断力・表現力」が十分に養われないとは思えない。また受験は、生徒を本当に大きく成長させてくれる。たとえ失敗したとしても得るものは多く、現行制度ならば、「ただ単に（従来型）学力が足りなかっただけだ」と受け入れることもできる。しかし、新制度において失敗した場合はどうであろう。「人物評価」が入るということは、それこそ全人格を否定されたように感じられ、ダメージが大きく残らないだろうか。もちろん失敗した場合には、「その大学の『アドミッション・ポリシー』に合わなかっただけだよ」と慰めたいとは思っているが。繰り返しになるが、初めに結論ありきではなく、必要な改革を必要な場所に、十分な検討の上無理なく段階的に導入してもらいたい。

3. 高大接続改革に関するセミナーと「中間まとめ」を受けて

3.1　高大接続改革に関するセミナーに参加して

　私はこの夏（2015［平成 27］年）大阪で開かれた、高大接続改革に関する二つのセミナーに参加した[4]。それぞれ民間の教育関連産業が主催したものであったが、そのいずれも冒頭の講演は、文部科学省の方による「改革についての現状報告と解説」であった。文部科学省の方から直接最新情報が聞けるという、大変貴重な機会を与えてもらった上で言うのは心苦しいのではあるが、一民間企業の主催する企画に、公的な立場の方が講演するということには、若干の違和感を抱いた。「高大接続改革実行プラン」（文部科学大臣, 2015a）には、たしかに「『高大接続改革フォーラム』の全国実施等、社会全体で改革を共有するための広報活動を推進する（p.10）」とあるが、それはこういうことだったのか。広報

活動の前に、できればまだまだ現場の声を吸い上げる場を設定してもらいたいと思う。

　それはともかく、文部科学省の方の講演を聞いて思ったことは、「さすがだ。見事に中教審答申を正当化するためのロジックを組み立てている」ということだ。一例を挙げると、大学入試改革の必要性について、「大学入試で知識のみが問われると、生徒は知識のみで良いと思ってしまう」そして「現状大学入試は、高校教育の延長線上に位置せず、道筋がずれてしまっている。暗記・記憶や反復練習が重視されているために、高校において探究型の学習が十分にできなくなっている。そしてそういった生徒が大学に入学するので、大学でも十分に課題発見・解決力がつかないまま、社会へと出てしまう。だから、大学入試を変えれば、高校において探究型の学習が十分にできるようになり、大学でも課題発見・解決力が養われ、社会においても発揮できるようになる、という一本の正しい道筋になるのだ」というもので、分かりやすい図を示しながらの説明であった[5]。お見事と言うしかない。ロジックとしては、どこにも齟齬（そご）はなさそうに見えるが、教育とは、そんなに単純図式化できるものなのか。そんなに簡単に単純に行くものならば、誰も苦労しないであろう。そもそも子どもたちが学びに向かわなくなったことについては、「雇用形態の改変」や「情報端末の普及」など、子どもたちから夢や時間を奪うようなことをしている産業界にもその責任の一端があるのではないか。今回はテーマが違うので、これ以上述べることは控えるが、そういった議論を抜きにして、「今の教育が悪いせいだ」と、その責任のすべてを教育現場に押しつけるつもりなのか。

　また、アドミッション・ポリシーについて、「これまでは形式的なものが多かったが、これからは大学ごとに、特色を明確に打ち出す。改善されない場合は、それなりの財政的措置を講ずる」と説明した[6]。それを聞いて「やはり、そこか」と思ってしまった。「高大接続改革実行プラン」（文部科学大臣, 2015a）にも「主体的に改革に取り組む大学にとってインセンティブとなるような財政措置の在り方を検討し（p.4）」

第Ⅲ部　高大接続改革の行方

とある。状況が改善することに異論はないが、お金をちらつかせて改革を促すような、品位を欠くことはしてもらいたくない。いつからこの国は、功利主義的な価値観に一元化されてしまったのだろうか。表向きは「多様化・多元化」と言いながら、根底にあるのは、経済中心主義の一元的な価値観ではないのか。また、科研費や補助金をちらつかせることで、大学の先生が何も言えない、もしくはものを言いにくい状況を作り出しているのではないだろうか。

3.2　「中間まとめ」を読んで

　以下、本項において特に断らない場合、「高大接続システム改革会議『中間まとめ』」（高大接続システム改革会議, 2015a）からの引用である。まず「段階を踏まえた着実な実施（p.6）」が行われる、ということが書かれてあったことに対して、ひとまずは安心した。「『高等学校基礎学力テスト（仮称)』や『大学入学希望者学力評価テスト（仮称)』の具体的な制度設計については、高等学校学習指導要領の改訂に係る検討状況を踏まえる必要がある（p.6）」とあるが、これは極めて現実的な対応であり、歓迎できるものだ。ところが、その直後に「高等学校基礎学力テスト（仮称)」については「平成31年度から34年度にかけては、『高等学校基礎学力テスト（仮称)』についての『試行実施期間』と位置づけ（p.7）」とあるのに対し、「大学入学希望者学力評価テスト（仮称)」については、「平成32年度から35年度にかけては、36年度以降に向けた課題を解決しつつ現行学習指導要領の下でテストを実施する（p.7）」とある。これではダブル・スタンダードではないか。なぜ二つの新テストの扱いは違うのか。なぜ「大学入学希望者学力評価テスト（仮称)」の実施は急ぐのか。できれば2020（平成32）年度から2023（平成35）年度にかけては現行のセンター試験を継続し、それと並行して「大学入学希望者学力評価テスト（仮称)」の試行をしてもらいたい。もしどうしても2020（平成32）年度から実施するのならば、遅くとも当該生徒が高校に入学する1年前、すなわち2017（平成29）年度には実施要項を公表し、

第3章　三位一体改革について

2020（平成32）年度以前に試行テストを実施してもらいたい。また少なくとも現行学習指導要領に関する項目においては、いわゆる「合教科・科目型」「総合型」の出題に関する明確な記述は見られなかったが、「試験の科目数については」「できるだけ簡素化する（p.42）」というこの文言は、何を意味するのだろうか。出題内容に若干の合教科・科目的・総合的なものがあるとしても、看板はあくまでも現行学習指導要領にある教科・科目名が掲げられると考えておいて良いのだろうか。それともいくつかの教科・科目をまとめた形での実施に、含みを持たせているのであろうか。読みようによってはそのような解釈もできる表現であり、不安が残る。

　また、「高等学校基礎学力テスト（仮称）」と「大学入学希望者学力評価テスト（仮称）」の複数回実施については基本的に反対であるが、実施するとしても次期学習指導要領の改定後、もしくはCBTの本格導入後とし、少なくとも現行学習指導要領の下においては、年1回としてもらいたい。そして実施した結果について実証的に検証しながら、次のステップへと進んでもらいたい。現状において、たとえ土日であったとしても部活動の大会や検定などの行事が目白押しである。センター試験は既に市民権を得て1月中旬にその位置を確保しているので、そこに新テストをはめ込むことには何ら問題はないであろうが、それ以外のどこに、希望者を対象とした新参者が入り込む余地があるのだろうか。各方面とよほどうまく調整するか、無理強いするかしなければ、難しいのではないだろうか。また、なぜ複数回必要なのか、なぜ点数化してはいけないのかについても、初めから結論ありきで、十分に議論が尽くされた上での結論だとは思えない。スポーツ界では、4年に1度のオリンピックやワールド・カップを目指して努力し、0.01秒差や1点差での勝ち負けを争う姿を称揚するのに、学業においては、3年間志望校を目指して努力し、1度の戦いで1点差での合否を争う姿が、なぜこうも敵対視されるのか。そこにどのような違いがあるのだろうか。

　さらに、二つの新テストのことばかり取り上げて申し訳ないが、「高

第Ⅲ部　高大接続改革の行方

等学校基礎学力テスト（仮称）」について、「学校単位で受検する場合には」「平日に実施することも可能とする。一方、個人単位で受検する場合には」「土・日・祝日や長期休業期間などに実施することを基本とする（p.21）」とあるが、これは「CBT-IRT」が導入された場合と解釈してよいのだろうか。そうでなくても、同時期に実施するテストにおいて、実施日や会場が異なれば、複数の異なった問題が用意されるのであろうか。また高校を会場として実施する場合、いわゆる公平性は担保されるのか。いろいろと疑問は残る。

　また、どうしても大学入試改革の項目にフォーカスしてしまうのであるが、結局「高等学校基礎学力テスト（仮称）」は「希望参加による実施（p.15）」となり、一方「大学入学希望者学力評価テスト（仮称）」についても「各大学の利用を促進する（p.6）」となった。つまり、大学入学者選抜において、そのどちらも利用せず、個別大学における「多面的・総合的評価」のみによる選抜が行われるということ、すなわち「アドミッション・ポリシーを明確化する（p.35）」ことは行われるにせよ、「AO・推薦入試が本来の趣旨・目的に沿ったものとなっていないなど、現在、入学者選抜で学力の評価が十分に行われていない大学（p.37）」における選抜は、結局実質的には何も変わらない恐れがあるのではないか。

　このように、「中間まとめ」においても、まだまだ疑問は残る。二つの新テストについては、「本年内を目途に『最終報告』を提出することを目指し（p.46）」とあるが、あまり功を焦らずに、一つ一つの疑問に丁寧に答えた上で、より実効性のある、現実的な制度設計をしてもらいたい。

　ちなみに、私案として、「『新共通テスト』は一元化し、必履修科目について、高校生として必要最低限の『知識・技能』『思考力・判断力・表現力』を確認するため、マーク式で年1回実施し、高校生全員に無料もしくは廉価で受験させる。その上でこれを、大学等への進学のための資格とする。そして各大学・学部等で必要な『知識・技能』『思考力・判断力・表現力』については、アドミッション・ポリシーに従って個別試験

で記述式問題や口頭試問等で問い、その他の要素も合わせて多面的・総合的に評価し、合否を判定する」というものを考えた。この方がよっぽどすっきりすると思われるが、いかがであろうか。

3.3　第9回高大接続システム改革会議（2015.12.22）について

「大学入学希望者学力評価テスト（仮称）」の記述式問題について、文部科学省から国語と数学で採用する案が公表された。内容もさることながら、朝日新聞の報道[7]で気になったのは、まず「従来のマークシート式と試験日を分け、採点に時間がかかる記述式部分を前倒しすることが検討されている」ということである。「資料1『大学入学希望者学力評価テスト（仮称）』で評価すべき能力やそのための作問の在り方等について（論点メモ案）」（高大接続システム改革会議, 2015b）にも「試験時間や採点期間の確保のため、記述式については別の日程で実施することも含めて検討する。同じく民間との連携での実施を検討している英語（4技能）と同一日程での実施も検討する。日程については、高等学校をはじめ関係者と十分に調整する」とある。今回の資料や報道には、複数回実施については一切触れていないが、日程の確保は本当にできるのであろうか。高校現場の意見を十分に汲み上げてもらいたい。また、朝日新聞の報道[8]には「作問や採点で費用がかさむため受験料は現行の1万8千円（3教科以上）から値上げする可能性があるという」とある。「中間まとめ」（高大接続システム改革会議, 2015a）には、「高等学校基礎学力テスト（仮称）」については「1回数千円程度の低廉な価格設定となるよう検討する（p.22）」とあり、「大学入学希望者学力評価テスト（仮称）」についても、「受検者の経済的負担を考慮して、一回当たりの検定料を適切な価格に設定する（p.45）」とある。果たして値上げは適切なのか、十分な検討を求めたい。

第Ⅲ部　高大接続改革の行方

4. その他の雑感

4.1　アクティブ・ラーニングについて

　今回の高等学校教育における改革の目玉の一つとして、アクティブ・ラーニングが挙げられる。一口にアクティブ・ラーニングと言っても、現在大学の研究者や学校現場の実践者によって、さまざまな定義づけや方法論が提示されており、さながら百家争鳴の状況にある。「釈迦に説法」となってしまうが、ここで改めてアクティブ・ラーニングの定義づけについて確認しておきたい。「用語集」（中央教育審議会，2012）によると、「教員による一方向的な講義形式の教育とは異なり、学修者の能動的な学修への参加を取り入れた教授・学習法の総称。学修者が能動的に学修することによって、認知的、倫理的、社会的能力、教養、知識、経験を含めた汎用的能力の育成を図る。発見学習、問題解決学習、体験学習、調査学習等が含まれるが、教室内でのグループ・ディスカッション、ディベート、グループ・ワーク等も有効なアクティブ・ラーニングの方法である（p.37）」とある。一言で言うならば「教員による一方向的な講義形式」ではない、「学修者の能動的な学修への参加」ができるもの、ということであろう。

　私が一番危惧することは、「活動あって指導なし」になってしまうことである。これは高校に限ったことではなく、小学校・中学校でも同じことである。これまでいくつかの実践発表や公開授業を見てきたが、たしかに生徒は生き生きと活動的に学習しているように見えるのだが、ではその活動でどのような力をつけるのか、目標が明確でなかったり、目標と学習活動がずれていたり、そもそも目標設定に疑問があったりというものがあったように思われる。例えば私は国語科だが、意味段落の要約をするのに汎用性のある方法論の提示はなく、いきなりグループで要約を作成させたり、全国学力調査の B 問題の正解率の低さについて、読解力に問題があると思われるのに、表現力に問題があるとの分析から、プレゼンテーションの学習に取り組んだり、などといったものであ

る。もちろん「いわゆるアクティブ・ラーニング」はまだ産声を上げた
ばかりで、これからより多くの教員が取り組み、試行錯誤や失敗を繰り
返しながら洗練されていくのであろうが、中教審答申（中央教育審議会,
2014）にも、「知識・技能の習得を無視する改革ではない（p.9）」とあ
るように、まずは「知識・技能の習得」を生徒にしっかりとさせなけれ
ばならないだろう。私も遅まきながら、「いわゆるアクティブ・ラーニ
ング」的な活動を少しずつ取り入れ挑戦しているが、汎用性のある「知
識・技能の習得」を生徒に十分にさせるということだけは、忘れないよ
うにしたいと思っている。

　また、「手段の自己目的化」が起きてしまわないように気をつける必
要もある。アクティブ・ラーニングを導入する目的は、同答申（中央教
育審議会, 2014）にもあるように、あくまでも習得した「『知識・技能
を活用して、自ら課題を発見しその解決に向けて探究し、成果等を表現
するために必要な思考力・判断力・表現力等の能力』を育むこと（p.6）」
にあるだろう。ところが、その目的がいつの間にか抜け落ちて、目的達
成のための手段にすぎない「グループ・ディスカッション、ディベート、
グループ・ワーク等」をとにかく行うことが目的となってしまう恐れは
ないか。一部の小学校や中学校では「教材の正確な読み取りなどどう
でも良い。とにかく教材を用いて生徒が活発に発言できれば良い」とい
う指導が行われていることもあると聞いた。発達段階や扱う教材によっ
ては、生徒が活発に発言することを目的とした学習があっても良いとは
思うが、「アクティブ・ラーニングは、活動がすべてだ」という誤解が
あってはならないだろう。老婆心ながら自戒も込めて、その目的や危険
性についても十分に認識した上で、アクティブ・ラーニングに取り組ん
で行きたいものである。

　ところで、同答申（中央教育審議会, 2014）で「高等学校においては、
小・中学校に比べ知識伝達型の授業に留まる傾向があり、学力の三要素
を踏まえた指導が浸透していない（p.4）」と、小中学校に比べて高校の
教育は遅れていると指摘され、県の研修でも「高校の教員は、小・中学

第Ⅲ部　高大接続改革の行方

校の教員を見習え」とよく言われる。たしかに参考にすべき点もあり、良いと思われるものについては取り入れたいと思うが、全面的に従う必要はないだろう。なぜなら義務教育と高校の教育には違いがある、すなわち発達段階に応じた指導法の違いがあって然るべきだと考えるからである。もちろんそれぞれの発達段階に応じた「思考力・判断力・表現力」の育成はあるべきだと思うが、逆に特に低学年においては、「知識・技能の習得」を、もっとしっかりやるべきだという議論があってもよいのではないか。たしかに学業に限らず、スポーツでも芸事でも基礎・基本の反復練習は無味乾燥でつまらないものである。しかしその段階を我慢して、基礎・基本をしっかり身につけた先に、本当に「わかる・できる」喜びがあるのではないか。「おもしろい・楽しい・わかる・できる」というところに内発的動機付けがある、とよく言われる。しかしそれが表面的なものにとどまっている場合には、すぐに飽きてしまい、何か別の新しい「おもしろい・楽しい・わかる・できる」が求められ、結局内発的動機付けにまでつながらず、本当の力は身につかないのではないかと考えるが、いかがであろうか。また、「物事は事後的にわかる」ということも経験的には真実である [9]。東大生が後輩の受験生に、「高校時代、何のために物理をやる必要があるのかわからなかった。でも大学に入って研究を始めると、その必要性がよくわかった」という話をしたのを聞いたことがある。「今何のためにやっているかわからなくても『いいから黙ってやれ』と我慢して取り組ませる」という指導も、あってよいのではないか。私は決して「知識・技能」か、それとも「思考力・判断力・表現力」か、という二項対立的な議論をするつもりはない。バランスが大事であるということと、いろいろな指導法があってよいのではないか、ということを言いたいだけである。

4.2　国立大学文系学部の改革について

2015（平成 27）年 6 月に、「国立大学法人等の組織及び業務全般の見直しについて」（文部科学大臣, 2015b）において「特に教員養成系学部・

大学院、人文社会科学系学部・大学院については」「組織の廃止や社会的要請の高い分野への転換に積極的に取り組むよう努めることとする」という通知が出され、マスコミ等でも大きく取り上げられた。私はこの報道を見て、「国立大学の文系学部は終わった」と思った。その後世間からの批判が強かったのか、同年9月には経団連が「国立大学改革に関する考え方」（一般社団法人日本経済団体連合会, 2015）の中で「今回の通知は即戦力を有する人材を求める産業界の意向を受けたものであるとの見方があるが、産業界の求める人材像は、その対極にある」という声明を出し、下村博文文部科学大臣（当時）も「日本教育新聞」（日本教育新聞社，2015）の「特別寄稿」の中で「人文社会科学系の各学問分野は」「重要な役割を担っている」と述べ、火消しに躍起になっている感じがする[10]。いったい真意はどこにあるのだろうか。

　教育改革について論じられる際に、産業界からの要請とよく言われるが、言うまでもなく、教育とは産業界にとって有益な人材を育成するためだけのものではないだろう。中教審答申（中央教育審議会，2014）にも、「従来、企業内訓練等が担っていた人材育成機能が、雇用環境の変化により失われつつある中、特に高等学校及び大学において、これからの時代に求められる力を確実に育成し、子供たちを社会に送り出すことが、以前にも増して必要となっている（p.28）」とある。企業に余力があった時代には、企業が就職後に再教育を行い、未成熟な青年をいっぱしの社会人に育て上げた。それがバブル崩壊後、企業に余力がなくなり、即戦力の人材を求めて、大学にその役割を押しつけて来たのではないか。そして今、大学にもその余力はなく、さらに高校にそのお鉢が回されてきたのではないか。大学・高校は、果たして産業界の下請け・孫請けに過ぎないのか。アカデミックな部分は、今の御時世にはもう一切不要なのであろうか。いや、むしろこの困難な時代を乗り越えていくために必要なものは、「教養」ではないだろうか。先の「日本教育新聞」の「特別寄稿」の中で下村博文文部科学大臣（当時）も、「正解のない問題に主体的に取り組みながら解を見いだす力が必要な時代には、教養教育や

第Ⅲ部　高大接続改革の行方

リベラルアーツにより培われる汎用的な能力の重要性はむしろ高まっている」と述べている[11]。自然科学の世界でも、今求められているのは倫理的な視点であろう。いつまでも成長の幻想を追いかけて実利的な学問分野だけを重視するのではなく、この国がそろそろ成熟していくためには、一見何の役にも立たなさそうな文学や哲学や倫理学などもおろそかにしない、いやむしろ重視する姿勢を持つことこそが必要ではないか、と文学部出身の私はそう思う。

　また、「すぐ役に立つことは、すぐ役に立たなくなる」ということ[12]も意識しておく必要があるのではないだろうか。流行を追いかけだすと、この先ずっと流行を追いかけ続けなければならなくなる。私立大学が流行に振り回され、「国際系」「薬学系」「看護医療系」とその時代の流行を追いかけ、そのすべてがとは言わないが、その後どのような状況に陥っているか、火を見るよりも明らかであろう。少し前に増殖していた「教育系」は、果たしてこれからどうなるであろうか。そして、今後は国立大学においても、次々と新しいトレンドが現れては消えていくのを繰り返していくのであろうか。

4.3　教育の「不易」と「流行」について

　ここ数年来考え続けていることがある。それは、今回のフォーラムの討議の中でも出てきた言葉であるが、「不易」と「流行」すなわち「教育における『不易』と『流行』とは何なのか？　自分が先達から受け継いだものの中から何を残して後輩に伝え、何を変えていけばよいのか？」ということである。今回の改革に限らず、現場における小さなものも含めて、これまでのさまざまな改革や改訂においても、「変えてはならないもの」を変えてしまい、「変えるべきもの」を変えていないことが多かったような気がしてならない。何か根拠となるべき客観的なデータがある訳ではなく、私の29年間の教員生活における経験に基づく感覚的なものではあるが、どうもちぐはぐな感じは否めない。産業界でも同じことが言われているようである。例えば、「変えてはならない

ものほど、変えやすい。逆に、変えるべきものほど、変えるのが難しい。だから、よく間違えて逆をやってしまう。簡単に変えることができるけれど、『本当に変えていいのか』ということは、きちんと考えてやらなくてはならない」というフレーズが印象に残っている[13]。どのような世界でも「変えるべきもの」と「変えてはならないもの」との見極めは難しい」ということだろうが、だからこそ「その本質は何か」ということを忘れずに検討する必要があるだろう。

　しかし、議論はどうしても「方法論・システム論」を中心に行われてしまう。それは議論が見えやすく、わかりやすいからであろう。私は常々、システムさえ整えればうまくいくというのは幻想である、と考えている。いくら良いシステムが構築されたとしても、そこに魂が込められなければ、すぐにシステム障害や形骸化を起こしてしまう。ところが魂の部分はなかなか見えにくい。そこでシステムに原因があると考え、新たなシステムが検討・導入され、同じことがまた繰り返される。これは現場で何度も経験してきたことである。極端なことを言えば、見えにくい魂、すなわち本質の部分をしっかりと認識し、絶えず確認を怠ることなく教育活動に取り組んだならば、極端な言い方をすれば、方法やシステムは何でも良いのではないだろうか。現場でも「これをするには、こうでなければならない」という言い方をされる方が結構いるが、私は、目指すところが同じならば、手段や方法は複数あってよい、と考えている。登山にたとえるならば、「同じ頂上に着くのであれば、右ルートでも左ルートでも、直線的でも切り返しながらでもよいのではないか」ということである。もちろん目指すべき頂上が異なっていてはいけないが。だから今回の入試改革も、「目指す山は変わらずに、ルートのより多様化が図られる」という解釈をすれば、何ら異議を唱えるものではないが、現行の入試制度でも十分に多様化は図られていると思うし、何も「従来型学力ルート」は、危険だから使用禁止だとすることはないと思うが、それは見解の相違なのであろう。「従来型学力ルート」を通ったからといって、「思考力・判断力・表現力」が十分に身につかないとは限

第Ⅲ部　高大接続改革の行方

らないとは思うのだが、あの方たちの目には、全く別の山へのルートだと映っているのだろう。とにかく、初めに「方法論・システム論」ありきではなく、その本質を見誤ることなく、今後も教育活動に携わっていきたい、そして先達から受け継いだ「変えてはならない本質」の部分について、少しばかりの「今どきの味」も加えつつ、よりよいものにして次世代にきちんと継承していきたいと考えている。

5．おわりに

　今回図らずも本稿を執筆することとなり、依頼された時は大変驚いたが、このような貴重な機会を得ることができ、とてもありがたく思っている。と言うのも、このたびの大学入試改革に限らず、これまでのさまざまな改革や改訂においてもそうだったが、高校の現場でいろいろ思うことがあったとしても、なかなかそれを伝える術がないのである。もちろん大学入試は大学側の専権事項であろうが、今回の大学入試改革は、大学や高校の学習内容の改革と「三位一体の改革」であると言われている。また数年来、高大接続の重要性も言われ続けている。それなのに今回の議論において、高校現場の声がほとんど取り上げられていないように思われてならない。聞くところによると、改革の具体的方策を議論している「高大接続システム改革会議」の委員 27 名中、高校関係者はわずか 2、3 名（しかも管理職）であるということである。もちろんここで一介の教員に過ぎない私が何か言ったからといって、状況が劇的に変化することなどあろうはずもない。しかし、だからといって何らかの問題や弊害があると思われることに対して最初からあきらめて何も言わず、ただ決められるのを待つだけ、というようなことはしたくない。高大接続システム改革会議の「中間まとめ」が出されたのが 2015（平成27）年 9 月中旬、そしてこの原稿を書いているのが同年 12 月末である。この本が出版される頃には、ひょっとすると最終決定に至っているかもしれない。しかし、改革が決定され実行されだしてからも、実証的に検証し、必要に応じて改善をしていく必要があるだろう。前述したが、福

島高校の浜田氏が、「この後、多くの高校の先生がご発言されるひとつのきっかけになればと思いまして、報告をさせていただきました（「報告書」p.95)」と述べたように、本稿も現場の声を改革に反映させるきっかけとなれば幸いである。そして、生徒のために、生徒の未来のために、実りある改革となることを願ってやまない。

【注】

1) 「高校教育フォーラム 2015」(2015.8.8・9 学研教育みらい主催，於 メルパルク京都）における、福田公子首都大学東京大学院理工学研究科生命科学専攻准教授の発言による。

2) 「公立高校における ICT 活用を考える会〜「学びの深化」「指導効果向上」「校務効率化」を見据えて〜」(2015.9.18 株式会社ベネッセコーポレーション主催，於 ベネッセコーポレーション岡山本社）における報告による。

3) 前掲注 1) 参照。

4) 「河合塾 高大接続改革シンポジウム」(2015.7.24 河合塾主催，於 梅田スカイビル）と「大学入試改革先取り対応セミナー」(2015.8.5 日本教育新聞社／株式会社ナガセ主催、於 スイスホテル南海大阪）である。

5) 「大学入試改革先取り対応セミナー」(2015.8.5 日本教育新聞社／株式会社ナガセ主催，於 スイスホテル南海大阪）における、松坂浩史氏（文部科学省大臣官房文部科学広報官）の基調講演による。

6) 「大学入試改革先取り対応セミナー」(2015.8.5 日本教育新聞社／株式会社ナガセ主催，於 スイスホテル南海大阪）における、北岡龍也氏（文部科学省高等教育局大学振興課課長補佐）の特別講演による。

7) 朝日新聞、2015（平成 27) 年 12 月 23 日付け記事。

8) 前掲注 8) 参照。

9) 岡山県立岡山朝日高等学校教諭である則近彰氏の言葉（私信）。

10) 日本教育新聞、2015（平成 27) 年 9 月 7 日付け記事。

11) 前掲注 10) 参照。

12) 慶應義塾大学塾長であった小泉信三氏の言葉。

13) 崎陽軒社長である野並直文氏の言葉。

第Ⅲ部　高大接続改革の行方

【文献】

中央教育審議会（2012）.『新たな未来を築くための大学教育の質的転換に
　　向けて～生涯学び続け、主体的に考える力を育成する大学へ～（答申）
　　用語集』、平成 24 年 8 月 28 日
　　（http://www.mext.go.jp/component/b_menu/shingi/toushin/__icsFiles/
　　afieldfile/2012/10/04/1325048_3.pdf, 最終閲覧日 2016［平成 28］年 1 月
　　11 日）.

中央教育審議会（2014）.『新しい時代にふさわしい高大接続の実現に向け
　　た高等学校教育、大学教育、大学入学者選抜の一体的改革について～
　　すべての若者が夢や目標を芽吹かせ、未来に花開かせるために～（答
　　申）』、平成 26 年 12 月 22 日
　　（http://www.mext.go.jp/b_menu/shingi/chukyo/chukyo0/toushin/__
　　icsFiles/afieldfile/2015/01/14/1354191.pdf, 最終閲覧日 2015［平成 27］年
　　12 月 30 日）.

土井真一（2015）.「中教審高大接続答申を読む――大学入試改革を着実に
　　実現するために――」、東北大学高度教養教育・学生支援機構編『第 22
　　回東北大学高等教育フォーラム　新時代の大学教育を考える［12］報
　　告書　大学入試改革にどう向き合うか――中教審高大接続答申を受け
　　て――』、9-22.

浜田伸一（2015）.「高校現場から見た大学入試改革」、東北大学高度教養教
　　育・学生支援機構編『第 22 回東北大学高等教育フォーラム　新時代の
　　大学教育を考える［12］報告書　大学入試改革にどう向き合うか――
　　中教審高大接続答申を受けて――』、91-101.

一般社団法人日本経済団体連合会（2015）.「国立大学改革に関する考え方」、
　　平成 27 年 9 月 9 日
　　（http://www.keidanren.or.jp/policy/2015/076.html, 最終閲覧日 2016［平
　　成 28］年 1 月 11 日）.

川嶋太津夫（2015）.「国立大学の入試改革の歴史と展望」、東北大学高度教
　　養教育・学生支援機構編『第 22 回東北大学高等教育フォーラム　新時
　　代の大学教育を考える［12］　報告書　大学入試改革にどう向き合うか
　　――中教審高大接続答申を受けて――』、67-84.

高大接続システム改革会議（2015a）.「高大接続システム改革会議『中間ま
　　とめ』」、平成 27 年 9 月 15 日

（http://www.mext.go.jp/b_menu/shingi/chousa/shougai/033/toushin/__
icsFiles/afieldfile/2015/09/15/1362096_01_2_1.pdf，最終閲覧日 2015［平
成 27］年 12 月 30 日）．

高大接続システム改革会議（2015b）「資料 1『大学入学希望者学力評価テ
スト（仮称）』で評価すべき能力やそのための作問の在り方等について
（論点メモ案）」，平成 27 年 12 月 22 日
（http://www.mext.go.jp/b_menu/shingi/chousa/shougai/033/shiryo/__
icsFiles/afieldfile/2015/12/22/1365554_01_1.pdf，最終閲覧日 2016［平成
28］年 1 月 11 日）．

倉元直樹（2015）．「大学入試改革モデルとしての『東北大学型 AO 入試』」、
東北大学高度教養教育・学生支援機構編『第 22 回東北大学高等教育
フォーラム　新時代の大学教育を考える［12］報告書　大学入試改革
にどう向き合うか──中教審高大接続答申を受けて──』，103-115.

文部科学大臣（2015a）．『高大接続改革実行プラン』平成 27 年 1 月 16 日文
部科学大臣決定
（http://www.mext.go.jp/b_menu/shingi/chukyo/chukyo12/sonota/__
icsFiles/afieldfile/2015/01/23/1354545.pdf，最終閲覧日 2016［平成 28］年
1 月 5 日）．

文部科学大臣（2015b）．「国立大学法人等の組織及び業務全般の見直しにつ
いて（通知）」，平成 27 年 6 月 8 日文部科学大臣決定
（http://www.mext.go.jp/component/b_menu/shingi/giji/__icsFiles/afieldfi
le/2010/01/28/1289460_02_2_1.pdf、最終閲覧日 2016［平成 28］年 1 月
11 日）．

東北大学高度教養教育・学生支援機構（2015）．『第 22 回東北大学高等教育
フォーラム　新時代の大学教育を考える［12］報告書　大学入試改革に
どう向き合うか──中教審高大接続答申を受けて──』．平成 27 年 9 月．

第4章　大学入学者選抜改革をめぐる課題と展望

本郷　真紹（立命館大学）

1.　新テスト導入とその課題

　学校教育法第 30 条第 2 項に規定された「基礎的な知識及び技能の習得」「思考力、判断力、表現力その他の能力（の育成）」「主体的に学習に取り組む態度（の養成）」が「学力の三要素」とされ、中央教育審議会の 2014（平成 26）年 12 月 22 日答申（中央教育審議会, 2014）においては、この「学力の三要素」で構成される「確かな学力」と「豊かな人間性」「健康・体力」を総合したものが、子供たちに育むべき「生きる力」であるとされている。さらに、同答申は、高等学校教育、大学教育、大学入学者選抜における課題として、「確かな学力」を基盤として、主体性を持って多様な人々と協働する態度などの「真の学力」が十分に育成・評価されていない、と指摘する。

　大学入学者選抜の課題については、選抜試験という性格から、「真の学力」が正当かつ十分に評価されていないという点について、改善の検討を要求するものと言え、2015（平成 27）年 1 月 16 日に出された文部科学大臣決定の「高大接続改革実行プラン」（文部科学大臣, 2015）において、現行の大学入試センター試験に代えて「高等学校基礎学力テスト（仮称）」（以下、基礎学力テストと略す）および「大学入学希望者学力評価テスト（仮称）」（以下、学力評価テストと略す）を実施するための検討が求められた。これを受けて、高大接続システム改革会議でその目指すべき方向性や具体的な内容が論じられ、2015（平成 27）年 9 月 15 日に出された同会議の「中間まとめ」（高大接続システム改革会議, 2015）で現時点における案が示されたが、各方面で行われている昨今の議論については、「基礎学力テスト」と「学力評価テスト」の目的・性格等が

第Ⅲ部　高大接続改革の行方

混同して受け止められているような感を禁じ得ないのが実態といえる。

　「高大接続改革実行プラン」に両者を合わせて「新テスト」と表記されているように、両者共に大学入試センター試験に代わる存在としての印象が極めて強く、また両者が「テスト」という点で共通するのみならず、内容やレベルにおいて当然「棲み分け」を意識した設定が余儀なくされることから、混乱が生じるのもある意味で止むを得ないものと言えるが、上記「中間まとめ」においては、「学力評価テスト」が「3. 大学入学者選抜改革」の項で扱われているのに対し、「基礎学力テスト」に関する内容は「1. 高等学校教育改革」の項に置かれている。この構成は取りも直さず、「基礎学力テスト」の主たる目的が大学入学者選抜にあるのでなく、あくまで高等学校教育改革の一環として、「知識・技能の習得」の達成度を検証するために設定される事を反映していると受け取られる。ところが何故か、同じ項で「基礎学力テスト」導入の背景として「③大学入学者選抜機能の低下」がその一つに挙げられ、昨今の推薦・AO入試における学力無担保の問題が指摘されているのである。察するに、「知識・技能の習得」を検証するテストのみで判定しない推薦・AO入試においても、基礎レベルの習得は必須である事を訴えたものと受け取られるが、大学入学を希望する側からすれば、それも入試における学力試験の一つと見なされることから、「基礎学力テスト」と「学力評価テスト」をそれぞれ、大学入学者選抜試験の基礎レベルと発展レベルと受け止められているような感が強い。大学入学希望者のみを対象とせず、当初全員受検を構想した「基礎学力テスト」が、実施時期や受検料等の課題もあり、今次の「中間まとめ」では「希望参加による実施」とされたことから、一層そのイメージが強まったような印象を持たれる。やはり、両者の区別をより明確にして正確な理解を求めると共に、高大接続課題で議論する場合、特に「基礎学力テスト」の扱いには慎重を期する必要があろう。

　以上の点を確認した上で、改めて高大接続システム改革の一環としての大学入学者選抜改革について考えてみたい。

第4章　大学入学者選抜改革をめぐる課題と展望

　叙上のように、大学入学者選抜の目的とするところが「真の学力」の
評価であるとすれば、「確かな学力」の検証という点で従前の入学者選
抜が不当、あるいは不十分なものであったと断言できるであろうか。程
度の差はあれ、「知識・技能の習得」と「思考力・判断力・表現力」の検
証は、試験形式の工夫を通じて可能となるように思われる。「主体的に
学習に取り組む態度」も、それが欠如すれば「確かな学力」の形成は困
難となる。とすれば、現在の大学入試センター試験および各大学独自に
実施している個別選抜においても、「確かな学力」の検証は可能であり、
多様な選抜方式の中で不十分なものが含まれるとすれば、改めて検証
レベルのミニマム・スタンダードを設定するなど、抜本的な改革を模索
せずとも所期の目的を達する方法は案出できるように思われる。問題は
「真の学力」を確立するために求められる「主体性を持って多様な人々
と協働する態度」という部分であり、その検証が大学入学希望者の選抜
時に要求されるとすれば、これはかなりの工夫と労力を要するものと言
わねばならない。しかし、これこそが、「確かな学力」を共通の「学力
評価テスト」で検証し、その上で、大学独自の選抜においては、教科・
科目の学力検証に特化せず、むしろそれを基盤とする総合的な力を測ら
んとする、今次の入試改革の目玉とも言うべき変革点と言えよう。

　理想を追求するとすれば、「主体性を持って多様な人々と協働する態
度」について高校の課程で一定の到達度を要求し、それを入学者選抜
の基準として検証するためには、筆答・個人面接あるいはプレゼンテー
ションでその意識を測るだけでなく、複数の受検者の中での行動等を通
じて相対的に評価するという、多くの時間と労力を要する選考が必要
となる。この場合、高校における正課履修との関係から「学力評価テス
ト」を現行の大学入試センター試験と同時期に設定せざるを得ない点を
考慮して、同年4月の新入学者確定時までの期間で十分な選考を行うこ
とには、年度末における大学教職員の業務実態等に鑑みて、かなりの困
難が予想される。強いてその選考方式に拘るならば、現在一部の大学で
行われているように、秋期に「主体性を持って多様な人々と協働する態

第Ⅲ部　高大接続改革の行方

度」の判定を行い、必要に応じて「学力評価テスト」により「確かな学力」を検証した上で最終的な判定を行う、という手順が要求される事になろう。

　2015（平成27）年9月、国立大学協会は、AO・推薦入試などの合格者を入学定員の30%に引き上げ得ることを盛り込んだ工程表を含む改革プランをまとめた（一般社団法人国立大学協会, 2015）。今次の高大接続改革の提言を受けての措置と推察されるが、現行（2016年度）入試では、国公立166大学においてAO・推薦入試の募集定員は全体の18%に及んでおり、このうち半数強の大学で大学入試センター試験が課されている。この選考方式が拡大すれば、少なからず高校3年次の正課履修に影響を及ぼすこと必定である。いずれにせよ、高校の側との周到な意見交換を通じ、時間的調整・合意の上での執行が不可欠となることは言を俟たない。

2.　私立大学の入学者選抜に及ぼす影響

　大学入試センター試験の廃止と「学力評価テスト」の新設、これに伴う大学独自試験の質的転換という今次の大学入学者選抜改革の方向性は、言うまでもなくセンター試験と独自試験の併用による学力検証を基本としてきた国公立大学の入学者選抜の改革を主たる目的とした方針であり、これまで独自に多様な選抜方式を設定・実施してきた私立大学にとって、直接的には拘束力を持たないと受け取られるかも知れない。しかし、競争的環境の備わった私立大学の入学者選抜においては、大学入試センター試験を採用し、その成績のみ、若しくは独自の試験と併用して合否判定を行っている例が多く存在する。この場合、必然的に同方式による入学者選抜に変更が余儀なくされ、対策が要求されるところとなる。

　一方で、国公立大学に比してAO・推薦その他の、所謂特別入試に多くの募集定員を設定している私立大学の入学者選抜においては、やはり競争的環境が備わっている限りにおいて、従来「確かな学力」と「豊かな個性」の双方、方式によっては後者をより重視した選抜を展開してき

第4章　大学入学者選抜改革をめぐる課題と展望

た経緯が存在する。したがって、私立大学の入学者は、高大接続という観点からして寧ろ「多様な」学生により構成されてきたことは疑いなく、その意味では、「多様な個性」は一定確保されているものの、逆に「確かな学力」の検証に不十分な部分が存したというのが大方の実態であったと言うことが出来る。筆者の勤務する立命館大学においても、この点を改善すべく、ここ数年来、募集定員の調整等で一般入試による入学者の増加を図り、全体として一定の「確かな学力」の確保を志す入学政策を展開してきた。同様の課題を抱える私立大学の立場からすれば、示された入学者選抜改革の方向性はある意味で「逆方向」とも受け取られるものであるが、今次の提言を受けて国公立大学が新たな方向での入学者選抜を志し、将来的にこれを充実させていった場合、当然のことながら私立大学が現在抱えているのと同類の課題に直面することが予想されよう。

　更に言えば、私立大学には、入学定員の確保という大学運営上極めて重要な課題があり、さまざまな選抜方式を展開してきた背景には、大学教学上の課題と共に、この運営上の課題が存在した。その意味で、私立総合大学である立命館大学における入学者選抜の現状と課題を提示することは、将来国公立大学や他の私立大学にとっても参考となる部分が存在すると考えられる事から、『立命館高等教育研究』第13号（2013年3月、立命館大学教育開発推進機構）に掲載された「立命館大学の入学者選抜」の一部を以下に引用することにしたい（本郷，2013）。

3. 立命館大学における入学者選抜における到達点と課題[1)]

3.1 一般入試における到達点と課題

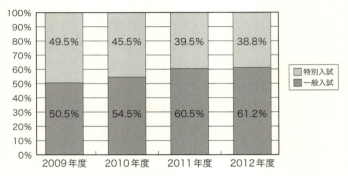

図1　立命館大学における入試区分別入学者数比率

　立命館大学の入学者選抜の方法は、入学者構造で言えば、この間、政策的に一般入試比率を高めている状況にある。このことは、高等学校の現場が高校3年生の最後まで学習に取り組むことを重要視していることに呼応した政策と言え、本学としても入学者の質を担保し、教科学力の高い層を入学者として迎え入れるために必要不可欠な施策と考える。

表1　立命館大学における入試区分別入学者数

	2009 年度		2010 年度		2011 年度		2012 年度	
一般入試	3,840	50.5%	4,147	54.5%	4,685	60.5%	4,563	61.2%
特別入試	3,760	49.5%	3,466	45.5%	3,063	39.5%	2,894	38.9%
合　計	7,600	100.0%	7,613	100.0%	7,748	100.0%	7,457	100.0%

第4章　大学入学者選抜改革をめぐる課題と展望

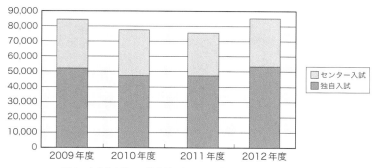

図2　立命館大学の一般入試における入試区分別志願者数

　一般入試では、全体の志願者に占めるセンター試験方式での比率が高くなっており、これに伴って手続率が低くなっている。本学への志望度の高い独自入試方式での志願者を如何に確保するのかが課題となる。

表2　立命館大学の一般入試における入試区分別入学者数と比率

	2009年度	2010年度	2011年度	2012年度
総志願者数	85,600	77,744	75,683	85,138
独自入試志願者数	52,347	47,584	47,533	53,328
センター入試志願者数	32,253	30,160	28,150	31,810
センター入試方式占有率	38.1%	38.8%	37.2%	37.4%

　また、本学は伝統的に近畿圏外の都道府県出身学生が多い大学となっており、全国型の大学として発展するためにも、学生構成の多様化を推進させるためにも、在学生の近畿圏外比率を高めることを重要な課題としていた。全国から多様な価値観を持った学生が集まり、混ざり合い、切磋琢磨することは、学生の成長にとって大きな糧となる環境を整えることに繋がる。本学では全国性を担保するために各地に試験会場を設けて入試を実施しており、このことを維持、発展させることが必要となる。因みに、志願者数では近畿圏外比率が近畿圏比率を上回っており、入学者では近畿圏外比率は約40％となっている。

第Ⅲ部　高大接続改革の行方

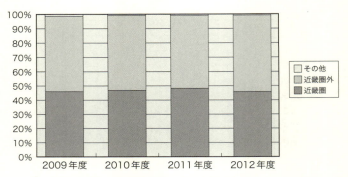

図3　立命館大学志願者の出身地比率（近畿圏/近畿圏外）

表3　立命館大学志願者の出身地（近畿圏/近畿圏外）

	近畿圏	近畿圏外	その他	近畿圏比率	近畿圏外比率
2009 年度	38,882	44,587	1,131	46.0%	52.7%
2010 年度	36,368	40,738	638	46.8%	52.4%
2011 年度	36,474	38,614	595	48.2%	51.0%
2012 年度	39,008	45,502	628	45.8%	53.4%

図4　立命館大学入学者の出身地比率（近畿圏/近畿圏外）

第 4 章　大学入学者選抜改革をめぐる課題と展望

表 4　立命館大学入学者の出身地（近畿圏 / 近畿圏外）

	近畿圏	近畿圏外	その他	近畿圏比率	近畿圏外比率
2009 年度	4,169	3,136	293	54.9%	41.3%
2010 年度	4,244	3,094	275	55.7%	40.6%
2011 年度	4,267	3,221	256	55.1%	41.6%
2012 年度	4,077	2,815	206	57.4%	39.7%

　本学では、1987（昭和 62）年度入試より、多様な能力、資質、個性
を持った学生を確保するために一般入試の多様化を図ってきた。その当
時は社会に大きなインパクトを与え、大学入試のイメージを一新した画
期的なものであった。アラカルト入試ともいわれる多様な入試スタイル
は、本学が先駆けて採用したものであり、全国の大学のモデルとなった。
1999（平成 11）年から現在までに本学が実施した一般入試におけるセン
ター併用方式やセンター試験方式を除く独自入試の方式は 21 方式を数
える。
　しかしながら、このように多様で複雑な入試は、高校現場での受験指
導が難しく、受験生の大学選択の志向も「入試の方式や難易度が自分に
合っている」ということよりも「専攻したい学問分野がある」というこ
とにシフトしていることから、少数科目入試を含めた多様な入学試験を
展開することが、入学者の質を担保することには繋がらなくなっている
ことが明らかになった。2002（平成 14）年度より中長期的に入試方式を
段階的に整理・縮小する基本方針を持ったが、本格的には 2010（平成
22）年度入試より入試方式のシンプル化が図られた。センター併用方式
やセンター試験方式を除く 2013（平成 25）年度に実施する独自入試で
は、全学統一方式（文系 A・理工 A）、薬学方式、学部個別配点方式の 3
つの方式に整理された。このような入試方式の整理統合は、受験生にも
高校教育現場にも歓迎され、一般入試比率の向上と相俟って、受験生の
質の向上に大きく貢献している。
　今後の課題として、先述のように、入学試験を高等学校での教育と大

第Ⅲ部　高大接続改革の行方

学での教育を結び付ける高大接続の基本として位置づけ、高等学校での学力到達度検証として有効な入試のあり方を追求する上では、単に入学試験の方式を改革するだけでなく、入学試験問題の出題内容自体を改めて検討する必要がある。

3.2　特別入試における到達点と課題

　本学の附属校からの学内推薦を除いた特別入試は、1983（昭和 58）年の推薦入学試験制度がそのはしりであり、現状ではいわゆる「指定校推薦」と呼ばれるものである。この推薦制度の目的は、①不本意な入学者の減少を図り、本学での積極的な学習意欲を持つ者の増加を図ること、②入学者の現役・浪人比率で現役の確保に努めること、③入学後の伸びは入試成績より高校時代の成績との相関が高いことを考慮し、高校時代の成績などについて適正な評価を行う立場を取ること、④高校教育の全般的学力の高さ、それを基礎とする視野の広さと学校生活全体のなかでの積極性を大学教育のなかに活かし発展させることとしている。

　1987（昭和 62）年度より「スポーツ能力に優れた者の特別選抜入学試験」、「外国学校出身者（帰国生徒）特別選抜入学試験」を実施し、1990（平成 2）年度からは「文化・芸術活動に優れた者の特別選抜入学試験」を実施した。これらの入試は既存の一般入試の枠組みでは評価できない高校生の能力を積極的に評価しようとする先進的な試みであった。その後、「自己推薦特別選抜入試」を実施するとともに、1998（平成 10）年度には「アドミッション・オフィス」を入学センター内に開設し、学習意欲・興味関心・適性などといったより広義の「学力」を選考する学部のアドミッション・ポリシーに即した AO 選抜入試を展開することとなった。現在、実施されている特別入試は、AO 入試や留学生入試などを含めると 35 方式を数える。

　本学では、一般入試では測ることのできない、学部での学びへの適合性や学ぶ意欲などを検証する入試として特別入試を実施しているが、他大学でも広く行われているこの特別入試は、ともすれば受験生の青田買

第4章　大学入学者選抜改革をめぐる課題と展望

いのように位置づけられ、一般入試に向けての学習を阻害するものとして高等学校の現場で捉えられる傾向にある。特別入試は、文部科学副大臣通知である「大学入学者選抜実施要項」において、「一般入試のほか、各大学の判断により、入学定員の一部について、多様な入試方法を工夫することが望ましい」とされており、評価尺度の多様化を求めるものとして制度化されているものである。しかしながら、国公立大学を含めた我が国の入学試験制度の実状に鑑みれば、厳しい学力検査を前提とした特別入試を実施することは、とりわけ私立大学においては困難な状況にあると言える。現行の制度では、2月以前の段階で学力試験を課すことが規制されていることもあり、私立大学において特別入試の受験生に対して改めて学力試験を課すことは、合格時期も含めて一般入試を受験することと何ら変わらないことになる。それでも、将来的に学力の担保が余儀なくされるものとすれば、全体の入試制度のあり方を含めて、その仕組みを検討していく必要があると考える。また、本学では、「2000年度（2002年度入試）入学政策委員会答申」において入学前教育についての全学方針化を行っているが、特別入試で入学してくる学生に対してのモチベーションと学習を継続させるための仕組みもさらに充実させる必要がある。

3.3　入学試験問題の課題

　現状での高等学校の教育は、学校の創意工夫を活かすための裁量や生徒の選択の幅を拡大させるために、選択教科・科目や学校設定教科・科目の単位数が増加し、必修教科・科目の単位数が減少している傾向にある。年代によって卒業までに修得すべき単位数は異なっているが、1963（昭和38）年度から実施された学習指導要領では、必修教科・科目単位数は70単位前後で、必修教科・科目以外の単位数は15単位前後であったのが、2013（平成25）年実施の学習指導要領では必修教科・科目単位数は31単位で、必修教科・科目以外の単位数は43単位となっている。全体の単位数に占める必修教科・科目の割合は、かつて80％を超えてい

第Ⅲ部　高大接続改革の行方

たのが、今では約40%となっている。この契機が、高等学校への全入時代によって一律に教育を行うことが困難になったことを背景に、詰め込み教育への批判から90年代に実施されたゆとり教育であることは言うまでもないであろう。

　しかしながら一方で、個別大学の入学試験問題は、学習指導要領を意識しながらも、従来どおり高校生の知識量や理解力を問うもので構成されており、60年代のいわゆる詰め込み教育の時代からさほど変化していない。学部教育を受けるに相応しい基礎学力があるかどうかを基準にして構成される一方通行的な出題が多く見られる。ただし、このことはあくまで必修教科・科目が高等学校におけるミニマムの学力であるとの理解から生じているものであり、必修教科・科目＝大学入試問題ではなくなっていることに改めて注意する必要がある。この意識のギャップから、高等学校の教育現場では、学習指導要領と大学入試の間に挟まれ、受験指導に苦心する状況が続いてきたが、今次の新学習指導要領において歯止め指標が撤廃されたことにより、より一層教科学力向上に注力することが避けられなくなる状況が予想される。

　2013（平成25）年度から本格実施されている新しい高等学校学習指導要領の総則には、「学校の教育活動を進めるにあたっては、各学校において、生徒に生きる力をはぐくむことを目指し、創意工夫を生かした特色ある教育活動を展開する中で、基礎的・基本的な知識及び技能を確実に習得させ、これらを活用して課題を解決するために必要な思考力、判断力、表現力その他の能力をはぐくむとともに、主体的に学習に取り組む態度を養い、個性を生かす教育の充実に努めなければならない」と規定されており、「生きる力」を育成することが基本的な考え方として貫かれている（文部科学省, 2009, p.1）。「生きる力」とは「確かな学力」、「豊かな人間性」、「健康や体力」などで構成されており、そのなかでも「確かな学力」とは、「基礎・基本を確実に身に付け、いかに社会が変化しようと、自ら課題を見つけ、自ら学び、自ら考え、主体的に判断し、行動し、よりよく問題を解決する資質や能力」として位置づけられている。

第4章　大学入学者選抜改革をめぐる課題と展望

　本学の入学試験問題についても、今後このような「確かな学力」を測る入学試験として相応しいかどうかについて検証しなければならない。大学の入学試験問題が変化しなければ、高校現場の教育を変えることも不可能となり、その意味で相互に意志の疎通を図りながら改善を志す必要がある。

4.　入学試験に連動した教学課題

　本学に入学した学生について、入学試験における成績と入学後の大学における成績（GPA）とを見てみると、両者の間に相関関係が見て取れない現状にある。このことは、本学を必ずしも第一志望としない層が入学し、学習意欲が不足していることによるものであるとか、教科学力の高い層を伸ばす教育システムが用意されていないためなど、様々な要因が複合的に作用していると思われるが、この点を如何に克服してゆくかが今後の課題となる。

　本学では、これまでの大学改革の取り組みを反映して、教育・研究における質向上が図られ、志願者としては高い潜在能力を有している者が受験するに至っている。しかしながら、とりわけ学力が高い層ほど合格しても本学には進学せず、国公立大学を中心とした他大学に進学している状況にある。また、大学全入時代を迎えているとはいえ、未だに大学生の3割から4割は第一志望ではない大学に入学している状況にあり、本学においても不本意入学者とカテゴライズされる層は少なくないと推察できる。18歳人口の減少期に向けては、教育の質を高め、進路や就職を視野に入れたトラックを設けることにより、本学での学びに確信を持って入学する高学力層の確保を図ることが重要となる。

　欧米の大学では、「大衆化」した大学のなかに「卓越性」を追求するために、優秀学生のための「オナーズプログラム」という特別なトラックを設けることで、大衆化と卓越性の両立を図ろうとしている。このプログラムは主に準トップクラスの公立総合大学で実施され、公立大学の授業料で私立の小規模カレッジと同等の手厚い学習支援が得られると

第Ⅲ部　高大接続改革の行方

いうメリットを生かして、優秀な学生を自大学に獲得するための有効な経営戦略となっている。学生の側からすれば、一般の学部では習得するチャンスの少ないリーダーシップなどの社会的スキルや国際交流を通じての知識を重点的に習得でき、何よりも低年次学生の学習意欲を飛躍的に高める可能性を有している。

　我が国においても進学率が上昇し、大学が多様な学生を抱え「大衆化」が進展している状況のもとで、とりわけ本学のような総合大学においては、「卓越性」について追求しなければ、教育の質向上を図ることは困難であると考える。

　本学では、現状においてもオナーズプログラムが様々な形で展開されているが、グローバル教育などの観点を中心に据えた全学プログラムや、学部の専門性に即したアドバンストプログラムを各学部の教学のなかで展開するなど、その位置づけや内容をより先鋭化してゆく必要がある。

　あわせて、一定の基礎学力を持ちながらモチベーションの上らない学生に対しては、小集団教育や初年次教育をより充実させるなど、環境や学習システムの整備を通じて「学びの転換」を図る必要がある。

5.　今後の展望

　大学卒業時に求められる人間像、とりわけ、昨今「人間力」や「学士力」等で表現される真の実力を兼ね備えた人物を育成するためには、大学において如何に充実した環境を整え、有効な手段を講じる事が出来るか、という点が最重要と考える。その意味で、今次の提言においても、アドミッション・ポリシーにカリキュラム・ポリシーとディプロマ・ポリシーを加えた三つのポリシーに基づく大学教育の実現が強調されているが、今後一層、専門知識・技能の習得のみならず、大学においても、正課・課外を問わず「主体性を持って多様な人々と協働する」経験を積むための環境・条件を整備する事が求められるものと推察される。残念ながら現状では、三つのポリシーが効果的に連動しているとは言い難い状況にある。入学時に一定の「確かな学力」と「豊かな個性」を兼ね備

えていたとしても、初年次よりカリキュラム・ポリシーに則り一様の課程を余儀なくされる事により、個人的特性が結果として損なわれている場合が少なくない。「確かな学力」の到達度を検証して受け入れた学生であれば、「オナーズプログラム」等を通じて一層その学力を伸展させる措置を講じることが必要であり、また「豊かな個性」を持った学生に対しても、同様にその個性を更に豊かにし、キャリアと連動させるような仕組みを構築する事が、大学に求められるようになる。これをもって初めて、真の意味での「高大接続」が内実化し、社会の各分野に確信をもって送り出せる学生を輩出する事が可能となろう。

　一方で、専門領域の研究の高度化を常に要求される大学教員にとっては、多くの時間と労力を割いて学生の教育に専念することは、決して容易ではない。その意味で、上記の目的を達するためには、総体としての教員の意識改革と、それを可能とする新たな評価システムの確立が早急に必要とされることは疑いない。教員自身が、学生との協働によりその研究が著しく進展すると実感しうるような体制づくりが、何より肝要と考える。

　さらに、これまで述べてきた「人材育成」という観点とは趣を異にするが、私立大学に特有の課題として、入学定員確保の問題に触れておかねばならない。現在示されている方向に則って「学力評価テスト」の設定と新たな方式の国公立大学独自入試が行われるとすれば、現在大学入試センター試験を利用している私立大学にとって、入学定員の確保は極めて困難を来す状況に陥る事が危惧される。特に、指摘されるように「学力評価テスト」が一点刻みでなく段階評価を行うとなれば、その成績のみを指標とし、国公立大学合格発表後の入学辞退者数を想定して合格者数を定めるのは、至難の業となる。結果として、予想外に入学手続数者が増加した、或いは逆に、定員を割り込んだ、といった状況が出現することが懸念されるが、一方で、政府は既に、大規模私立大学による学生の占有を戒める目的で、入学定員の管理強化を打ち出している。となれば、入学手続者数の読み違えにより公的補助金が大幅に減じられる、

第Ⅲ部　高大接続改革の行方

若しくは、定員未充足により学納金収入が著しく減少するといった事態が出現し、大学運営に支障を来す事にもなりかねないのである。このように「学力評価テスト」の成績のみで判定することは極めて危険性の高いものとなるため、従来の大学入試センター試験のみで判定する方式については、何某かの改善策を講じる必要が生じる事になろう。

　今一つの問題点として、特別入試と一般入試の区分の撤廃が今次打ち出された事から、2月以前に実施する特別入試における学力検証の規制が緩和される可能性が存するが、逆にそれは、推薦・AO入試に関してこれまで指摘されてきた「青田買い」を助長し、先述のように、高校の教育現場に影響を与える危険性が想定される。入学者選抜の方式自体の検討に加え、合格発表や入学手続きの時期等に関して、国公立大学も含めて今後高校の側と意思の疎通を図り、調整を試みる必要がある。その意味において、今次の改革が、多様な意味で高大接続の一層の伸展をもたらすものとなる事を期待して、擱筆することとしたい。

【注】

1)　ここからの2節（3・4）は、本郷（2013）の「5　立命館大学における入学者選抜における到達点と課題」「6　入学試験に連動した教学課題」に該当する部分から引用し、一部修正したものである。なお、節番号等は本書の形式に合わせた。

【文献】

中央教育審議会（2014）．『新しい時代にふさわしい高大接続の実現に向けた高等学校教育、大学教育、大学入学者選抜の一体的改革について──すべての若者が夢や目標を芽吹かせ、未来に花開かせるために──（答申）』平成26年12月22日
（http://www.mext.go.jp/b_menu/shingi/chukyo/chukyo0/toushin/__icsFiles/afieldfile/2015/01/14/1354191.pdf, 最終閲覧日2015［平成27］年12月30日）.

本郷真紹（2013）.「立命館大学の入学者選抜」『立命館高等教育研究』第
　13 号，立命館大学教育開発推進機構.
一般社団法人国立大学協会（2015）.『国立大学の将来ビジョンに関するア
　クションプラン（工程表）』平成 27 年 9 月 14 日
　（http://www.janu.jp/news/files/20150914-wnew-actionplan3.pdf，最終閲
　覧日 2016［平成 28］年 1 月 10 日）.
高大接続システム改革会議（2015）.『高大接続システム改革会議　中間ま
　とめ』平成 27 年 9 月 15 日
　（http://www.mext.go.jp/b_menu/shingi/chousa/shougai/033/toushin/__
　icsFiles/afieldfile/2015/09/15/1362096_01_2_1.pdf，最終閲覧日 2015［平
　成 27］年 12 月 30 日）.
文部科学大臣（2015）.『高大接続改革実行プラン』平成 27 年 1 月 16 日文部
　科学大臣決定
　（http://www.mext.go.jp/b_menu/shingi/chukyo/chukyo12/sonota/__
　icsFiles/afieldfile/2015/01/23/1354545.pdf、最終閲覧日 2016［平成 28］年
　1 月 5 日）.
文部科学省（2009）.『高等学校学習指導要領』平成 21 年 3 月
　（http://www.mext.go.jp/component/a_menu/education/micro_detail/__
　icsFiles/afieldfile/2011/03/30/1304427_002.pdf，最終閲覧日 2016［平成
　28］年 1 月 10 日）

第5章　人口減少と高大接続改革の行方

木南　　敦（京都大学）

1.　はじめに

　大学に入学を希望する者にとっての大学の選択と、大学にとっての希望者の中から受け入れる者の選択は、入学希望者と大学の両方にとって大きな挑戦である。個々の希望者は、最も希望にかなった大学に入学することができることを願う。個々の大学は、その大学の教育プログラムの要求に最も適合する学生を受け入れように努めようとするからである。

　わが国で大学が設置されて以来、大学が入学者を選抜する方法を改善するため繰り返し多くの議論がかわされ、このような議論から採用された改善策がいくつも実行されて今日に至っていることはよく知られていることである。改善策が繰り返し提示されてきたことは、改善が必ずしも狙いどおりに進まないことを示唆する。昨今もまた、高大接続改革あるいは高大接続システム改革が議論されていることは、周知のとおりである。昨今の議論の特色は、すくなくとも次の2点に見られる。一つは、それが人口減少下において改善を図ろうとすることである。もう一つは、それが高等学校と大学とにおける教育改革の脈絡において論じられていることである。

2.　人口減少

　第2次世界大戦の直後に見られたベビーブームとその後の第2次ベビーブームを反映して、18歳人口はそれぞれ、1966（昭和41）年には249万人という値に、平成4年には205万人という値に達し、この間の最小値は1976（昭和51）年の154万人であった。これに対して、2015（平成27）年の値は120万人である[1]。今後、出生数の減少を反映して、

第Ⅲ部　高大接続改革の行方

18 歳人口の減少は続くことは確実である[2]。高等学校進学率は、高卒当然社会といわれるところまで上がった[3]。大学進学を希望する者が増加し、大学進学率は 50 パーセント台に至った[4]。この間、大学の学士課程の収容能力は全体として増大されてきた。18 歳人口の減少が進行して、大学進学率が 50 パーセントあまりであることから、大学の学士課程の収容能力に余力が見られるようになってきた[5]。

　大学入学者選抜というときに選抜が実効性を持つためには、個々の大学がその教育プログラムの要求に適合すると見込まれる学生を入学希望者の集団から選択することができることが必要である。アメリカ合衆国の状況をみると、大学の学士課程の入学者数がその志願者数に比した割合が小さいほど入学後 6 年以内の課程修了率が高いというから[6]、教育プログラムの要求に適合することが見込まれる入学希望者の人数がプログラムの収容規模に比して十分に多いほど選抜の目的が達成されやすいことが示唆される。このような状況が確保されているとして、高等学校の教育課程の内容に準拠した学力検査を実施し、検査結果の値の大きい順に希望者を並べた上で予定した人数まで入学者を決めるとする。学力検査の結果が、希望者が培ってきた学ぶ能力と学ぶ態度を代表する値であると扱うことで、その時点で大学の教育プログラムに適した学ぶ能力と学ぶ態度を備えていることを確保することが可能という図式を描くことができよう。

　入学者選抜がこの図式の通りに運ぶには、高等学校までの教育課程を通じて磨かれ培われる学ぶ能力が、実際によく学力検査で発露し、かつこの検査結果である値に代表されるようにする工夫が凝らされることが求められる。そうすると、このような学ぶ能力を磨き、それを発揮するように学ぶ態度が形成されることが期待される。さらに、大学の提供する教育プログラムが高等学校までに習得する前提知識を求める場合には、学力検査の内容は入学希望者がそのような知識の習得に心がけるようにするものになろう。いうまでもなく、学ぶ能力と学ぶ態度そのものは直接に測定されるものはない。そのため、これらが学力検査においてよく

代表されるように特に意が用いられているということになろう。

　しかし、ここでは、この図式はどのような大学の入学者選抜でもこのように作用していたと論じるものではない。適度な競争環境が存在しているところでよく図式に近い状況があるというに留まるものである。ここに18歳人口の減少が進行すれば、この図式が成り立つ範囲はそれにつれて狭まることになる。それだけでなく、それが成り立つという教育プログラムでも受け入れる学生数が変更されなければ、入学する学生の間で学ぶ能力と学ぶ態度のばらつきが徐々に拡大することになろう。

　大学進学率が全国平均で50パーセントを超えていることは、高等教育が個人にとっても社会にとっても持つ意義の高まりを映したものである。高等教育は個人の能力を高めるだけではない。民主主義の安定した運営に欠かせない知識を社会に広めることになる[7]。18歳人口が減少するからといって、学士課程の収容能力を安易に減じることは、国民の需要に目を向けないばかりか、社会の要請に反することと考えられる。特に、国立大学や公立大学は、設置の趣旨からして学ぶ能力と意欲のある人たちに向けて低い学費で良質の教育プログラムを提供する役目を担っているから、収容能力を減じることは最後にしか取り得ない選択肢である。我が国の社会において経済格差が拡大しているなかで、国立大学や公立大学がこのような教育機会を提供しなくなることは任務の放棄につながりかねない。わが国の現状では、私立大学が学士課程の教育というサービスの主要な提供者であるが、アメリカ合衆国では、公立大学が学士課程の教育というサービスの主要な提供者であり、例えば、2013年の学士課程入学者10,506,096人中、公立大学入学者は6,721,861人であり、その比率は約64パーセントである[8]。

　大学の収容能力を減じるとしても、その事業の形態の性質から徐々にしか減少させることができないと考えられる。すでに出生数が減少して今後18歳人口の減少が続くことは確実であるから、高等学校の生徒の大学進学希望率が大きく上昇することがない限り、大学進学者数が18歳人口の減少につれて減少する。そうであるならば、現在まで用いられ

第III部　高大接続改革の行方

てきている入学者選択の方法が成り立つ範囲は狭まり、入学した学生の間にみられる学習能力と学習態度のばらつきは拡大することになると考えられる。また、総計 10 万人弱の入学者を募集する国立大学が同じ期日に学力検査を実施するという方式も、そう遠くないうちに、それがもたらす効率性より、適度な競争環境を阻害する要因となる弊害が目立つことになろうと想像される。

3.　高大接続

　高等学校の教育課程と大学の学士課程の間は、前者を修了した者が大学で学ぶことを希望し、大学がこのような希望者から学士課程に受け入れる者を選択する関係がある。この 2 つの教育課程はこのようにしてつながっているようにいうことができるが、それぞれによって達成される固有の目的がある。学校教育法によれば、高等学校は、中学校における教育の基礎の上に、心身の発達及び進路に応じて、高度な普通教育及び専門教育を施すことを目的とする [9]。これに対し、大学は、学術の中心として、広く知識を授けるとともに、深く専門の学芸を教授研究し、知的、道徳的及び応用的能力を展開させることを目的とする [10]。

　高等学校の生徒にとって、高等学校の教育課程はかならずしも大学で学ぶ準備をする予備門あるいは予科というような学校あるいは課程ではない。高等学校は法令上、生徒が「進路に応じて、高度な普通教育及び専門教育」[11] を受ける学校であり、生徒の進路の先にある学校が大学であれば、この進路に応じて生徒に高度な普通教育あるいは専門教育が施されることが目的の中に組み込まれると考えられる。そうであるとしても、高等学校の教育は、「義務教育として行われる普通教育の成果を更に発展拡充させて、豊かな人間性、創造性及び健やかな身体を養い、国家及び社会の形成者として必要な資質を養うこと」、「社会において果たさなければならない使命の自覚に基づき、個性に応じて将来の進路を決定させ、一般的な教養を高め、専門的な知識、技術及び技能を習得させること」、及び「個性の確立に努めるとともに、社会について、広く深

い理解と健全な批判力を養い、社会の発展に寄与する態度を養うこと」という目標が達成されるように実施されるものである[12]。高等学校もまた、小学校、中学校や中等学校と同様、「生涯にわたり学習する基盤が培われるよう」[13] にする学校である。この際に「特に意を用いなければならない」ことが、「基礎的な知識及び技能を習得させるとともに、これらを活用して課題を解決するために必要な思考力、判断力、表現力その他の能力をはぐくみ、主体的に学習に取り組む態度を養うこと」である[14]。高等学校でも小学校や中学校と同じくこのようなことに「特に意が用いられなければならない」ということの狙いは、大学で学ぶために必要となる学力を培うことではなく、「生涯にわたり学習する基盤が培われるよう」にすることにあるに留意しなければならない。

　大学の側では、「大学に入学することのできる者は、高等学校若しくは中等教育学校を卒業した者若しくは通常の課程による十二年の学校教育を修了した者（通常の課程以外の課程によりこれに相当する学校教育を修了した者を含む。）又は文部科学大臣の定めるところにより、これと同等以上の学力があると認められた者」[15] である。大学の個々の学士課程教育は、高等学校を卒業した者を対象とする。このように、教育プログラムの内容は、個別のプログラム間に差があるものの、大学入学者が高等学校の教育課程を終えていることを予定して編成される。これに対し、高等学校の校長が高等学校学習指導要領を前提として生徒の高等学校の全課程の修了を認めるとされているから、実際のところ、修了したとされる課程の内容についても課程の内容の理解度についても、高等学校の間で差が生じる余地は制度自体に組み込まれていることである。

　大学は、その目的を実現するために教育プログラムを提供する。教育プログラムでは、授業科目が開設されて体系的に教育課程が編成されることになる[16]。教育プログラムには、それが要求するところに適合した、学ぶ能力と学ぶ態度の水準があると考えられる。この学ぶ能力と学ぶ態度は、入学希望者から入学者を選ぶ過程で先に述べた図式が成り立って、求められる水準が確保されると考えられる。先に述べたことを繰り返す

第Ⅲ部　高大接続改革の行方

と、この図式が成り立つには、教育プログラムを受けようとする者の間で適度な競争状態が存在している必要がある。教育プログラムによっては、学力検査は、その前提となる知識あるいは技能を備えている程度を点検して、受け入れ可能な者であることを確認するという狙いも持つ。

　大学はそれぞれ受け入れる学生数を教育プログラムごとに予め決めている。希望者の中から決めた数の入学者を決定する。わが国において、この決定は、学力検査の結果に依拠して実施されてきていることは周知の通りである。適度な競争状態が見られるときにはこの決定は絞り込みであるが、入学希望者数が予定された入学者数に近い値であれば、学力検査をしてもそれが受け入れ可能な者であることを確認する役割は減じられることになる。

　学力検査結果に依存した絞り込みという方法は、長年にわたって批判の対象となってきたものの、依然として用いつづけられていることは周知のとおりである。入学希望者の学ぶ能力と学ぶ態度を評価する方法がこの他にもあることは、否定できない。その一例として、高等学校在学期間中の評価は、学ぶ能力と学ぶ態度をよく表わす指標として利用することが考えられる。生徒の学ぶ能力と学ぶ態度についても、希望する教育プログラムの内容に必要な知識を備えているかについても、生徒と長い時間にわたって接した教員は有用な評価を提供することができる。にもかかわらず、大学が実施する学力検査結果に依存することには、それなりに事情があると考えられる。ここでは、学力検査の結果をもとに入学希望者の学ぶ能力と学ぶ態度を評価する方法を用いて入学者を選択することを前提とする。

4.　高校生の希望大学決定プロセス

　高校生は、高等学校の生徒として修業年限を過ごす。1日は24時間であり、睡眠や食事の時間を除けば1日は短いものである。通学にも時間がかかる。この限られた時間を、高校生は学業とそれ以外の行動に用いる。時間をどのように使い分け、学ぶ能力の向上に振り向けるのかとい

う課題それ自体が、学ぶ態度の基本にある生活態度にあたることは言うまでもない。

　高校生は、みずから立てた目標をすこしでも多く実現するため、限られた時間を有効に活用することができるように時間の使い方を選ぶであろう。時間の使い方を上手に選ぶには、選ぶため必要な情報を収集しなければならない。このような情報から選び得る選択肢を見つけて、それぞれについて長所と短所を調べなければならない。このような情報は、自ら調べて収集するほか、父母や兄弟姉妹といった家族、友人、高等学校、予備校や塾の教員から得るであろう。高校生はこうして得られる情報を利用し、自ら持つ目標の優先順位を踏まえて時間を有益に使う方法を見つけていくだろう。このような過程から常に良い決定が導かれるとは限らないが[17]、好ましくなかったという決定を修正するという経験が得られることであろう。

　さらに、大学で学ぼうとする高校生にとって、大学の選択は極めて重大な選択である。第一に、大学の教育プログラムは、衣類のようにあらかじめあるものを試してみて、それが合わないと考えれば別のものにするという選択方法になじまない。入学後に合っているのか否かを評価することができるとしても、合っていないことに気がついたときには取り返しがつかないという状態に至っていることになる。他の人たちが合っていると言うとしても、その人たちの選好と異なる選好を有していると、他の人たちの意見をあてにすることができない。そうすると、大学をその世評を信頼して選択することが安全であるかもしれない。

　第二に、大学で学ぶことは、自己の向上を図るという願いや望みの実現の手段であるとしても、この願望には、大学で学ぶことを通して身につけたことが卒業後に仕事をする際に生じさせる利点を手にすることが含まれよう。どの大学の卒業者であるのかということがその者の潜在能力を判断するのに有用なシグナルを送るという効用があることに力点を置く見方がある。大学別に卒業者が役に立つと企業人が評価する記事は、この効用に着目しているということができる。大学において学んだ

第Ⅲ部　高大接続改革の行方

ことが仕事に就く能力を向上する効用を持つということに力点を置く見方がある。究極の職業訓練学校とも評される医学部医学科の人気が高いことは、この効用が着目されている結果と考えられる。いずれであっても、このような効用が高いとみられる教育プログラムが好まれるということができる。

　高校生は、高等学校在学中に、大学が入学者を選択する方法について敏感になる。人気のある大学に入学を希望する高校生にとって、とりわけ学力検査の結果は希望の成就を決する重要な事柄である。学力検査は高等学校の教育課程に準拠して実施されるから、学力検査の内容や実施方法によって、高校生が在学中に学ぶ教科あるいは科目の選択の範囲が定まることになる。

　高校生であれば、学力検査の対象である教科あるいは科目は高校で学ぶことを当然期待する。高校生に助言を与える人たちにとっても、高等学校の教育課程の編成を担当する人たちにとっても、学力検査の内容や実施方法は同様に重要な事柄となる。高等学校は、第1学年に生徒を受け入れる前に、受け入れる生徒が卒業時に大学が実施する学力検査を受けることを念頭において教育課程を編成する準備を整えて、その内容を中学生に対してその学校の特色として提示することも必要になろう。そうすると、学力検査の内容や実施方法は、高校生、高校生に助言を与える人たち、及び高等学校における教育課程編成担当者に適時に周知されることが求められる。

　2015（平成27）年1月16日に発表された「高大接続改革実行プラン」によれば[18]、個別の大学が2021（平成33）年4月に受け入れる学生を選択する学力検査の内容や実施方法が種々の点で変わると見られる。2021（平成33）年3月に高等学校を卒業する生徒が、このような学力検査の対象になる。このような生徒は一般には2018（平成30）年4月に高等学校に入学する。高等学校における教育課程編成担当者は、2017（平成29）年後半までに変更の内容に基づいて、2018（平成30）年4月に受け入れる生徒の教育課程を決めることになる。そして、2018（平成30）年

第5章　人口減少と高大接続改革の行方

4月に入学する生徒は、その希望を実現するため学び始め、その目標が多く実現するよう選択を重ねていく。この選択の過程に、理解しやすく利用しやすい形で変更に関する情報が適用されなければならない。このためには、適時に、生徒と生徒に助言を与える人たちが、個々の大学の入学者選択の方針について変更後の仕組みを理解することが必要になる。

　大学が2021（平成33）年4月に入学する者を対象として入学者選択の方針を種々の点で変更し、高等学校がこの変更に対応する時間を有するようにするには、個々の大学は、2017（平成29）年中に変更後の制度を示すことが求められることになる。個々の大学の設計の前提となる共通の制度の細部は、個々の大学による入学者選択制度の設計に十分に時間をかけられるように公表されることが必要である。このように、2021（平成33）年4月に大学に入学する者から制度を種々の点で変えようとするならば、時間に余裕はあまりない。

　このようなことが、2018（平成30）年4月に高校生になる人たちが、大学選択に必要とする情報を十分に提供されて、それを利用して決定するために必要である。高校生が生きる力を発揮するとは、このようにしてみちを切り拓くことができるようにすることであろう。それには、決定する者である生徒と決定に助言をあたる者に必要とされる情報を適時に利用しやすい形で提供することが欠かせない。

5．大学による入学者の選択

　大学の教育が、大学が健全な財政基盤に裏付けられた非営利事業であることを前提とすれば、それはその提供に必要な費用を下回る授業料を対価として提供されていると考えられる。費用と授業料の差額は、税を原資とする政府補助金、寄付金や大学が有する基金運用益によって補われているということができる。政府補助金や寄付金は、大学が設立された個々の目的を達成するために提供される。基金の蓄積や基金運用益に対する課税上の優遇についても同様である。もちろん、ここでいう目的は単一ではなく、複数の目的が組み合わせられたものである。

第Ⅲ部　高大接続改革の行方

　大学は、このような目的を達成するために教育プログラムに学生を受け入れるため入学者を選択する。入学者の選択は、教育プログラムの入り口であるから、教育プログラム実施にとって重要な事項である。教育プログラムが入学する学生の学ぶ能力と態度に適合するとともに、教育プログラムの要求に応じることができる学生を選択することが求められる。学生の学ぶ能力と態度が、教育プログラムの要求の水準と合致しなれば、学生は十分に学ぶことができず、教育プログラムの目的達成が困難になってしまう。このような事態は、学生個人にとっても大学を支える社会にとっても大きな損失につながる。このために、大学による入学者の選択は重大な任務である。

　入学者の選択が重大な任務であるとしても、教育プログラムの実施はそれより重大な任務である。入学者の選択に過大な時間と労力を割くことは教育プログラムの実施に支障をきたす原因になるばかりか、教育プログラムの実施に当てられる時間と労力が有効に活用されない事態を招く。

　これまで、わが国で学力検査の結果に依拠した入学者選択が用いられている理由として、大学入学希望者の間で人気のある大学ではこの方法によって学生の学ぶ能力と態度の水準が、学力検査実施に要する時間と労力に比べて効率よく確保できていることをあげることができる。しかし、この状態が今後も続くと楽観することはできない。一つに、この方法は、入学する学生が一定の学ぶ能力と態度を備えていることを担保するものではない。もう一つに、高い学習能力と優れた学習態度を備えている高校生が十分な数存在し、学力検査の結果を向上しようと努力してきたから、この方法がうまく働いてきている。今後続く人口減少が大学入学を希望する高校生の数を減少させていくなかで、多くの大学の入学者の選択でこの方法がこれまで以上にうまく働くことはないことを考えておくことが必要である。

　教育プログラムの目的の実現には、同じプログラムや同じキャンパスでともに学ぶ学生たちの間の相互影響と交流が重要な貢献をすることはよく知られていることである。学生間の相互影響と交流は、種々の観点

で異なる資質や背景を持っている学生がいることによって一層効果があると期待することができる。学力検査という単一の方法に依拠する入学者の選択は、大勢の希望者を同時に扱うことができるということから効率がよいという長所がある。しかし、人口減少が続けば、そもそも入学希望者の間で種々の観点で異なる学生数が減少することになり、これが入学者に反映することに留意することが必要である。

6. むすび

　個々の人間が持つ学習能力の向上や学習態度の形成において、家族が果たす役割があることは否定できないであろう。ここで、家族内世代間の資産の移転という観点から、文化の相続ともよばれることから考えてみたい[19]。こどもたちが育てられる文化環境は、その祖父母やその父母の世代からさまざまな形をとって投入されてきた資源の蓄積から形成されているということができる。この文化環境が世代をまたいで相続される。文化の相続は、学ぶ能力の向上や学ぶ態度の形成にとって有利に働くことは否定できないであろう。大学で学ぶことは、この文化の相続の重要な内容の一つである。こうして相続される文化は、世代間資産移転課税や政府規制によって均等にすることはできない。このことを考慮にいれて学ぶ能力や学ぶ態度を評価して大学で学ぶ機会の均等を図ることは、入学者の選択制度の設計に組みこむことができることである。そうすることは、種々の観点から異なる資質を持つ学生を選択する方法にもなることであろう。大学が経済格差を固定することに寄与するのは本意ではなかろう。この課題は大きいが、それがどのように扱われるかは、高大接続改革の長い行方のなかで注目に価することである。

【注】

1)　「図表 2-5-2（18 歳人口と高等教育機関への進学率等の推移）」文部科学省『平成 26 年度文部科学白書』208 頁参照
（http://www.mext.go.jp/b_menu/hakusho/html/hpab201501/1361011_012.

第Ⅲ部　高大接続改革の行方

pdf、最終閲覧日 2016 年 4 月 1 日）。

2) 「図表 1-1-6（出生数及び合計特殊出生率の年次推移）」厚生労働省『平成 27 年度版厚生労働白書』29 頁参照（http://www.mhlw.go.jp/wp/hakusyo/kousei/15/dl/all.pdf、最終閲覧日 2016 年 4 月 1 日）。

3) 香川めい他著『〈高卒当然社会〉の戦後史』、2014、新曜社。

4) 注 1）参照。

5) 注 1）参照。

6) 2006 年にアメリカ合衆国の学士課程に入学した者のうち 6 年以内に課程を修了した者の割合は、入学者が出願者の 25 パーセント未満である大学では 85.6 パーセント、25 パーセント以上 49.9 パーセント以下である大学では 72.4 パーセント、50 パーセント以上 74.9 パーセント以下である大学では 60.5 パーセント、75 パーセント以上 89.9 パーセント以下である大学では 55.9 パーセント、90 パーセント以上の大学では 47.6 パーセント、選抜を実施しない大学では 32.8 パーセントである。Table 326.10: Graduation Rates of First-Time, Full-Time Bachelor's Degree-Seeking Students at 4-Year Postsecondary Institutions, DIG. EDUC. STAT.（Jan. 2014）（http://nces.ed.gov/programs/digest/d13/tables/dt13_326.10.asp、最終閲覧日 2016 年 4 月 1 日）。

7) この立場は、トマス・ジェファソンが 1779 年にヴァージニア議会に提案した法律案において表明している。Thomas Jefferson, A Bill for the More General Diffusion of Knowledge,（http://founders.archives.gov/documents/Jefferson/01-02-02-0132-0004-0079、最終閲覧日 2016 年 4 月 1 日）。

8) Table 303.70 : Total Undergraduate Fall Enrollment in Degree, DIG. EDUC. STAT.（Mar. 2015）、（http://nces.ed.gov/programs/digest/d14/tables/dt14_303.70.asp、最終閲覧日 2016 年 4 月 1 日）。

9) 学校教育法第 50 条。なお、中等教育学校は、小学校における教育の基礎の上に、心身の発達及び進路に応じて、義務教育として行われる普通教育並びに高度な普通教育及び専門教育を一貫して施すことを目的とするとされ（学校教育法第 63 条）、中等教育学校の後期課程における教育は、第六十三条に規定する目的のうち、心身の発達及び進路に応じて、高度な普通教育及び専門教育を施すことを実現するため、第

第 5 章　人口減少と高大接続改革の行方

六十四条各号に掲げる目標を達成するよう行われるものとするとされる（学校教育法第 67 条 2 項）。また、特別支援学校は、視覚障害者、聴覚障害者、知的障害者、肢体不自由者又は病弱者（身体虚弱者を含む。以下同じ。）に対して、幼稚園、小学校、中学校又は高等学校に準ずる教育を施すとともに、障害による学習上又は生活上の困難を克服し自立を図るために必要な知識技能を授けることを目的とする（学校教育法第 72 条）。

10）学校教育法第 83 条。

11）学校教育法第 50 条。

12）学校教育法第 50 条。

13）学校教育法第 30 条 2 項（小学校）、同第 49 条（中学校）、同第 62 条（高等学校）、同第 70 条（中等学校）。

14）注 13）に引用した規定参照。

15）学校教育法第 90 条 1 項。本稿では、簡単のため、この規定にいう学校教育を施す学校を高等学校という。

16）大学設置基準第 19 条。

17）このような決定過程の医療における実際については次の文献参照。Carl E. Schneider, The Practice of Autonomy: Patients, Doctors, and Medical Decisions（1998）。

18）「高大接続改革実行プラン」（2015［平成 27］年 4 月 1 日）のうち「高大接続改革に向けた工程表」参照
（http://www.mext.go.jp/b_menu/shingi/chukyo/chukyo12/sonota/__icsFiles/afieldfile/2015/01/23/1354545.pdf、最終閲覧日 2016 年 4 月 1 日）。

19）文化の相続（cultural inheritance）については、次の文献参照。Walter J. Blum & Harry Kalven, Jr, The Uneasy Case for Progressive Taxation, 19 U. Chi. L. Rev. 417, 504（1952）。

第6章　国立大学入試における個別選抜のゆくえ

石井　光夫（東北大学）

1. はじめに

中央教育審議会が 2014（平成 26）年 12 月 22 日に「新しい時代にふさわしい高大接続の実現に向けた高等学校教育、大学教育、大学入学者選抜の一体的改革について」と題する答申（以下「高大接続答申」）を発表して以来、大学入試改革をテーマとした講演会やシンポジウムが頻繁に開催されるようになった。高大接続答申が 1980 年代半ばの臨時教育審議会以降積み上げられてきた大学入試改革を一挙に飛び越える「抜本的改革」を提言したことが、高校や大学関係者のみならず、社会の大きな関心を呼んでいる。そうした講演会やシンポジウムの中でも 2015（平成 27）年 5 月 15 日に開催された東北大学高等教育フォーラム（東北大学高度教養教育・学生支援機構主催）は比較的早くにこのテーマに取り組んだものの一つであろう。高校や大学関係者等の参加者 355 名という例年（200名程度）を超える人数もその関心の高さを物語っている。

基調講演に立った土井真一教授（京都大学）は、中教審高大接続部会の専門委員を務めた経験をもとに高大接続答申の概要とポイントを解説し、構想された 2 種類の新テストの具体的設計に至らなかった問題点を指摘するとともに、大学の個別選抜に関し、1）独自の学力試験継続の余地が残ったこと、2）多面的総合的評価の対象が全受験者であるとの中教審会長の意向であったことを述べたうえで、提言の実施には混乱を生じさせないよう実証的な検討を積み重ね時間をかけるべきであると語った。またもう一人の基調講演者である川嶋太津夫教授（大阪大学）は、国立大学協会入試委員会専門委員の立場から、国立大学における入試改革の変遷を解説し、国立大学多様化の流れの中で共通のアドミッ

第Ⅲ部　高大接続改革の行方

ション・ポリシーの維持が可能かという疑問を呈しながら、一方で国主導で進められている現在の入試改革に対し国立大学が先取りして改革構想を示す必要を訴えた。

　高校の立場から報告を行った浜田伸一教諭（福島県立福島高等学校）は、センター試験に代わる「大学入学希望者学力評価テスト（仮称）」の導入が知識・技能の不定着、活用力対応の合教科型学習の位置づけの難しさ、学校間格差の拡大といった不安を伴うことなどを指摘したのち、最後に個別選抜を含めた入試の一体的改革がこれまで高校で培われてきた学びや学校文化が破壊されないよう望むと結んだ。大学の立場から報告した倉元直樹准教授（当時。現教授）（東北大学）は、多面的総合的評価を実現している同大学 AO 入試についてアカデミックな要素（学力重視）と第一志望者対象という特徴や「入試を通じて受験生を育てる」という AO 入試の根底にある発想を解説した後、今般の入試抜本改革によってこれまでの高校教育が成立しなくなるとすれば、こうした特徴や発想を持つ AO 入試が機能不全になるという懸念を表明、浜田氏と同じく、高校教育を破壊しない入試改革を訴えながら、現段階で具体的な展望を描くことは難しいが、大学として入試改革を継続していく必要があることを語った[1]。

　こうした 4 氏の講演・報告から、高大接続答申が提言した大学入試の抜本的改革が国立大学への優秀な学生の供給源となる高等学校の教育を混乱させる懸念をもたらしており、国立大学の主体的な取組のもとで急がず、実証的に検討しながら着実な改革を実現していく必要性が見て取れ、講演・報告後のフロアを交えた討議でもこのことが確認された。

　そこで筆者は、こうした議論を踏まえ、実証的な検討と着実な改革実施という命題が国立大学に課せられるとすれば、とくにそれは大学自身が関与する個別選抜においてより大きな課題となってくると考えている。以下では、この国立大学の個別選抜の改革に焦点を絞り、いくつかの問題を論じてみたい。

2. 個別選抜の改革提言

　高大接続答申が大学の個別選抜について、どのような改革提言をしているかを確認しておこう。答申はまず、高大接続改革が目指すべき方向として「知識・技能」「思考力・判断力・表現力」「主体性・多様性・協働性」の三要素からなる「確かな学力」を身に付けさせるとし、入学者選抜もこの三要素を「多面的・総合的」に評価する方式に変えていくべきであるとする。

　こうした観点に立って、従来の入試について「18歳頃における一度限りの一斉受験という特殊な行事が、長い人生行路における最大の分岐点であり、目標であるとする、我が国の社会全体に深く根を張った従来型の『大学入試』や、その背景にある、画一的な一斉試験で正答に関する知識の再生を一点刻みに問い、その結果の点数に依拠した選抜を行うことが公平であるとする、『公平性』の観念の桎梏は断ち切らねばならない」とし、新しい入試の在り方は「既存の『大学入試』と『公平性』に関する意識を改革し、年齢、性別、国籍、文化、障害の有無、地域の違い、家庭環境等の多様な背景を持つ一人ひとりが、高等学校までに積み上げてきた多様な力を、多様な方法で『公正』に評価し選抜するという意識に立たなければならない」としている。

　そのうえで個別大学の選抜に対しては、「学力の三要素を踏まえた多面的な選抜方法をとるものと」し、とくに「選抜性の高い大学の学生については、これまでのように知識・技能やそれらを与えられた課題に当てはめて活用する力に優れていることは必要ではあるが、それらだけでは全く不十分であり、『主体性・多様性・協働性』や『思考力・判断力・表現力』を含む『確かな学力』を、高い水準で評価する個別選抜を推進する」ことを求めている。

　ここから読み取れる選抜の在り方は、

　① 　筆記試験を偏重しない

　② 　多様な選抜方法・多元的な評価

ということになろう。

第Ⅲ部　高大接続改革の行方

　しかしながら、この「学力試験に偏しない多様で多元的な入試」というのは、今回の高大接続答申が初めて打ち出した概念ではない。それは 1980 年代の臨時教育審議会、更にさかのぼれば 1971 年の中教審答申「今後における学校教育の総合的な拡充整備のための基本的施策について」、いわゆる 46 答申から模索されてきた入試改革の基本的方向と重なるものである。とくに「選抜方法の多様化・評価尺度の多元化」が 1997（平成 9）年中教審の「21 世紀を展望した我が国の教育の在り方について」（いわゆる「生きる力」に関する）第二次答申において提起されて以来、「多様化・多元化」が入試改革の基本概念を示す言葉として用いられるようになった。

　大学入試に関する審議会提言は、その後も 1999（平成 11）年中教審「初等中等教育と高等教育の接続の改善について」、2000（平成 12）年大学審「大学入試の改善について」、2008（平成 20）年中教審「学士課程教育の構築に向けて」などにみられるが、多様化・多元化の方向は維持されており、さらに 1999（平成 11）年答申では「学力試験による 1 点差刻みの選抜が最も公平という概念の転換」と「多元的な尺度を受け入れる公平観」を訴え、また AO 入試の本格的導入と定着を提示して今日につながる改革を推進してきた。この結果、推薦入試と AO 入試の普及拡大が進み、2014（平成 26）年度入試においては推薦入試、AO 入試による入学者が全体の 43％を占めるまでになり、主にセンター試験と個別学力検査の筆記試験で選抜する一般入試が占める割合は半数をやや超える程度の規模となった[2]。

　こうした従来の答申が指し示した基本的な入試改革の方向と今回の高大接続答申による入試改革の方向との間に大きな相違はない。では、何が違い、これほどまでの反響を呼んだのだろうか。従来の入試改革との最大の違いは、一般入試を含めた入学者選抜全体を「多面的・総合的」評価によって行うとした点にあり、筆者はこれを「AO 入試の全面化」すなわち全志願者を AO 入試によって選抜することを志向していると理解している。第 22 回東北大学高等教育フォーラムにおいて基調講演者

の土井真一教授がこの「多様な選抜」に関し、中教審審議でも「複数の入学者選抜方法を組み合わせて、全体として実現すればよいのか、あるいは志願者を対象として、一律に小論文、面接、調査書等を活用した多元的評価が求められるのかというこの 2 つが大きな論点」となったことを紹介し、中教審会長は全志願者を対象とする考えであったと推察している。答申冒頭にある「抜本的な改革」とはそのようなことを示唆していると解釈される。

　また、高大接続答申は、個別選抜の具体的評価方法として、新テストである「大学入学希望者学力評価テスト（仮称）」の成績に加えて、「小論文、面接、集団討論、プレゼンテーション、調査書、活動報告書、大学入学希望理由書や学修計画書、資格・検定試験などの成績、各種大会等での活動や顕彰の記録、その他受検者のこれまでの努力を証明する資料などを活用することが考えられる」としている。ここに掲げられた事例は、2000（平成 12）年の大学審答申が示した AO 入試の選抜方法（提出書類の他、模擬授業、グループディスカッション、複数回の面接、就業体験・ボランティア活動の評価、TOEFL 成績等々）と類似するものであり [3]、実際多くの大学が採用している方法でもある。

　では、高大接続答申が目指す「AO 入試の全面化」の入試改革はいかにして実現するのか。実現に向けて取り組むべき課題を、高大接続答申はほとんど語っておらず、またそのフォローアップの文部科学省「高大接続システム改革会議」でもほとんど議論されていない（「中間まとめ」2015［平成 27］年 9 月 15 日公表）。それは大学自身が創意工夫しなければならないようである。しかし、大学に課せられたその課題は非常に重い。

　以下、この課題について、体制（人員）と日程、学科筆記試験の在り方について検討する。

第Ⅲ部　高大接続改革の行方

3. 個別選抜の体制と日程について

3.1　諸外国の状況

　まず我が国の今次入試改革が目指す「多面的・総合的」評価による入学者選抜を行っている国の個別選抜について、その実施体制や日程を参考としてみておく。

⑴アメリカ合衆国

　アメリカ合衆国（以下「米国」）の大学入試はきわめて多様であるが、一般に1）開放型（ハイスクール卒業資格を持つ者は全員入学。州立の短期大学など）、2）基準以上入学型（基準以上のハイスクールの成績を収めた者は全員入学。州立大学）、3）競争型（ハイスクールの成績等により選抜。有名私立大学など）の3類型に分かれる。この競争型選抜をとる大学では、アドミッション・オフィスと呼ばれる入試の専門組織があり、この組織に配置される専門家であるアドミッション・オフィサーを中心に多様な資料から合格者を判定している。我が国のアドミッション・オフィス入試（AO入試）の由来となった組織である。多様な資料には、外部試験機関による適性テスト（SATやACT）成績のほか、ハイスクール成績、推薦状、小論文等がある。インタビュー（面接試験）は一般には行われず、書面審査が中心である。

　私立名門大学であるハーバード大学の入試は卒業生がインタビューを行う珍しい例であるが、選抜資料として1）ハイスクールの成績、2）SATⅠあるいはACTの得点、およびSATⅡ3科目の得点、3）推薦書（教員2名およびカウンセラーあるいは校長から計3通）、4）インタビュー（各地域ごとに卒業生により実施。必須ではない）、5）活動記録、6）志願者のプロフィール、7）小論文を用いる。志願者の選考および最終的な合否判定は、アドミッション・オフィサーのほか、教員やアドミッション・オフィサー、職員から構成される入学決定委員会が行う。委員会はおよそ35名のメンバーから構成され、このうち18～20名程度が教員である。入学者決定の過程は 1）提出資料の審査、2）入学決定委員

226

会の各小委員会による協議、3）入学決定委員会による協議の三つの段階から構成される。各アドミッション・オフィサーは担当地域を持ち、入学決定の協議では、担当地域の志願者を推薦（弁護）する形で選考が進められる。志願者からの提出資料の整理から、合格通知の発送まで含めておよそ3ヶ月を要する（入学決定委員会の協議のみでもおよそ6週間程度を要する）[4]。

　西海岸の名門私立大学であるスタンフォード大学では、選抜資料として1）ハイスクールの成績、2）SAT Iあるいは ACT の得点、3）推薦書、4）志願者のプロフィール、5）活動記録、6）小論文を用いる。2）に関連して科目別テストである SAT II の受験を強く勧めるが、必須ではない（ただし、合格者のほとんどはこれを受験している）。3）については、ハイスクールの教員2名とカウンセラー1名から計3通の推薦書が必要である。入学者の選考・決定は、専門の職員から構成されるアドミッション・オフィス（A.O.）が行う。入学者決定のためにアドミッション・オフィサー以外の大学職員も含めて構成される特別の委員会は設けられない。入学者決定は、およそ三つの段階に分けられる。第1次審査では提出書類により一定基準に基づき約半数をふるい落とす。第2次審査では、アドミッション・オフィスの部長、副部長なども含めて12名の専門職員と臨時の職員（6～8名。以前の専門職員など）が学力評価と人物評価の二つの観点から「合格」「保留」「不合格」かのコメントを記す。各専門職員は合計約1,500名分の資料を読むため、第1次審査の期間も含めて12月から翌年の3月までの3ヶ月余りの期間を要する。第3次審査で部長と副部長によって最終的な判定が下される。

(2)イギリス

　イギリスでは、一般に外部試験である GCE 試験の受験科目と成績によって決定しているが、オックスフォード大学やケンブリッジ大学では GCE 試験成績とともに教員が行う面接試験を含む各種資料によって合否が決定される。

第Ⅲ部　高大接続改革の行方

　オックスフォード大学は38のカレッジ（学寮）から構成される大学
であるが、選抜の権限は各カレッジにあり、合否の最終決定はカレッ
ジの意思決定機関（governing body）（カレッジ所属の教員＝フェロー
により構成）によってなされる。同機関は入学担当教員（admission
tutors）を選び、選抜の統括的な責任者としている。選抜は面接を中
心に行われ、ほとんどすべての教員が参加する。選抜に当たり面接
を担当する各専攻の教員（subject tutors）の評価が最も尊重される。こ
のほかの資料としては、内申書（シックスフォームにおける学習状況、
GCE・Aレベル試験の予想成績、志望専攻に対する適性、および人物
評価や将来性などを記述。通常出身学校長が作成）、自己推薦文（志望
動機や関心、趣味や経歴、将来の希望などを記述）、小論文・レポート
（written work）（専攻により、シックスフォーム在学中に作成した志望
専攻に関わるものを提出）などがある。選考過程は1）願書および小論
文・レポートの受付け（9月〜11月初め）に始まり、2）志願者情報の
検討（11月〜12月初め）、3）面接（12月中旬。1週間程度。カレッジの
ほとんどの教員が、専攻ごとに志願者に面接する。通常、一人の志願
者に対し、教員二人一組で、教員を変えて2回、合わせて1時間程度
行う）、4）合（仮合格）否の決定（12月末）、5）選抜作業の終了（1月末）、
6）合格者の確定（8月）（GCE・Aレベル試験の結果により）という経過
をたどるが、実質的には11月から12月末までの2ヶ月間を要する5)。
⑶韓国
　韓国では過度の受験競争による私教育（塾・家庭教師）の沈静化を
図るため、幾度となく入試改革に取り組んできたが、1990年代以降の最
近の改革は我が国と同じ多様化に向かって様々な資料を基に選抜する
入試方法が実施されている。選抜資料は、共通試験である大学修学能
力試験（以下「修能試験」）、高校の学習・活動の詳細な記録である総
合学生生活記録簿を中心に、大学により面接試験や論述試験を取り入
れている。募集時期は1）早期の随時募集と2）修能試験後の定時募集
に分かれ、また募集対象により3）一般受験者対象の一般選考と4）特

第 6 章　国立大学入試における個別選抜のゆくえ

定の受験者（特定分野の才能・成績を持つ者、社会経済的弱者等）を対象とする特別選考に分かれる。随時募集は主として特別選考が行われ、全入学定員の 6 割を超えている。こうした仕組みは 2000 年代初めに形成されたものであるが、さらに米国のアドミッション・オフィサーにならった「入学査定官」制度を 2009 年から本格的に導入、学生生活記録簿の審査や面接試験などの作業を担うようになっている。この入試の専門家としての入学査定官が関与する選抜は、2014 年で全大学 200校の内約 110 校、入学者全体の約 15% を占めるようになっている[6]。

　ソウル大学は、こうした入学査定官制度による入試を最も広範囲に行っている大学であり、入学査定官が関わる入試による入学者は 8 割近くを占めている。ソウル大学の入試は随時募集（定員の 75%）と定時募集（定員の 24%）からなり、このほかに若干の留学生などの特別募集がある。随時募集の募集・選考時期は 9 月から 12 月で、学生生活記録簿等の書類（学部・学科により面接試験）により選考している。随時募集には主として 2 種類の選考方式があり、ア）地域均衡選抜（高校推薦。21%。修能試験での一定成績が出願要件。毎年 6 ～ 7 万人出願）と、イ）一般選考（従来の特技者選考。専門分野に優れた者が対象。54%。修能試験の要求なし）で、評価資料は、a）総合学生生活記録簿、b）学校長推薦状、c）school profile（学校活動記録）、c）自己紹介書である。入学査定官は、この随時募集に関与する。入学査定官は専任査定官 26 名、委嘱査定官（教授が兼任）110 名の 136 名である[7]。

表 1　諸外国の大学における入試実施体制および期間

大学	実施体制	期間
ハーバード大学	入学決定委員会 35 名（教員が 18 ～ 20 名。他はアドミッション・オフィサー等）ほかに、卒業生が面接	約 3 か月かけて書類選考。うち委員会の選考は 6 週間（面接は含まず）
スタンフォード大学	12 名のアドミッション・オフィサーと 6 ～ 8 名の臨時職員	3 か月以上かけて書類選考
オックスフォード大学	カレッジのほとんどの教員が面接	書類選考と面接で 2 か月
ソウル大学	入学査定官 136 名（専任 26 名、委嘱教授 110 名）ほかに面接の教員。	約 4 か月の間に各種入試を実施

筆者作成。典拠資料は、末尾注 4) ～ 7) 参照。

第Ⅲ部　高大接続改革の行方

3.2　我が国の状況

　以上の諸外国の大学の例から、多面的・総合的評価による入学者選抜を丁寧に行おうとすれば、それなりの人員の動員と日程を費やさなければならないということが理解できる。では、我が国でこのような人員と日程の確保が可能であろうか。

　人員については、出願書類の受領整理から試験場の運営、合格者発表の準備まで事務職員の負担は大きく、十分な人数を確保しなければならないが、そのことを前提した上で、我が国の場合、書類審査や面接試験、あるいは筆記試験の作題・採点はすべて教員が担っている。この教員の負担を軽減するために米国や韓国のように試験・選考作業を担う専門職員（アドミッション・オフィサー）を新たに採用する方策も考えられるが、それには財源の確保のほか、こうした専門職員が選考作業に適格かという問題がある。

　専門職員雇用の財源は、もちろん現在の各大学厳しい財政状況で新たな職員を二桁の規模で雇うだけの余裕はもちろんないであろう。韓国でも入学査定官の導入に際しては、国の政策として補助金が交付された。ソウル大学の入学査定官費用はすべて補助金によって賄われている[8]。大学が独自に財源を捻出することが無理でも、政府にそのような補助金交付の政策を講じる用意があるなら、財源の問題はある程度解決できる。

　しかし、我が国の入学者選抜は学部・学科を単位としており、とくにAO入試においては学部・学科への適性や意欲、興味関心など当該学問分野との関連性をもって選考に当たっている。この点学部教育がリベラルアーツを中心にした教育を行い、募集単位が文理さえ分けない究極の大くくり入試を行っている米国との決定的な違いである。米国の大学で選考評価の基準となるのは専門分野への適性ではなく、一般的な学問の潜在的能力である。こうした能力の判定であれば、教員ではなく、高校の事情に精通した専門職員に委ねることも可能であるが、一般的な学問の潜在能力だけでなく、学部・学科の適性を評価するならば、やはり学部教員が選考を担う必要があり、この教員主体という選抜方式を変える

230

ことは学部教育の基本構造が変わらない限り難しいであろう。韓国でも学部・学科単位の募集を行っており、この点において入学査定官の役割は限定的とならざるを得ず、委嘱査定官として大勢の教授を兼務させたり、面接に学部教員を動員して教員の評価を取り入れる入試となっている。入学査定官制度による入試の定員が平均で10％台というのも、その普及の限界を示している。ソウル大学の8割という規模は例外的であり、国の補助が特別手厚いことを考慮する必要がある。

　したがって、教員主体の選抜体制をAO入試全面化においても継続することが不可避になるが、このことが可能かという問題となる。東北大学の工学部の場合を例として取り上げる。

　東北大学AO入試II期は、センター試験の前、11月末に試験を行っている。センター試験の成績を使わず、小論文試験と称する独自の筆記試験を課し、また調査書、志望理由書、高校内外の学習や活動、資格などを記入する活動報告書などの出願書類、さらに面接試験の結果を総合して合格者を決定している。小論文試験の作題と採点、書類審査、面接試験を担う教員はのべ70人ほどであり、ほとんどが教授である。小論文試験と面接試験の2日間の試験の他、書類審査など試験に関わる作業に数日かけている。工学部の教授は120人ほどであるから、半分以上の教授がこの入試に数日従事する。受験者は毎年300人前後である。このAO入試方式を仮に毎年受験者1,800人前後の一般入試で実施するとすれば、同じ日数で実施した場合、6倍の420人の教授の参加が必要でになるが、この人数は工学部の助教までを含めた全教員数350人を大きく超えている。70人の人数を変えずに期間を延ばした場合は、おおむね1か月前後となるが、これらの教員の教育・研究活動はこの期間全くできなくなり、大学の機能自体が停滞してしまう。

　このような数字のシミュレーションからは、現行の人員体制や学事暦を大幅に改変し、全面的に見直さない限り、AO入試の全面化は非現実的であるといわざるをえない。

第Ⅲ部　高大接続改革の行方

4.　学科筆記試験の在り方

　個別選抜の抜本的改革のもう一つの問題である学科筆記試験について
は、試験内容・方式というより大学ごとにこれを実施するか否かという
存廃の問題の方が大きい。これについてもまず諸外国の学科筆記試験の
例を確認する。

4.1　諸外国の学科筆記試験

(1)アメリカ合衆国

　米国では大学が独自の筆記試験を実施することはない。多くの大学
は民間の試験機関が実施している共通試験の SAT や ACT の成績を提
出させ、前述したように、ハイスクールの成績や小論文、推薦書など
とともに選考資料の一つとしている。

　SAT（Scholastic Assessment Test）は Ⅰ と Ⅱ があり、SAT Ⅰ は大学進学
後の学業成功可能性を言語と数理の 2 領域から評価するもので、ハイ
スクールの教育とは直接の関連性を持たないとされる。各領域 800 点
満点。年間 5 〜 7 回実施される。SAT Ⅱ は科目別テストで、先のハー
バード大学のような競争型の入学制度を持つ大学で受験を求める大学
もある。ACT（American College Test）はハイスクールにおける学習成
果を英語、数学、読解、科学的推論の 4 領域を測定する。年間 4 〜 6
回実施される[9]。

(2)イギリス

　入学者選抜において最も重要な資料として、外部共通試験である
GCE・A レベル試験が用いられる。中等学校長からの内申書や面接試
験も参考にされるが、面接試験は必要とされる場合一部の受験者に実
施され、全員に課されないことが多い。ただし、オックスフォード大
学やケンブリッジ大学のように全員に面接試験を課し、これを最も重
要な資料とする大学もある。医学系や教員養成系でも面接試験を全員
に課すことが一般的とされる。

　GCE・A レベル試験は非常に細分化された科目別試験で、大学は通

232

常 2 〜 3 科目の受験と成績を要求する。成績は点数ではなく、合格者に対して A 〜 E の 5 段階で評価する。なお、2000 年から A レベルの内容を半減した AS レベル試験も実施されている[10]。

(3)フランス

大学入学者選抜制度はなく、高校修了資格と大学入学資格を兼ねるバカロレアを取得した者は原則無試験で希望の大学に入学できる。志望者が定員を超えた場合は、居住地や希望順位などに基づき入学制限が行われる。

バカロレア取得のためのバカロレア試験は全国一斉の共通試験で、必修科目（11）と自由選択科目（2 科目以内）からなる。科目により筆記試験、口頭試験、実技試験が行われる。成績は各科目 20 点満点で付けられるが、成績による入学者選抜は法律で禁じられている。

なお、大学より権威の高い高等教育機関も存在するグランゼコールでは入学試験による選抜を行っている[11]。

(4)ドイツ

フランスと同じく、高校修了資格と大学入学資格を兼ねるアビトゥアを取得した者は原則無試験で希望の大学に入学できる。志望者が定員を超えた場合は、中央学籍配分機関（ZVS）が調整配分、または選考を行う。一部は大学も選考する。選考はアビトゥア試験成績などで行う。

アビトゥア試験は州ごとの共通試験で、一般に 4 教科が課され、うち 3 教科が筆記試験、1 教科が口述試験である。この試験成績とギムナジウム（高校）の成績を総合してアビトゥアの授与が決定される[12]。

(5)韓国

現行の共通試験である大学修学能力試験（以下「修能試験」）は 1994 年に開始された。それまで高校の履修科目を試験していた全国共通学力検査に代わり、米国で行われている SAT をモデルに大学における学習能力を測定する試験として出発したが、その後再編されて高校の科目ベースの試験となり、元の全国共通学力検査に近い性格

第Ⅲ部　高大接続改革の行方

に戻りつつあるといえる。2002年から韓国語、数学、外国語（英語）、探求（社会／科学／職業教育）、第2外国語／漢文の5領域およびその内訳の科目からなり、すべての領域を受験する（内訳の科目がある領域では科目を選択）。ほとんどの問題が多肢選択方式の試験で、受験者へは受験科目ごとに標準点数、順位（パーセンタイル表示）および9段階評価の順位（1〜9等級。1等級が最上位）の3種類が示される。なお、大学ごとに個別に実施する学科試験は受験競争を助長するとして2002年に全面禁止された[13]。

(6)中国

　全国統一入試が入学者選抜の主たる資料とされている。試験科目は2002年から全国的に「3＋X」方式がとられている。Xは地方や大学・学科が指定する。「言語・文学」「数学」「外国語」の共通3科目に加え、Xについては1）物理、化学、生物、歴史、地理、政治の6科目から1〜数科目、または2）総合能力試験を指定する、というものである。総合能力試験は、基礎知識の習得度とともに、応用能力、問題解決能力を問う試験で、現在「文科総合」「理科総合」の2種類が用意されている。現在このXは「文科総合」「理科総合」を指定する地方が多い。また「言語・文学」では作文問題が課されている。

　このほかに我が国のAO入試に類似する独自事前選抜（原語・自主招生）が約90大学で実施され、募集定員は各大学全体の5％以内とされるが、北京大学や清華大学などの一部大学ではこれを大幅に超えて募集している。書類や面接の他、学科試験も課され、一時期大学グループによる連合試験を実施したが、2015年から大学ごとの個別試験になっている[14]。

(7)台湾

　長らく共通試験である「連合試験」によって入学者選抜を行ってきたが、2002年の入試改革により、我が国のAO入試や推薦入試に類似する独自選抜入学（原語・甄選入学）が導入され、このため共通試験も独自選抜入学に利用する「学科能力検定試験」（原語・学科能力測

験）と連合試験の流れをくむ「指定科目試験」（原語同）の 2 種類となった。

　学科能力検定試験は、国語、英語、数学、社会、自然の 5 科目を課し、高級中学（高校)1 年・2 年の必修課程から出題する。答案はマークシート方式が主である。指定科目試験は国語、英語、数学（甲）、数学（乙）、化学、物理、生物、歴史、地理、公民と社会の 10 科目で、受験生は大学・学部学科が定めた試験科目に従って 3 〜 6 科目を選択する。出題範囲は高級中学 3 年の必修および選択課程までとなっている。

　独自選抜入学では全入学者の約半数を選抜する。学科能力検定試験のほか書類審査や面接により合格者を決定するが、一部の大学・学部学科では個別の筆記試験を課す。指定科目試験を利用する一般入試（原語・考試分発入学）では同試験のみで選抜が行われる[15]。

表 2　諸外国の大学入学者選抜における学科筆記試験

	米国	イギリス	フランス	ドイツ	韓国	中国	台湾
共通試験	SAT I・II, ACT 複数回	GCE・A レベル試験 年1回	バカロレア試験 年1回	アビトゥア試験 年1回	大学修学能力試験 年1回	全国統一入試 年1回	①学科能力検定試験 ②指定科目試験 年1回
利用方法	選抜資料の一つ	主たる選抜資料	合格者は原則無試験入学	合格者は原則無試験入学	主たる選抜資料の一つ	主たる選抜資料	①主たる選抜資料の一つ ②主たる選抜資料
個別筆記試験	なし	なし	なし	なし	なし	独自事前選抜で実施	独自選抜入学の一部学部学科で実施

筆者作成。典拠資料は末尾注 8)〜 15) を参照。

　以上の諸外国の大学入学者選抜における学科筆記試験の状況をみると、例に挙げた国いずれでも共通試験を実施しており、大学が個別に学科筆記試験を課しているところは中国、台湾のみであった。中国では独自事前選抜で多くの大学が独自の学科筆記試験を課しているが、独自事前選抜による入学者の人数は 2 万人程度で全国の大学（短大レベルを含む）入学者 700 万人超と比べると 1% にも満たない（ただし実施 90 大学はいずれも有名大学で、社会的影響は大きい）。台湾の独自選抜入学は約 5 割の入学者を選抜しているが、このうち独自の学科筆記試験は一部の大

第Ⅲ部　高大接続改革の行方

学・学部学科において実施されているに過ぎない。中国の独自事前選抜
では全国統一入試の成績が最終的な合格を決定する。台湾の独自選抜入
学でも学科能力検定試験が１次選考の主たる資料となり、最終合格決定
においても総合成績に参入される。中国、台湾でも共通試験の利用が大
きな割合を占め、個別大学の学科筆記試験は全体から見れば限定的であ
るといえる。

　このようにしてみると、ほぼすべての大学において独自に学科筆記試
験を実施しているのは我が国のみであり、むしろ例外的であるというこ
とができる。

　また、中教審で批判された「１点刻み」の試験成績で合否を決定して
いる選抜方式の観点からみても、米国はSATなどの成績が点数で表示
されるものの選抜資料の一つにすぎず、総合的な評価による選抜となっ
ている。イギリスのGCE・Aレベル試験は段階評価、フランス、ドイツ
はそもそも選抜が原則ない。韓国の修能試験や台湾の学科能力検定試験
も段階評価であり、１点刻みの成績で合格者を決定しているのは中国の
一般入試と台湾の指定科目試験を利用する一般入試だけとなる。１点刻
みの合格決定という点でも我が国は少数派に入る。

4.2　我が国の個別学力試験の在り方

　諸外国との比較から、我が国で大学ごとに実施される個別学力試験に
より１点刻みで入学者選抜を行う方式は、例外的かまたは少数派である
ことが理解できた。とするならば、中教審が想定する、新テストである
「大学入学希望者学力評価テスト（仮称）」を利用しつつ、大学では個別
学力試験を実施せず、「主体性・多様性・協働性」を評価する人物評価を
中心とした選抜方法に転換するという改革もあながち非現実的な選択と
はいえないかもしれない。ただし、そのためにはこの新テストが十分機
能してその本来の目的を達成することが前提となる。

　中教審答申によれば、「大学入学希望者学力評価テスト（仮称）」は、
1）学力三要素のうち「知識・技能」と「思考力・判断力・表現力」を測

定し、とくに後者を中心とする、2）このために教科目試験を残しつつ「合教科・合科目型」「総合型」問題を導入する、3）記述式を導入、4）年複数回実施、5）段階別表示の成績提供、6）複数回実施を可能にするIRT（項目反応理論）によるCBT方式（コンピュータ試験）とする、という構想である。この構想がすでに専門家などにより技術的に実現が困難であるとの指摘がされているところであるが[16]、上述した諸外国の共通試験でもこのような例はほとんどない。

　1）についてはよしとしても、2）の「合教科・合科目型」「総合型」試験は米国のSAT Iがある程度該当するかもしれないが、他には中国の全国統一入試における「文科総合」「理科総合」があるのみで、他の共通試験は基本的に教科目型である。中国の文科総合、理科総合についても、文科総合で一部合科目・総合型試験を出しているが、理科総合を含めてほとんどが単科目出題の合わせた試験となっている[17]。

　3）の記述式解答については、米国のSAT、韓国の修能試験や台湾の学科能力検定試験がマークシート方式の選択問題が主である以外、多くの共通試験では記述試験問題が取り入れられている。中国の全国統一入試「言語・文学」には毎年800字程度の作文題が課される[18]。4）の複数回実施についても米国のSATやACTの例があるのみで、他の共通試験はいずれも年1回の実施である。5）段階別表示の成績提供は前述したように、多くの共通試験でみられる。しかし、6）のIRTによるCBT方式の例はない。

　このように記述式問題の出題や成績の段階別表示などの面で同様の例が見られるものの、合教科・科目型や総合型の問題や複数回実施、コンピュータ方式などは実施しているところはほとんどなく、実施に当たって慎重な検討が求められるであろう。

　ところで、中教審高大接続答申をフォローアップし、「高大接続改革の実現に向けた具体的検討を行う」ために文部科学省に設置された高大接続システム改革会議の「中間まとめ」が2015（平成27）年9月15日に公表された[19]。「大学入学希望者学力評価テスト（仮称）」は2020（平

第Ⅲ部　高大接続改革の行方

成 32）年度から実施するとしているが、新指導要領による生徒が初め
て卒業する 2024（平成 36）年度以降新指導要領に導入される「数理探求
（仮称）」を実施するとしている以外「合教科・科目型」「総合型」問題
には言及していない。また、記述式問題も 2020（平成 32）年度開始時
は「短文記述式」問題を実施し、2024（平成 36）年度以降「より文字数
の多い」記述式問題とすると述べる程度である。複数回実施については
「十分な検討を行う」とし、試験結果の段階別表示は「専門的に検討す
る」、CBT についても「十分な準備が必要」で実施に当たって前提とな
る課題について「十分な検討が必要である」と述べている。このように
新テストの構想は中教審答申からほとんど具体化していない。諸外国に
も例をみない新テストの前途は大きな困難を抱えているといわざるをえ
ない。

　新テストがこのような検討状況であるから、これと連動して進めるべ
き大学の個別選抜における学科筆記試験の扱いも慎重に検討を進めなけ
ればならない。東北大学を含む選抜性の高い大学の最大の関心は、現
行のセンター試験と個別学力試験によって保証されている「学力」が維
持されるかどうかである。この場合の学力を中教審答申の言葉で言えば
「知識・技能」と「思考力・判断力・表現力」である。センター試験で
広範囲の教科にわたる基礎的な知識・技能を測定し、個別学力試験でさ
らに深い知識・技能とともに高度な思考力や表現力を評価する現行の構
図が新テストによって十分代替されるなら、個別学力試験を継続する必
要性は薄まるであろう。

　しかしながら、現段階の政府の検討状況ではその保証があるとはいえ
ず、また構想が固まって 2020（平成 32）年から実施に移されたとしても
大学が求める学力が測定されるテストになっているか、しばらくの間見
極める必要がある。このため前述した東北大学高等教育フォーラムで土
井教授が指摘しているように、当面継続していくことが妥当であり、ま
た中教審高大接続答申でもこのことを容認し、高大接続システム改革会
議「中間まとめ」でも「特定の教科・科目の『知識・技能』『思考力・判

238

断力・表現力』について評価する方法も活用することはあってもよい」
と教科・科目の個別学力試験を認めていると理解できる。

　さらに万が一新テストが現行の学力保証システムを代替できないこと
が判断された場合には、センター試験の機能をも包摂する新たな学力試
験システムを大学が考案する必要が出てくると思われるが、このことは
まだ先の検討事項となるであろう。

5. おわりに

　以上中教審で提言された高大接続改革における入試改革を巡り、国立
大学の個別選抜改革の見通しについて、実施体制と日程、個別学力試験
に焦点を当てて問題を検討してきた。

　提言が構想する「多面的・総合的」評価による入学者選抜が、AO 入
試の全面化を意味するならば、現在の体制と学事暦における実施は非常
に困難であることを述べた。諸外国の入試とは異なり、我が国では学部
・学科を募集単位とし、当該学問分野への適性や興味関心、意欲などを
判定することが必要であり、そのような選抜を前提とする以上、入試の
主体はアドミッション・オフィサーといった専門職員ではなく、学部教
員とならざるを得ないからである。教員が全受験者に対する AO 入試方
式の選抜に参加するとなると、数日の選抜日程では全教員を投入しても
まだ不足し、逆に日程を延ばして現有教員で対応するとしても現在の体
制では 1 か月程度かかることは上述したが、更に多くの教員を投入して
も 2、3 週間を要することが予想される。

　さらに個別学力試験については、多くの国で共通試験の利用による選
抜が行われ、個別学力試験を行っていない状況から、我が国がむしろ例
外的であるといえるが、新テストによっても現在の一般入試で保証され
ている「学力」が維持できる見通しがなければ、やはりこれを軽々に廃
することは危険であり、当面継続することが妥当であると述べた。

　しかし、以上述べたことも今後の議論如何によっては大きく変わって
いくこともありえよう。中教審提言をさらに具体化する文部科学省の高

第Ⅲ部　高大接続改革の行方

大接続システム改革会議の議論が続いており、2015（平成27）年度末に
予定されている同会議の最終報告以後も、議論は継続するであろう。同
年9月の「中間まとめ」ではなお検討を要するとした事項が多い。個別
選抜改革についても全体的構想を示していない。大学の入試体制に関し
てもアドミッションセンター機能強化をいうのみである。文科省が公表
した2016（平成28）年度概算要求には、個別選抜における評価の在り
方を大学や研究者に委託する事業計画（大学入学者選抜改革推進委託事
業）が含まれている[20]。個別選抜の改革はこうした研究成果を反映する
ことを予定しているならば、政府によるその具体的な在り方の提示は数
年先になることになる。

　いずれにしても、新テストの設計、個別選抜改革のいずれも今後の議
論次第で流動的であり、予断は許されない。一方で、この推移を見守っ
て何も改革に動かないということも適切ではないであろう。大学として
「多面的・総合的」入試の理念に異を唱えるものではない。多面的・総合
的入試に向けての改革を独自に模索していくことが必要である。国立大
学協会も「推薦入試、AO入試、国際バカロレア入試等の拡大」方針を
明確にし、第3期中期目標期間（平成33年度まで）にその割合を30％
にするという工程表を発表している[21]。こうした方針に沿って、大学が
どこまで創意工夫できるか、このことが問われている。

【注】

1)　東北大学高度教養教育・学生支援機構「第22回東北大学高等教育
　　フォーラム・新時代の大学教育を考える［12］報告書『大学入試改革
　　にどう向き合うか──中教審高大接続答申を受けて──』」2015年9月。

2)　文部科学省「平成26年度国公立大学入学者選抜実施状況」
　　（http://www.mext.go.jp/b_menu/houdou/26/10/__icsFiles/afieldfi
　　le/2014/10/17/1352564_01.pdf）（2015年10月20日）。

3)　大学審議会「大学入試の改善について」「第3章各大学における入学者
　　選抜の改善、2.　アドミッション・オフィス入試の適性かつ円滑な推進」
　　平成12年11月22日

第 6 章　国立大学入試における個別選抜のゆくえ

（http://www.mext.go.jp/b_menu/shingi/old_chukyo/old_daigaku_index/
toushin/1315961.htm）（2015 年 10 月 22 日）。

4）　文部省調べ。中教審資料「諸外国の大学入試制度」1999 年等。従って
　　データは 1990 年代のものである。

5）　4）および岸本睦久「オックスフォード大学およびケンブリッジ大学の
　　入学制度」『国立大学における入試の多様化とアドミッションセンター
　　の機能拡充に関する総合的研究　研究成果報告書』（平成 16 ～ 18 年度
　　日本学術振興会科学研究費補助金基盤研究（B）課題番号：16330148
　　研究代表者：鈴木敏明（東北大学））、2007 年 3 月。

6）　韓国大学教育協議会インタビュー（2014 年 9 月 12 日）。『東アジアにお
　　ける入試多様化と学力保証に関する研究　研究成果報告書』（日本学術
　　振興会科学研究費助成事業基盤研究（C）　課題番号：24530984　研究
　　代表者：石井光夫（東北大学））「第 3 章　韓国」に所収。2015 年 3 月。
　　韓国の大学入試制度および改革動向についても同論文に依拠。

7）　ソウル大学入学署インタビュー（2015 年 9 月 21 日）。ソウル大学入試
　　の詳細は上記(6)報告書所収の論文および調査記録を参照。

8）　前記注に同じ。

9）　文部科学省『諸外国の高等教育』「Ⅰ各国編　アメリカ合衆国」2004 年
　　2 月、28 頁。

10）　文部科学省『諸外国の高等教育』「Ⅰ各国編　イギリス」2004 年 2 月、
　　68 頁

11）　文部科学省『諸外国の高等教育』「Ⅰ各国編　フランス」2004 年 2 月、
　　107-110 頁

12）　文部科学省『諸外国の高等教育』「Ⅰ各国編　フランス」2004 年 2 月、
　　148-154 頁。

13）　朴賢淑・石井光夫「韓国の大学入試改革と学力保証」『東北大学高等教
　　育開発推進センター紀要』第 8 号、2013 年 3 月。

14）　石井光夫「中国の大学入試改革と学力保証」『東北大学高等教育開発推
　　進センター紀要』第 9 号、2014 年 3 月。

15）　日暮トモ子・石井光夫「台湾の大学入試改革と学力保証」『東北大学高
　　度教養教育・学生支援機構紀要』第 1 号、2015 年 3 月。

16）　例えば、荒井克弘「大学入試の可能性－試される『入試改革論』」
　　『IDE 現代の高等教育』第 566 号、2014 年 12 月、大塚雄作「新テスト

第Ⅲ部　高大接続改革の行方

　　の円滑な導入に向けて～段階的戦略を考える」第 10 回全国大学入学者
　　選抜研究連絡協議会大会・公開討論会における講演、2015 年 5 月 28 日。

17）教育部試験センターインタビュー（2006 年 12 月 20 日）。平成 18 年度
　　文部科学省先導的大学改革推進委託事業「受験生の思考力、表現力等
　　の判定やアドミッションポリシーを踏まえた入試の個性化に関する調
　　査研究」報告書第 2 分冊『東アジアにおける「入試の個性化」を目指
　　した大学入試改革の比較研究』東北大学（石井光夫代表）、2007 年 3 月、
　　85 頁。

18）石井光夫「中国における『書く力』の養成－大学入試における作文問
　　題を中心に」東北大学高等教育開発推進センター編『「書く力」を伸ば
　　す－高大接続における取組みと課題－』2014 年 3 月、158-185 頁

19）文部科学省 HP、http://www.mext.go.jp/b_menu/shingi/chousa/shougai/033/
　　toushin/1362096.htm（2015 年 10 月 20 日）。

20）文部科学省 HP。「高等教育局主要事項－平成 28 年度概算要求－」。大
　　学入学者選抜改革推進委託事業は予算 8 億円。「面接など教科・科目
　　によらない評価方法の開発」などを大学コンソーシアム方式の研究グ
　　ループに委託するとしている。
　　http://www.mext.go.jp/component/b_menu/other/__icsFiles/
　　afieldfile/2015/08/27/1361291_1.pdf（2015 年 11 月 10 日）。

21）国立大学協会「国立大学の将来ビジョンに関するアクションプラン」
　　2015 年 9 月 14 日。工程表は http://www.janu.jp/news/files/20150914-wnew-
　　actionplan3.pdf（2015 年 11 月 10 日）。

おわりに　総括と展望
——「高大接続改革」というメッセージ

倉元　直樹・石井　光夫（東北大学）

　本章の筆者らが編者として前回上梓した高等教育ライブラリ8『「書く力」を伸ばす——高大接続における取組みと課題——』の最終章は「『書く力』とは『コミュニケーション能力』の一部と認識されているらしい」との記述から始まっている（倉元・石井, 2014, p.219）。「書くこと」の本質がコミュニケーションであるならば、書かれた情報は書き手が読み手に届けようとするメッセージである。本書の場合、書き手は言うまでもなく各章を分担した本書の執筆陣であり、読み手は本書を手に取っていただいている読者ということになる。

　その見方からすれば、今回の中教審答申（中央教育審議会, 2014）に示された発信力の強さは「書くこと」の本質を捉えたお手本中のお手本とでも呼ぶべきものかもしれない。何しろ、本書の中で同答申を直接引用していないのはわずかに第Ⅲ部第5章の木南氏の論考のみである。「高大接続改革にどう向き合うか」という本書が掲げたタイトルの意味するところは、実質的には「中教審答申にどう向き合うか」ということに尽きる。そして、執筆陣が各人それぞれ答申から発せられたメッセージを消化し、咀嚼してその結果を誰かに伝えようとして、改めて発信し直したメッセージの総体が本書という位置づけになる。ただし、結果として、本書が全体として一定のメッセージを特定の読者に向けて伝えようとしたものとはなっていない。誰に何を訴えかけるかについては、個々の執筆者に任された格好である。

　各章の執筆者がメッセージを届けようとした相手は誰なのだろうか。また、何を訴えかけようとしたのだろうか。それを読み解くことで本書のまとめとしたい。

巻頭を飾る第Ⅰ部第1章の土井氏の論考は、中教審の内部から外に向けての証言という意味で貴重なものである。論考の性質上、特定の読者に対して答申の主旨から独立して筆者によるメッセージを強く発信することは難しい。その中で、急激な少子化とグローバル社会の進行に対して「学校教育を通じて、高い創造性を発揮し産業にイノベーション（innovation）をもたらす人材を育成すべきであるという要求が経済界を中心に嵩じてきている（p.9）」ことが答申の背景にあることが示唆されている。さらに、答申では強い調子で公平性に関する意識の改革が訴えられているが「社会が試験制度に対して抱く公平性の観念が、一朝一夕で大きく変わるわけではない（p.16）」ことから「今回の高大接続改革は、社会的コンセンサスを形成しつつ、着実に進めることが肝要である（p.16）」とくぎが刺されている。

　答申の同じ部分については、第Ⅰ部第3章の垂水氏の論考でも触れられている。ただし、垂水氏の論考は中教審の内部にいた大学関係者から、同僚である大学関係者に向けられたメッセージという色彩が色濃く感じられる。筆者は測定や評価の技術を含む統計学の専門家として、学力観の変化の中で共通試験の複数回実施と英語4技能の評価を題材に適正な学力評価の困難さについて具体的に問題点を指摘している。一方、答申に多大な影響を与えた首相官邸の教育再生実行会議の第四次提言（教育再生実行会議, 2013）は「ほとんど部会の意見をまとめたようなものであった（p.48）」とされている。その事実は重く受け止める必要があるとしても、提言の内容は「日々の問題に直面して格闘している現場の視点からは、突然、上から降ってきたという印象（倉元, 2014）」である。それゆえ、新しい学力観や公平性の議論について「大学関係者の入試選抜に対する意識改革（p.54）」を求める筆者の主張には、正直、戸惑いも隠せない。「全てのバランスを取ろうとすると、細部まで神経を使って一律に斉一かつ公平な条件を保たなければならなくなる。そういった現場の事情（第Ⅲ部第1章, p.121）」が大学関係者の「意識改革」だけではどうにもならないことは著者が一番よく分かっているはずである。その上で、

おわりに　総括と展望

あえてそのように書かざるを得なかった筆者の胸の内は察するしかない。

　以上の二つの論考が中教審で行われた議論を踏まえて発信されたメッセージだとすれば、第Ⅲ部第2章はそれを受けた上で、高校関係者が同じ同僚である高校関係者に向けて書かれたメッセージとして位置づけられる。小坂氏が「それぞれの特色ある学校文化の中で『人間教育』が行われている（p.142)」ことを前提としながら、第Ⅱ部第1章の浜田氏の論考とは対照的にあえて「数学の勉強の様子ばかり（p.142)」を語ったのは、ひとえに大学入試の在り方とは独立に高校教育の原点を見据えて「教科において涵養すべき資質・能力（p.152)」を重視すべきという、同僚の高校教員に対するメッセージと受け取れる。高校教育、大学教育の一体改革という意味では答申と問題意識の方向性を共有するものとも理解できるが、問題解決の手段として「高大接続改革」が必要か否かという点で、筆者の意見は答申のめざす方向性と決定的に袂を分かっている。すなわち、大学入試制度改革といった外圧ではなく教員の自助努力によって高校教育を改善していこう、というのが高校内部に向けた筆者の主張である。

　それに対して、第Ⅱ部第1章の浜田氏の論考は高校教育の実情を外部に訴えるメッセージとなっている。東日本大震災の被災によって校舎が損壊し、福島第一原発事故による放射能汚染に見舞われるという過酷な環境の下、様々な活動に奮闘してきた筆者の勤務校、福島県立福島高等学校の情景が描かれている。それは、いわゆる進学校における教育の実態について、答申が「受験のための教育や学校内に閉じられた同質性の高い教育に終始することになり、多様な個性の伸長や幅広い視野の獲得といった、多様性の観点からは不十分なもの（中央教育審議会，2014, p.4)」といった描き方をしていることに対して具体的な事例に基づいて反駁を試みたものである。もし、実際に上述のような「受験のための教育」をしている高校があれば、個別に行政的な指導を入れてもよいはずであり、どうしても制度改革をもって応じなければならないという必然性が見えてこない。「学校行事や部活動など、これまで長い歴史の中で

培われてきた、いわゆる『日本の教育文化』に当たるようなものが阻害されないような形で、大学入試改革、あるいは教育改革を進めなければならない（p.61)」という筆者の主張は、筆者に代わって改めて強調しておきたい。

第Ⅲ部第3章の守本氏の論考は、高校教員として高大接続改革に関する様々な情報を受けとめて感じた内容を自らに向けて綴ったモノローグに近い。部分的に「我々高校現場の教員は、一人ひとりが今回の改革の議論について、きちんと情報を得た上でしっかりと考え、何らかのチャンネルを通じて現場の声を発信していかなければならない。…文部科学省ならびに中教審の作業部会の方々には、現場の最前線で日々苦闘している、我々高校教員の声にもう少し耳を傾けてもらいたい（p.166)」といった、特定の対象に向けたメッセージが込められている。それぞれの読者がそれぞれの立場で受け止めることができる内容となっている。

第Ⅲ部第4章の本郷氏の論考も、メッセージという色合いをあえてぼやかしているようにも受け取れる。強いてターゲットとなる読者層を想定するならば「私立総合大学である立命館大学における入学者選抜の現状と課題を提示することは、将来国公立大学や他の私立大学にとっても参考となる部分が存在すると考えられる（p.193)」と位置づけられていることから、大学関係者へのメッセージと受け止めるべきであろうか。答申との関係で言えば、近年の立命館大学は「示された入学者選抜改革の方向性はある意味で『逆方向』とも受け取られる（p.193)」改革を行ってきたことが綴られている。入学定員の管理強化、特別入試と一般入試の区分の撤廃等、今後、各大学が直面して早々に対応に迫られるであろう課題についても指摘がなされている。

国立大学の入試改革の歴史に焦点を絞った川嶋氏による第Ⅰ部第2章の論考、国立大学における個別選抜という論点に絞って諸外国の状況と比較を行った第Ⅲ部第6章の石井の論考も、直接的なメッセージとしては同じ国立大学に向けたものである。川嶋氏は「これまで8年間ほど国大協入試委員会の専門委員を務めてきた筆者自身の私的メモとして、新

おわりに　総括と展望

制大学以降の国立大学の入試改革の経緯をまとめる（p.34）」としている。その部分を素直に読めば、特定の読者を想定しないモノローグとして書かれたと受け取るべきかもしれない。ただし、第Ⅰ部第2章は一定の時間軸、第Ⅲ部第6章は一定の空間軸に幅を取り、参照枠を設けて他の事例と比較するという手法によって「未来の読者」からの評価を仰ごうとする意図が見え隠れする。それは、人口減少と志願倍率との関係から選抜の変化と大学教育の質に迫ろうとする第Ⅲ部第5章の木南氏の論考、東北大学の事例に焦点を当てながら入試改革の構造的問題を論じようとした第Ⅱ部第2章の倉元の論考にも通じるアプローチと言えよう。さらに、第Ⅰ部第1章の土井氏の論考も、最後は3世紀のローマ帝国の盛衰にことよせて論じられている点で同じ含みが感じられる。

　答申には「新しい時代にふさわしい高大接続の実現に向けた高等学校教育、大学教育、大学入学者選抜の一体的改革」が掲げられている。単なる入試改革ではなく「一体的改革」の中の「高大接続改革」であるという言葉の選ばれ方にメッセージのエッセンスが凝縮されている。熱を帯びて論じられて提示され、現在も進行している改革について、前提となる事実や基本的な認識の当否も含めて、当事者が包括的かつ客観的に論じられる環境にはまだなっていない。個別大学の立場としては、あらゆる矛盾を抱えつつも、間もなく改革期の受験を迎える子どもたちに対して、まずは具体的で整合的な制度を構築することによって回答を提示しなければならない。そして、高校はそれに応じた指導計画を本人、保護者に提示しなければならない。あるいは、そもそもそういう考え方で問題を捉えようとしていること自体が、未来の当事者たちから教育の本質を見誤った誤謬であったと断罪されるのかもしれない。

　答申は諮問を下した文部科学大臣に対する審議会による応答というのが建前である。そして、答申の発したメッセージに対する回答は、具体的な制度改革という形で教育現場に与えられる。そう遠くない将来、本書の各論考に対する評価も、それらの施策に対する評価とともに、その時点における当事者たちによって下されることになるだろう。

【文献】

中央教育審議会（2014）．『新しい時代にふさわしい高大接続の実現に向けた高等学校教育、大学教育、大学入学者選抜の一体的改革について──すべての若者が夢や目標を芽吹かせ、未来に花開かせるために──（答申）』平成 26 年 12 月 22 日
（http://www.mext.go.jp/b_menu/shingi/chukyo/chukyo0/toushin/__icsFiles/afieldfile/2015/01/14/1354191.pdf，最終閲覧日 2015［平成 27］年 12 月 30 日）．

倉元直樹（2014）．「達成度テストと大学入試センター試験」、東北大学高等教育開発推進センター編『「書く力」を伸ばす──高大接続における取組みと課題──』，東北大学出版会，187-217.

倉元直樹・石井光夫（2014）．「おわりに　総括と展望──『書く力』をめぐって──」、東北大学高等教育開発推進センター編『「書く力」を伸ばす──高大接続における取組みと課題──』，東北大学出版会，219-224.

教育再生実行会議（2013）．『高等学校教育と大学教育の接続・大学入学者選抜の在り方について（第四次提言）』平成 25 年 10 月 31 日
（http://www.kantei.go.jp/jp/singi/kyouikusaisei/pdf/dai4_1.pdf，最終閲覧日 2015［平成 27］年 12 月 30 日）．

執筆者一覧（執筆順）

花輪　公雄（東北大学理事［教育・学生支援・教育国際交流担当］/
　　　　　　　　　　　　　　　高度教養教育・学生支援機構長）
土井　真一（京都大学大学院法学研究科教授）
川嶋太津夫（大阪大学未来戦略機構教授）
垂水　共之（中国学園大学子ども学部教授）
浜田　伸一（福島県立福島高等学校教諭）
倉元　直樹（東北大学高度教養教育・学生支援機構教授）
小坂　和海（熊本県立熊本高等学校教諭）
守本　哲也（岡山県立玉野光南高等学校教諭）
本郷　真紹（立命館大学文学部教授）
木南　　敦（京都大学大学院法学研究科教授）
石井　光夫（東北大学高度教養教育・学生支援機構教授）

企画　編集担当　　　倉元　直樹
企画担当　　　　　　石井　光夫
　　　　　　　　　　関内　　隆（東北大学高度教養教育・
　　　　　　　　　　　　　　　　学生支援機構教授）

高大接続改革にどう向き合うか

Facing Changes in the Articulation
between High schools and Universities

© 東北大学高度教養教育・学生支援機構, 2016

2016 年 5 月 26 日　第 1 刷発行

編　者　東北大学高度教養教育・学生支援機構
発行者　久道 茂
発行所　東北大学出版会
　　　　〒 980-8577　仙台市青葉区片平 2-1-1
　　　　TEL：022-214-2777　FAX：022-214-2778
　　　　http//www.tups.jp　E-mail：info@tups.jp
印　刷　社会福祉法人　共生福祉会
　　　　萩の郷福祉工場
　　　　〒 982-0804　仙台市太白区鈎取御堂平 38
　　　　TEL：022-244-0117　FAX：022-244-7104

ISBN978-4-86163-269-3
定価はカバーに表示してあります。
乱丁、落丁はおとりかえします。

「高等教育ライブラリ」の刊行について——

　東北大学高等教育開発推進センターは高等教育の研究開発、全学教育の円滑な実施、学生支援の中核的な役割を担う組織として平成16年10月に設置された。また、本センターは平成22年3月、東北地域を中心に全国的利用を目指した「国際連携を活用した大学教育力開発の支援拠点」として、文部科学省が新たに創設した「教育関係共同利用拠点」の認定を受けた。この拠点は大学教員・職員の能力向上を目指したFD・SDの開発と実施を目的としている。

　本センターはその使命を果たすべく、平成21年度までに研究活動の成果を東北大学出版会から9冊の出版物として刊行し、広く社会に公開・発信してきた。それはセンターを構成する高等教育開発部、全学教育推進部、学生生活支援部の有機的連携による事業で、高大接続からキャリア支援に至る学生の修学・自己開発・進路選択のプロセスを一貫して支援する組織的活動の成果である。これらの出版は高等教育を専門とする研究者のみならず、広く大学教員や高校関係者さらには大学教育に関心を持つ社会人一般にも受け入れられていると自負しているところである。

　そうした成果を基盤として、共同利用拠点認定を機に、活動成果のこれまでの社会発信事業をより一層組織的に行うべく、このたび研究活動の成果物をシリーズ化して、東北大学高等教育開発推進センター叢書「高等教育ライブラリ」の形で刊行することとした次第である。「高等教育ライブラリ」が従来にもまして、組織的な研究活動成果の社会発信として大学関係者はもとより広く社会全体に貢献できることを願っている。

平成23年1月吉日　木島　明博（第3代センター長）

高等教育の研究開発と、教育内容及び教育方法の高度化を推進する

高等教育ライブラリ

東北大学高等教育開発推進センター 編
東北大学高度教養教育・学生支援機構 編

■高等教育ライブラリ 1

教育・学習過程の検証と大学教育改革

2011 年 3 月刊行　A5 判／定価（本体 1,700 円＋税）

■高等教育ライブラリ 2

高大接続関係のパラダイム転換と再構築

2011 年 3 月刊行　A5 判／定価（本体 1,700 円＋税）

■高等教育ライブラリ 3

東日本大震災と大学教育の使命

2012 年 3 月刊行　A5 判／定価（本体 1,700 円＋税）

■高等教育ライブラリ 4

高等学校学習指導要領 vs 大学入試

2012 年 3 月刊行　A5 判／定価（本体 1,700 円＋税）

■高等教育ライブラリ 5

植民地時代の文化と教育 ——朝鮮・台湾と日本——

2013 年 3 月刊行　A5 判／定価（本体 1,700 円＋税）

■高等教育ライブラリ 6

大学入試と高校現場 ——進学指導の教育的意義——

2013 年 3 月刊行　A5 判／定価（本体 2,000 円＋税）

■高等教育ライブラリ 7

大学教員の能力 ——形成から開発へ——

2013 年 3 月刊行　A5 判／定価（本体 2,000 円＋税）

■高等教育ライブラリ 8

「書く力」を伸ばす ——高大接続における取組みと課題——

2014 年 3 月刊行　A5 判／定価（本体 2,000 円＋税）

■高等教育ライブラリ 9

研究倫理の確立を目指して ——国際動向と日本の課題——

2015 年 3 月刊行　A5 判／定価（本体 2,000 円＋税）

■高等教育ライブラリ 10

高大接続改革にどう向き合うか

2016 年 5 月刊行　A5 判／定価（本体 2,000 円＋税）

東北大学出版会

〒 980-8577　仙台市青葉区片平 2-1-1
電話　022-214-2777　FAX　022-214-2778
URL : http://www.tups.jp　E-mail : info@tups.jp

東北大学高等教育開発推進センター編　刊行物一覧

「学びの転換」を楽しむ　―東北大学基礎ゼミ実践集―
A4 判／定価（本体 1,400 円＋税）

大学における初年次少人数教育と「学びの転換」
―特色ある大学教育支援プログラム（特色 GP）東北大学シンポジウム―
A5 判／定価（本体 1,200 円＋税）

研究・教育のシナジーと FD の将来
A5 判／定価（本体 1,000 円＋税）

大学における学生相談・ハラスメント相談・キャリア支援
―学生相談体制・キャリア支援体制をどう整備・充実させるか―
A5 判／定価（本体 1,400 円＋税）

大学における「学びの転換」とは何か
―特色ある大学教育支援プログラム（特色 GP）東北大学シンポジウム II
―
A5 判／定価（本体 1,000 円＋税）

ファカルティ・ディベロップメントを超えて
―日本・アメリカ・カナダ・イギリス・オーストラリアの国際比較―
A5 判／定価（本体 1,600 円＋税）

大学における「学びの転換」と言語・思考・表現
―特色ある大学教育支援プログラム（特色 GP）東北大学国際シンポジウム―
A5 判／定価（本体 1,600 円＋税）

学生による授業評価の現在
A5 判／定価（本体 2,000 円＋税）

大学における「学びの転換」と学士課程教育の将来
A5 判／定価（本体 1,500 円＋税）